Lehr- und Handbücher zu Tourismus, Verkehr und Freizeit

Herausgegeben von
Universitätsprofessor Dr. Walter Freyer

Lieferbare Titel:

Agricola, Freizeit – Grundlagen für Planer und Manager

Althof, Incoming-Tourismus, 2. Auflage

Bastian · Born · Dreyer, Kundenorientierung
im Touristikmanagement, 2. Auflage

Bieger, Management von Destinationen, 7. Auflage

Dreyer · Krüger, Sportmanagement

Dreyer · Dehner, Kundenzufriedenheit im Tourismus, 2. Auflage

Dreyer u.a., Krisenmanagement im Tourismus

Finger · Gayler, Animation im Urlaub, 3. Auflage

Freyer, Tourismus, 8. Auflage

Freyer, Tourismus-Marketing, 5. Auflage

Freyer · Pompl, Reisebüro-Management

Günter, Handbuch für Studienreiseleiter, 3. Auflage

Henselek, Hotelmanagement – Planung und Kontrolle

Kaspar, Management der Verkehrsunternehmungen

Landgrebe · Schnell, Städtetourismus

Lieb · Pompl, Qualitätsmanagement im Tourismus

Müller, Tourismus und Ökologie, 3. Auflage

Schreiber, Kongress- und Tagungsmanagement, 2. Auflage

Steinbach, Tourismus – Einführung in das
räumlich-zeitliche System

Sterzenbach · Conrady, Luftverkehr, 3. Auflage

Deutschland als Reiseziel chinesischer Touristen

Chancen für den deutschen Reisemarkt

herausgegeben von

Prof. Dr. Wolfgang Georg Arlt

und

Univ.-Prof. Dr. Walter Freyer

Oldenbourg Verlag München Wien

Bibliografische Information der Deutschen Nationalbibliothek

Die Deutsche Nationalbibliothek verzeichnet diese Publikation in der Deutschen Nationalbibliografie; detaillierte bibliografische Daten sind im Internet über <http://dnb.d-nb.de> abrufbar.

© 2008 Oldenbourg Wissenschaftsverlag GmbH
Rosenheimer Straße 145, D-81671 München
Telefon: (089) 4 50 51-0
oldenbourg.de

Lektorat: Wirtschafts- und Sozialwissenschaften, wiso@oldenbourg.de
Herstellung: Anna Grosser
Coverentwurf: Kochan & Partner, München
Cover-Illustration: Zhou Meng, M.A.
Gedruckt auf säure- und chlorfreiem Papier
Druck: Grafik + Druck, München
Bindung: Thomas Buchbinderei GmbH, Augsburg

ISBN 978-3-486-58359-5

Inhaltsübersicht

Inhaltsverzeichnis

Vorwort der Herausgeber: Deutschland als Reiseziel für chinesische Touristen

Prof. Dr. Wolfgang Georg Arlt, Heide/Prof. Dr. Walter Freyer, Dresden

„Die Chinesen kommen!" Als sich einer der Herausgeber des vorliegenden Bandes mit einer Pressemitteilung unter dieser Überschrift auf der ITB 1999 meldete, erntete er bei den deutschen Touristikern überwiegend Spott und Unglauben. Das Land der „blauen Ameisen" ein bedeutender Quellmarkt für den internationalen Tourismus, gar für den europäischen Inbound-Tourismus? – Kaum vorstellbar!

Heute dagegen herrscht unter den Tourismusexperten in aller Welt Einigkeit darüber, dass die Volksrepublik China auch im Outbound-Tourismus ein nicht zu vernachlässigendes Ursprungsland für Freizeit- und Geschäftsreisende darstellt. Oft wird die von der UNWTO prognostizierte Zahl von 100 Millionen Ausreisen im Jahre 2020 zitiert, meist allerdings ohne zu erwähnen, dass 2/3 dieser Ausreisen nur bis nach Hong Kong oder Macao führen.

So folgte auf die Nichtbeachtung Chinas als Quellmarkt für Europa vor der Jahrtausendwende nach Beginn des neuen Jahrhunderts eine China-Euphorie, die mit dem Abschluss der „Approved Destination Status" (ADS) Abkommen die alsbaldige Einreise von Millionen chinesischer Gäste erwartete. Nach 2005 ist derzeit nun ein deutliches Abklingen dieser Euphorie zu verzeichnen, so dass die Zeit für eine realistische Betrachtung des chinesischen Tourismus nach Deutschland günstig erscheint.

Die Chinesen kommen – in der Tat, mit dem Erreichen der 40 Millionen-Marke bei den Grenzübertritten kann für 2007 gerechnet werden, nur sieben Jahre, nachdem erstmals mehr als 10 Millionen Chinesen ihr Land zeitweise verlassen konnten. 90% der Ausreisenden verlassen allerdings den asiatischen Kontinent nicht, nur etwas mehr als eine Million wird 2007 Europa (ohne Russland) bereisen. Etwa die Hälfte davon dabei auch Deutschland besuchen und knapp eine Million Übernachtungen generieren.

Die Chinesen kommen, sie bringen jedoch andere Erwartungen mit und stellen andere Ansprüche an die Destination als europäische oder nordamerikanische Gäste, sie sind sogar anspruchsvoller und fordernder als die japanischen Gruppen, die in den vergangenen Jahrzehnten das Bild asiatischer Touristen in Deutschland bestimmt haben. Die Gäste aus China gehören zuhause zur einflussreichen und wohlhabenden Oberschicht und geben viel Geld in Europa aus, allerdings eher für den Einkauf von Markenprodukten als für luxuriöse Unterkünfte oder europäisches Restaurantessen. Sie bleiben in der Mehrzahl nur kurz in einem Land, in Deutschland im Durchschnitt gerade einmal zwei Nächte. Daneben wächst aber auch eine Klientel von reiseerfahrenen, Englisch sprechenden Reisenden heran, die nicht für möglichst wenig Geld zehn europäische Länder in zwölf Tagen durcheilen möchten, sondern die für themenorien-

tierte Touren jenseits des Abhakens von Scenic Spots interessiert werden können –
und auch bereit und in der Lage sind, dafür realistische Preise zu bezahlen.

Jenseits von Euphorie und Schwarzmalerei bleibt die Tatsache bestehen, dass 95%
der Volkschinesen noch nie im Leben außerhalb des eigenen Landes waren, Auslandsreisen aber hohes Ansehen als Beweis der eigenen Bedeutung und Wohlhabenheit
genießen. Daher braucht es wenig prophetische Gaben, um vorherzusehen, dass in
den kommenden Jahren und Jahrzehnten die Bewohner der aufstrebenden Wirt-
schaftsmacht China im zunehmenden Masse eine wichtige Kundengruppe für deutsche touristische Anbieter werden. Deren Interessen und Wünsche zu kennen und zu
erfüllen ist potentiell lukrativ, setzt aber eine Beschäftigung mit den Hintergründen
und Besonderheiten dieser Klientel voraus. Auch dafür möchte der vorliegende Band
Anregungen und Einstiege liefern.

Die Herausgeber beschäftigen sich nicht erst seit dem Auftauchen des chinesischen
Outbound-Tourismus als Modethema mit dieser Materie. WALTER FREYER betreut als
Professor am Lehrstuhl für Tourismuswirtschaft der TU Dresden chinesische Diplo-
manden und Doktoranden. Ferner hat er im Rahmen seiner Aufgaben innerhalb der
UNWTO an verschiedenen Projekten in China teilgenommen. Eine seiner ersten wis-
senschaftlichen Arbeiten – damals noch als Student – hatte den Verkehrssektor in
China zum Thema.

WOLFGANG GEORG ARLT, Professor für internationales Tourismusmarketing an der
FH Westküste und Gastprofessor und Dozent an mehreren chinesischen Universitä-
ten, ist Sinologe und hat in den vergangenen 30 Jahren die VR China, Hong Kong,
Macao und Taiwan zu Forschungszwecken, aber auch als Veranstalter von Out-
bound- und Inboundreisen an die 100mal besucht und mehrere Jahre eine Inbound-
Agentur mit Büros in Berlin und Beijing betrieben. Er leitet das COTRI China Out-
bound Tourism Research Institute und veranstaltet seit 2004 den CTW (früher:
ECTW) Chinese Tourists Welcoming Award.

Die Herausgeber sind sehr zufrieden über die ausgewiesenen China-Experten aus
Wissenschaft und Praxis, die als Autoren gewonnen werden konnten. Zu den **Prakti-
kern** gehören HORST LOMMATZSCH, seit vielen Jahren als „Mr. China" in der DZT
tätig, YVONNE KUBITZA und STEFFI GRETSCHEL, die mit den Magic Cities fast die Hälfte
aller Übernachtungen von Chinesen in Deutschland realisieren, ROSITA YIU, der es mit
kundenorientierten Maßnahmen gelungen ist, die Accor Hotels zur präferierten Adressen vieler Reisegruppen aus China zu machen, und ZHOU MENG, die vor allem Köln
für Chinesen auf die touristische Landkarte gesetzt hat.

Bei den **Wissenschaftlern** ist an erster Stelle GUANGRUI ZHANG zu nennen, der als
Leiter des Tourismusforschungsinstituts der Chinesischen Akademie für Sozialwissenschaften nicht nur der ranghöchste Tourismusforscher der VR China ist, sondern
als Autor der ersten Texte zum chinesischen Tourismus in westlichen Fachzeitschrif-
ten bereits seit über 20 Jahren eine entscheidende Rolle in der internationalen China-
Tourismusforschung spielt. MONIKA ECHTERMEYER, GERD SCHWANDNER, HUIMIN GU
und CHAO LIU-LOMMATZSCH haben an ihren jeweiligen Hochschulen mit unterschiedlichen Ansätzen wichtige Beiträge zum Thema geliefert. Daneben kommen eine Reihe
jüngerer Forscher zu Wort, die sich im Rahmen ihrer Hochschulausbildung mit Arbeiten zum China-Tourismus beschäftigt haben. Zu ihnen gehören die Damen YINA LIU,
MARITA BELZ und ANJA MRKWICKA sowie die Herren ALEXANDER SCHULER, KEZHU
YANG, BJÖRN WEYHRETER und MARCEL KELEMEN.

Als besonders erfreulich darf gelten, dass knapp die Hälfte der Autoren und Autorinnen selbst aus China stammen, so dass hier im Sinne eines interkulturellen Ansatzes auch Vertreter aus der Quellregion China selbst zu Wort kommen. Als kleiner Hinweis auf interkulturelle Stolperfallen kann dabei die Tatsache dienen, dass nicht weniger als dreimal „Frau Liu" als Autorin auftritt, wobei die drei Damen allesamt weder verwandt noch verschwägert sind, sondern belegen, dass Liu einer der fünf Familiennamen ist, die zusammen bereits die Hälfte aller Chinesen benennen.

Der vorliegende Band zu *„Deutschland als Reiseziel Chinesischer Touristen"* bietet erstmals einen vielschichtigen Einblick in dieses Thema und versucht, durch die Darstellung der Grundlagen, der Entwicklung und der praktischen Folgen von Reisen aus der VR China nach Deutschland sowohl Verständnis für kulturelle, politische und wirtschaftliche Hintergründe zu vermitteln wie auch Hinweise zur praktischen Umsetzung im touristischen Alltagsgeschäft zu geben.

Im ersten Teil bildet den Auftakt der Text von ARLT zur Entwicklung des chinesischen Outbound-Tourismus aus europäischer Sicht. Dabei werden drei Phasen des China Outbound-Tourismus in der Zeit von den 1980er Jahren bis heute unterschieden: die vorsichtige Öffnung nach Hong Kong und Macao und später Südostasien als Reaktion auf den wachsenden Nachfragedruck und den Zerfall der bipolaren Weltordnung, 1997 dann die offizielle Anerkennung der Existenz des privaten Freizeittourismus und der Beginn des Approved Destination Status Systems durch die chinesische Regierung, gefolgt von einem stürmischen, chaotischen und ungewollten Wachstum der Ausreisezahlen und seit 2005 eine Phase der Verlangsamung des Wachstums und einem Ende der Euphorie auf Seiten der Reisenden wie auf Seiten der empfangenen Länder. Dem folgt eine Diskussion der Bedeutung Europas und vor allem Deutschlands als Destination für den chinesischen Outbound-Tourismus. Der Beitrag von ZHANG liefert dazu die wesentlichen Zahlen und Fakten und analysiert die Vor- und Nachteile sowie Chancen und Risiken für die Destination Europa, abgerundet mit praktischen Hinweisen für die Verbesserung des touristischen Produkts für Gäste aus China.

Im zweiten Teil geht es um die Entwicklung des Angebots und das Marketing Deutschlands. Zunächst beschreiben LOMMATZSCH/LIU den Quellmarkt China aus deutscher Sicht und beleuchten vor allem die Arbeit der Deutschen Zentrale für Tourismus DZT. Danach betrachten SCHULER/LIU die Struktur und Rolle der chinesischen Reiseveranstalter und betonen insbesondere die Abwärtsspirale, in die in den vergangenen Jahren Preise wie Qualität gleichermaßen in einem „race to the bottom" geraten sind. Um die Verbesserung der Qualität geht es dagegen im Beitrag von YIU, die die zahlreichen Aktivitäten der Accor-Hotelgruppe beschreibt, chinesischen Gästen maßgeschneiderte Produkte vom Frühstück bis zum Fernsehkanal zu bieten.

KUBITZA/GRETSCHEL erläutern die wichtige Rolle der in der Marketinggemeinschaft „Magic Cities" zusammengeschlossenen neun Städte für den chinesischen Tourismus in Deutschland, die inzwischen sogar mit einer eigenen Vertreterin vor Ort arbeitet. SCHULER kann daran anschließend die Erfahrungen von Inbound-Organisatoren vorstellen, deren Einschätzungen viele der in anderen Beiträgen getroffenen Aussagen belegen und illustrieren. ECHTERMEYER schließlich präsentiert eine erfolgreiche Methode des Marketings deutscher Regionen und Ferienstrassen durch die Zusammenarbeit mit chinesischen Medien, vor allem dem Fernsehen.

Der dritte Teil des Bandes konzentriert sich auf die chinesischen Reisenden in Deutschland und Europa selbst. SCHWANDNER/GU können auf der Grundlage von Befragungen chinesischer Tourismus-Studenten ein interessantes Bild vom Image Deutschlands als Reisedestination im Vergleich zu anderen europäischen Ländern zeichnen. Ebenfalls auf Primärerhebungen beruhen die Aussagen von WEYHRETER/YANG zum Grad der Zufriedenheit chinesischer Europareisender, wobei insbesondere auffällt, dass Erstbesucher deutlich zufriedener sind als Gäste, die zum wiederholten Male international reisen.

ARLT/MENG bieten einen kulturtheoretischen aber praxisorientierten Ansatz zur Erläuterung des unterschiedlichen Verhaltens chinesischer Touristen innerhalb und außerhalb der „chinesischen Welt" und insbesondere in Deutschland. Ebenso werden die großen Unterschiede zwischen der chinesischen und der japanischen Kultur und den daraus folgenden Unterschieden im touristischen Verhalten thematisiert. Shopping als eine der wichtigsten Beschäftigungen chinesischer Touristen beleuchtet dann KELEMEN näher, wobei seine in Kooperation mit Global Refund durchgeführten Erhebungen den Mangel an Kooperation zwischen Einzelhandel und touristischen Anbietern auch in Bezug auf chinesische Kunden belegen. Praxisorientiert sind auch die Ergebnisse von BELZ/MRKWICKA zu den bereits getroffenen und den noch zu realisierenden Maßnahmen der Kempinski-Hotels zur besseren Befriedigung chinesischer Gästewünsche.

Den Abschluss bildet ein Resümee der Herausgeber, in dem ein Blick in die Zukunft des chinesischen Tourismus nach Deutschland gewagt wird.

Die Herausgeber möchten an dieser Stelle den beteiligten Autorinnen und Autoren, aber auch zahlreichen anderen Kolleginnen und Kollegen aus Wissenschaft und Praxis danken, die mit ihren Hinweisen und kritischen Anmerkungen die Arbeit unterstützt haben. Ebenso gilt der Dank Herrn ALEXANDER SCHULER für die vorbereitende redaktionelle Betreuung und Frau ANJA KRÄMER für den Großteil der formalen Arbeiten. Herrn DR. JÜRGEN SCHECHLER vom Oldenbourg Verlag danken wir ganz herzlich für die verlegerische Begleitung des vorliegenden Bandes.

Die Herausgeber:

Prof. Dr. WOLFGANG GEORG ARLT, Heide

Prof. Dr. WALTER FREYER, Dresden

Teil A

Grundlagen: Bedeutung Deutschlands als Reiseziel der Chinesen

1 Entwicklung des Outbound Tourismus in China aus europäischer Sicht

Prof. Dr. Wolfgang Georg Arlt, Heide

1.1 Einleitung

Aus quantitativer Sicht ist der Outbound Tourismus für die Volksrepublik China bisher eine marginale Erscheinung. Nur etwa 50 Millionen Menschen, also weniger als 4% der gegenwärtigen chinesischen Bevölkerung, haben jemals ein anderes Land besucht, wenn man die Sonderverwaltungszonen Hong Kong und Macao – als Teile Chinas – unberücksichtigt lässt. Die Hälfte aller dieser Reisen fand in den Jahren 2003 bis 2005 statt (ARLT 2006a). Im Jahre 2006 hat sich diese Zahl um weitere rund 10 Millionen erhöht, d.h. gegenwärtig reisen pro Jahr immer noch weniger als ein Prozent der Chinesen ins Ausland. In Deutschland dagegen trifft dies auf mehr als die Hälfte der Bevölkerung zu.

Ebenso werden die rund 20 Mrd. US$, die volkschinesische Touristen für Auslandsreisen 2005 ausgegeben haben, von mindestens gleich hohen Einnahmen aus dem Inbound Tourismus ausgeglichen und sind angesicht von jährlich mehr als 100 Mrd. US$ Aussenhandelsüberschuss und den weltgrößten Devisenreserven von mehr als 1.000 Mrd. US$ keine beachtenswerte Grösse für die Währungsbilanz Chinas.

Qualitativ jedoch spielen die Auslandsreisen aus nichtkommerziellen Gründen für die Entwicklung der chinesischen Gesellschaft eine wesentliche Rolle. Die „Öffnung" innerhalb der Politik der „Reform und Öffnung", die seit Ende 1978 die Grundlage der Modernisierung Chinas darstellt, sollte nach dem Willen der Regierung eigentlich eine Öffnung für den Zufluss ausländischer Investitionen, Technologien und Touristen *nach* China sein. Die im Kalten Krieg bestehende Idee, dass es für einen Staat *normal* sein könne, seinen Bürgern die zeitweise – oder endgültige – Ausreise zu verwehren, verschwand jedoch mit dem Fall der Berliner Mauer und dem Zusammenbruch des bipolaren Weltsystems nach dem Untergang der Sowjetunion. Die chinesische Regierung überstand die *anni horribilis* für alle kommunistischen Parteien von 1989/1990, nicht ohne dabei die Gefahren des bisherigen Konzepts der semipermeablen Abschottung zu erkennen.

Der wachsenden Nachfrage nach Reisefreiheit begegnete die Regierung zunächst mit der Öffnung einiger südostasiatischer Länder für Reisen zu Verwandten und Freunden und nach 1997 mit der offiziellen Anerkennung der Existenz privater Auslandsreisen zu touristischen Zwecken und der schrittweisen Einführung des „Approved Destination Status" Systems.

Die Neuorientierung der chinesischen Gesellschaft hin zum Konsumerismus seit den 90er Jahren des 20. Jahrhunderts, der vor allem für das obere Fünftel der Gesellschaft mit der Statuserhöhung durch den ostentativen Konsum von Markenprodukten verbunden ist, erhöhte auch die Bedeutung des Konsums von prestigeträchtigen Dienstleistungen, zu denen nicht zuletzt Reisen ins Ausland zählen.

Outbound Tourismus in die ehemals britisch bzw. portugiesisch beherrschten Territorien Hong Kong und Macao, die mit der Rückkehr unter chinesische Herrschaft in den Jahren 1997 bzw. 1999 zu quasi-Inlandsdestinationen wurden, ist für Anrainer aus der Provinz Guangdong nicht mit sehr hohen Kosten verbunden. Für Grenzlandtouristen, bei denen es sich oft um Händler oder um Besucher von Spielkasinos und Bordellen handelt, spielen die Anreisekosten ebenfalls eine untergeordnete Rolle. Für eigenfinanzierten internationalen Tourismus im eigentlichen Sinne fehlen jedoch dem grössten Teil der chinesischen Bevölkerung nach wie vor die finanziellen Mittel. Der durchschnittliche Endverbraucher-Preis für eine einwöchige Reise nach Thailand von 4.000 Yuan Renminbi (umgerechnet ca. 400 Euro), entspricht dem verfügbaren Jahreseinkommen eines ländlichen Einwohner Chinas und immer noch einem halben verfügbaren Jahreseinkommen eines städtischen Bewohners.

Für die obersten 10% der chinesischen Einkommenspyramide, immerhin rund 100 Millionen Menschen in 36 Millionen Haushalten, reichen jedoch zwei Monate des verfügbaren Jahreseinkommens, um eine solche Reise zu finanzieren. Diese Gruppe bestimmt dabei für die gesamte Gesellschaft das Image und Prestige des Reisens.

Die Anerkennung des Tourismus, in maoistischen Zeiten offiziell beschimpft als sinnlose und verschwenderische Aktivität, zeigt sich in der kollossalen Zahl von mehr als einer Milliarde Inlandsreisen pro Jahr. Auslandsreisen beeinflussen die chinesische Gesellschaft als ein weiteres Instrument der *distinction* (BOURDIEU 1979), als Möglichkeit der Dokumentation der Zugehörigkeit zu der Gruppe derjenigen, die entweder einflussreich genug ist, auf Staats- oder Firmenkosten in Ausland zu fahren, oder reich genug, auf eigene Kosten zu reisen.

Die Erfahrungen und Eindrücke, die während der Auslandsreisen gesammelt werden, dienen als Maßstab, mit dem die ökonomische und soziale Situation Chinas mit den anderen Ländern verglichen werden kann. Ebenso findet die Aufnahme und Behandlung chinesischer Touristen in verschiedenen Destinationen im Vergleich zu den anderen internationalen Gästen genaue Beachtung als Indikator des Status Chinas' in diesen Ländern.

1.2   Chinas Outbound Tourismus vor 1983

In der über zweitausendjährigen Geschichte dynastischer Herrschaft auf dem Gebiet der heutigen Volksrepublik China waren Ausländer fast stets willkommen, um ihre Waren, Ideen, Religionen und Technologien für eine mögliche Nutzung in sinisierter Form ins Land zu bringen und China keineswegs ein verschlossenes Reich (HANSEN 2000). Über lange Perioden war China zudem ganz oder teilweise unter der Herrschaft anderer asiatischer Völker.

Innerhalb Chinas war Reisen nicht nur als notwendige Mobilität für Armeen, Beamte oder Händler existent, sondern als wichtiges Element der Wissenserweiterung für Gelehrte, Künstler und Pilger. *Eine Reise von 1.000 li ist wie das Lesen von 10.000 Büchern*, lautet ein chinesisches Sprichwort (zit. in JANG/YU/PEARSON 2003: 89). Das Verlassen des Landes war in fast allen Perioden der chinesischen Geschichte hingegen nicht gestattet. Die berühmtesten Auslandsreisenden, der Mönch Xuan Zang, der buddhistische Sutren aus Indien nach China brachte, und der Admiral Zheng He, der Flotten chinesischer Schiffe bis nach Ostafrika führte, reisten nicht aus Neugier auf fremde Länder. Einen chinesischen Marco Polo oder Ibn Battuta gibt es im kollektiven globalen Gedächtnis nicht; Xu Xiake, der berühmteste Autor von Reiseaufzeichnungen in China, verliess niemals sein Heimatland (ARLT 2005).

Zwar reisten ab dem 17. Jahrhundert einige Jesuiten-Schüler nach Europa und begann nach 1830 die Emigration von Millionen sogenannter „Coolies" aus Südchina nach Südostasien, Australien und in die USA. Mit der Etablierung Hong Kongs als britische Kronkolonie wurde 1842 eine „ausländische" Destination auf chinesischem Boden geschaffen, die für viele Chinesen die ersten Kontakte zu einem „Heterotopia" ermöglichten. Jedoch kann in allen diesen Fällen kaum von touristischer Mobilität gesprochen werden.

Erst nach dem Sturz der Qing-Dynastie 1911 begann die Entwicklung von Strukturen eines chinesischen Outbound Tourismus. Als Beginn des internationalen Gruppentourismus für Chinesen wird in chinesischen Quellen zumeist die Reise von 20 Touristen zur Kirschblüte in Japan im Jahre 1925 genannt (FU 2004: 41). Zu einer weiteren Entwicklung unter den erschwerten Bedingungen von Bürgerkriegen und teilweiser Besetzung Chinas durch japanische Truppen fehlten aber sowohl eine Auslandsreisentradition wie eine größere soziale Trägergruppe.

In dem im Kern präindustriellen Gesellschaftsentwurf des maoistischen China nach 1949 war für Freizeit und Tourismus kein Platz. Reisen zu Vergnügungszwecken, zumal ins Ausland, waren politisch potentiell gefährlich und wurden als unnötige Verschwendung und damit typisch bourgeoiser Lebensstil gebrandmarkt. Einzig die großen räumlichen Bewegungen während der Kulturrevolution ermöglichte vielen „Roten Garden" eine Blick auf bisher unbekannte Städte des Landes (GRABURN 2001), bevor viele von ihnen jahrelang nach zwangsweiser Umsiedlung aufs Land umso isolierter leben mussten.

Mit dem Beginn der Umsetzung der Politik der „Reform und Öffnung" ab 1979 wurde zwar der Inbound Tourismus als Mittel identifiziert, um einerseits rasch an Devisen von europäischen, amerikanischen und japanischen Touristen zu erlangen und andererseits die abgerissenen Verbindungen zu den außerhalb Chinas lebenden Überseechinesen wieder zu verstärken. Der Binnentourismus entwickelte sich dagegen gegen den Willen der Regierung, in Form von Firmenausflügen und Konferenzen an landschaftlich schönen Orten auf Kosten der staatlichen Betriebe und Organisationen oder als Begleitung von Verwandten aus Übersee. Jedoch war die Nachfrage nach einer Teilnahme am touristischen Geschehen nicht aufzuhalten: „Ob der Binnentourismus unterstützt wird oder nicht, er entwickelt sich auf jeden Fall" (ZHANG 1985: 141). 1987 fand die Existenz des privaten Binnentourismus schliesslich Anerkennung durch die Abhaltung der Ersten Nationalen Binnentourismus-Konferenz, um dann in den 90er Jahren zu einem „Pfeiler" der nationalen Ökonomie aufgewertet zu werden. Mit dem wachsenden Wohlstand der städtischen Bevölkerung und der Einführung der

Fünf-Tage-Woche 1995 und der drei arbeitsfreien „Goldenen Wochen" im Jahre 2000 entwickelte sich der Binnentourismus zu seinen heutigen Ausmassen, mit fast 150 Millionen Menschen auf Reisen allein in den sieben Tagen der „Goldenen" ersten Maiwoche 2006 (XINHUA 2006).

Outbound Tourismus existierte in der Volksrepublik China vor dem Jahr 1983 fast nicht. Der Wunsch, ins Ausland zu reisen, wurde als "Verrat oder als Überlaufen zum Feind" (GERSTLACHER/KRIEG/STERNFELD 1991: 54) betrachtet. Nur wenige Mitglieder offizieller Delegation hatten die Chance, einen Blick auf andere Länder zu werfen. Die einzige große Gruppe von Chinesen, die die Volksrepublik verließen und wieder zurückkehrten, waren die Überlebenden unter den 260.000 sogenannten Freiwilligen Volkstruppen, die von 1950 bis 1953 im Koreakrieg kämpften (CHEN 1994).

1.3   Drei Phasen des modernen chinesischen Outbound Tourismus

Die Entwicklung des modernen chinesischen Outbound Tourismus kann in drei deutlich unterscheidbare Phasen eingeteilt werden: die langsame Entwicklung innerhalb der „chinesischen Welt" von 1983 bis 1997, die stürmische Öffnung fast aller Destinationen für den chinesischen Outbound Tourismus bis 2004 und die gegenwärtige gemäßigte Phase regulierten Wachstums.

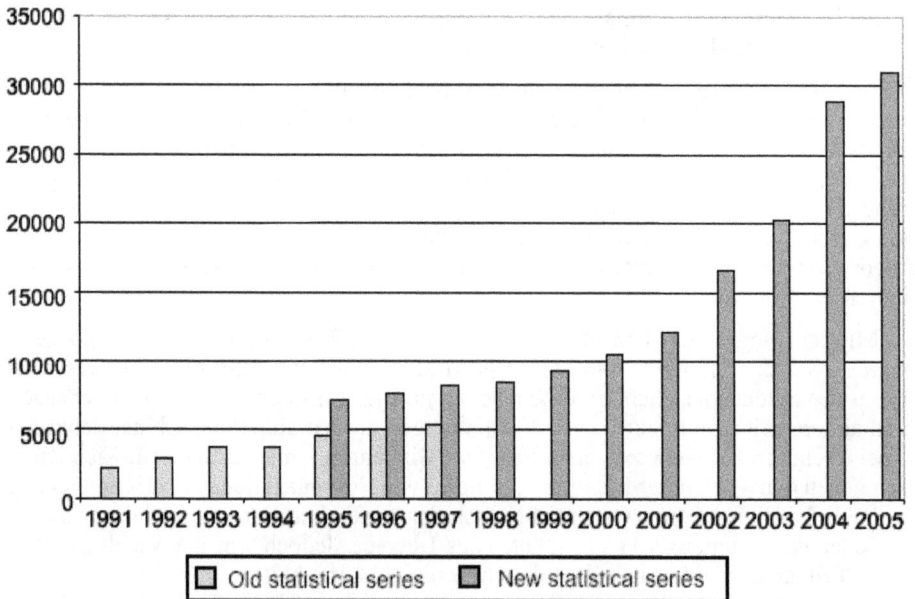

Abb. A.1-1   Chinesische Outbound Touristen 1991–2005 (in 1.000 Personen)
(Quelle: ARLT 2006a)

1.3.1 Erste Phase 1983 – 1997

Die erste Phase begann im Jahre 1983 mit der Reaktion auf den Nachfragedruck in der chinesischen Gesellschaft durch die chinesische Regierung mit sogenannten „Familien-Besuchen" zunächst nach Hong Kong und Macao. Die Kosten für diese Reisen hatten die Gastgeber zu übernehmen. Dabei spielte auch eine Rolle, dass es mit der sich abzeichnenden Übernahme Hong Kongs und Macaos im Interesse der nationalen Regierung in Beijing und der Provinzregierung in Guangzhou war, die Beziehungen mit den zukünftigen Sonderverwaltungsgebieten zu stärken. Allerdings war die Zahl der Ausreiseerlaubnisse anfangs nur sehr gering und stieg bis 1998 lediglich auf 1.500 pro Tag an. Damit bot sich jedoch erstmals eine Gelegenheit, Pässe, Visa und Devisen für einen „heimlichen" Tourismus unter dem Deckmantel angeblicher Familienkontakte zu erlangen.

Im Jahre 1990, nach der Niederschlagung des Tiananmen-Aufstands und dem Fall der Mauer, öffneten die „Provisional Regulations on Management of Organizing Chinese Citizens to Travel to Three Countries in South-East Asia" die Länder Thailand, Malaysia und Singapur für Gruppenreisende. 1992 kamen die Philippinen als viertes Land hinzu. Die notwendigen bürokratischen Prozeduren waren aufwändig und setzten Einladungsschreiben und Kostenübernahmeerklärungen aus dem jeweiligen Reiseland voraus. Diese Reisen dienten weiterhin dem Zweck, die Beziehungen mit der überseechinesischen Diaspora vor Ort zu stärken, ohne dabei volkschinesische Devisen benutzen zu müssen. Im Laufe der Jahre nahm die Durchsetzung der Reisekostenübernahmeverpflichtung durch die Gastgeber jedoch ab und der tatsächliche Charakter vieler Reisen als Sightseeing- und Shopping-Trip wurde immer offensichtlicher.

Als Beispiel für die Stärke des Nachfragedrucks und die Erfindungsgabe chinesischen Unternehmergeistes kann auch der sogenannte „Grenztourismus" zwischen den an den Ufern des Grenzflusses Amur (chin.: Heilongjiang) gelegenen Städten Heihe und Blagoveshchensk genannt werden: Ab 1988 einigten sich hier beide Seiten darauf, russische bzw. chinesische Touristen jeweils gegenseitig zu bewirten und zu transportieren, ohne dass Bargeld und damit knappe Devisen ins Spiel kamen. Von 520 ausgetauschten Gästen 1988 stieg die Zahl rasch auf fast 50.000 im Jahre 1992 an. Gleichzeitig erfuhren die Reiseziele eine erhebliche Ausweitung, so dass bereits 1990 ein chinesischer Tourist bis nach Moskau reisen konnte, wenn im Gegenzug vier Russen in Harbin versorgt wurden (ZHAO 1994).

Neben all diesen Aktivitäten entwickelte sich durch die fortschreitende Integration Chinas in die Weltwirtschaft in den 80er und 90er Jahren des 20. Jahrhunderts ein reges Delegations-, Studien- und Messereisewesen überwiegend in die weltwirtschaftlich bedeutenden Länder – einschließlich Deutschland. Alle diese Reisen hatten ein touristisches Element, viele waren in Wirklichkeit nicht mehr als eine notdürftig verhüllte Form von Vergnügungsreisen auf Kosten des chinesischen Staates oder der einladenden Firmen und Institutionen. Kampagnen zur Eindämmung dieser öffentlich finanzierten Freizeitvergnügen wie die von 1993 erzielten keine langandauernde Wirkung.

1.3.2 Zweite Phase 1997 – 2004

Die Ausnutzung verschiedener Schlumpflöcher und die Verschwendung großer Summen staatlicher Mittel machte die nachträgliche Legitimierung und damit die Anerkennung der Existenz eines großen Bedürfnisses nach privatem Outbound Tourismus für die chinesische Regierung notwendig, wenn sie einerseits nicht das Schicksal ihrer ehemaligen Kollegen in Osteuropa teilen und andererseits die Kontrolle über Form und Kosten des Outbound Tourismus wiedergewinnen wollte.

Die zweite Phase startete daher 1997 mit dem Erlass der „Provisional Regulation on the Management of Outbound Travel by Chinese Citizens at Their Own Expense", der rückwirkenden Revision der Outbound-Statistik auf höhere, realistischere, Zahlen und kurz darauf mit der Unterzeichnung der ersten „Approved Destination Status" (ADS) Vereinbarungen mit Australien, Neuseeland und Süd-Korea.

Unter dem ADS-System schließt China mit einem Land oder einer Gruppe von Ländern ein Abkommen, dass die Gewährung von Touristenvisa für Selbstzahler-Reisegruppen vorsieht. Nur ADS-Länder dürfen als Destinationen in China beworben werden. Für die Reisenden entfällt die Notwendigkeit, persönlich bei den entsprechenden Konsulaten Visa zu beantragen. Die ADS-Regeln sehen offiziell vor, dass die Zahl und die Ausgaben der chinesischen Reisenden in das Zielland mit derjenigen der Chinareisenden aus dem Zielland fest gekoppelt ist und dass das Zielland leicht erreichbar sein müsse. Solche Regelungen sind aber unter marktwirtschaftlichen Bedingungen unerfüllbar und hätten die möglichen ADS-Länder eigentlich auf Kuba und Nord-Korea eingeschränkt. In der Praxis wurde das ADS-System jedoch sehr viel flexibler, teilweise auch als Instrument der Außenpolitik gegenüber kleineren Staaten, eingesetzt. Neben der Etablierung des ADS-Systems verringerten sich auch in mehreren Schritten die bürokratischen Hürden für Besuche in Hong Kong und Macao nach deren Etablierung als Sonderverwaltungsgebiete.

Es folgten Jahre stürmischen Wachstums der Auslandsreiseaktivitäten der Chinesen, die das Wachstumsziel von 8–10% pro Jahr bis 2020 (DAI 2005) deutlich überschritten. Während die offizielle Politik noch von „moderatem, sorgfältig gesteuerten Wachstum" sprach und eine proportionale Verbindung zum Wachstum des Inbound Tourismus erhoffte, verdreifachte sich in Wirklichkeit die Zahl der Outbound Touristen zwischen 1999 und 2004. Eine chaotische und oft unregulierte Situation führte dazu, dass viele Gruppen von unautorisierten – und unkontrollierten – Veranstaltern organisiert wurden, die Billigangebote bei „Zero-Dollar-Touren" durch Kommissionen und Sonderzahlungen aller Art vor Ort für sich profitabel machten, während sich in den Nachbarländern direkt jenseits der Grenzen Kasinos und Rotlichtviertel für chinesische Besucher etablierten.

1.3.3 Dritte Phase seit 2005

Vier Hauptargumente können für die Definition einer neuen, dritten Phase des chinesischen Outbound Tourismus seit dem Jahre 2005 angeführt werden.

Erstens blieb das Wachstum der Ausreisen 2005 deutlich hinter den Zahlen der Vorjahre und den Erwartungen zurück. Der Zuwachs von 28,8 Mio. auf 31,0 Mio. Ausreisen blieb im einstelligen Prozentbereich, obwohl es in diesem Jahr keine gesundheitlichen Gefahren wie SARS oder Vogelgrippe und keine wesentlichen internen

Probleme oder größere internationale Kriege gab, die Reisende behindert hätten. Im Gegenteil stehen seit 2005 fast alle Länder mit Ausnahme der USA und Kanada durch ADS-Vereinbarungen den chinesischen Gruppenreisenden offen. Die Eröffnung des Hong Kong Disneyland war als zusätzlicher Magnet für festlandschinesische Gäste in Hong Kong vorgesehen. Mit 34 Millionen Grenzübertritten blieb das Wachstum auch 2006 unterhalb der 10%-Grenze.

Zweitens ist die große Begeisterung über den neuen Quellmarkt China in vielen Destinationen neuen Bedenken und Irritationen gewichen. Die Mitgliedsländer des Schengen-Abkommens, aber auch Australien haben ihre Visa-Regularien als Reaktion auf die beträchtliche Zahl illegaler Immigranten, die mit einem ADS-Visum einreisen, wieder verschärft. Hotels und Gaststätten klagen über die niedrigen verlangten Übernachtungspreise bzw. über die Tatsache, dass chinesische Touristen fast ausschließlich in chinesischen Restaurants essen. Mitarbeiter touristischer Einrichtungen und des Einzelhandels klagen über lautes, rüde und forderndes Betragen (ARLT 2006b; ARNOLD 2005).

Drittens lässt sich ein Rückgang des Enthusiasmus auch auf der Nachfrageseite feststellen. Chinesische Touristen erscheinen zunehmend als wählerisch und haben auf die negativen Erfahrungen vor allem bei Reisen nach Südostasien mit zurückgehenden Buchungszahlen reagiert. Auch die neuen Hürden bei der ADS-Visaerteilung und scharfe Kontrollen chinesischer junger Frauen bei der Einreise in Malaysia werden als Diskriminierung empfunden. Einige chinesische Tourismusexperten verlangen inzwischen von Destinationen nicht nur die Bereitstellung chinesischsprachiger Ausschilderungen und heißen Wassers für die Teezubereitung, sondern fordern Mondkuchen im August und im Bedarfsfall lange Geburtstagsnudeln für chinesische Gruppenreisende. Die Destinationen, wie z.B. Großbritannien sollen schlicht chinesischer werden: „Das Essen, die Getränke, wie auch die Sehenswürdigkeiten, sind nett, aber alle zu britisch und entsprechen nicht unserem Geschmack und unseren Gewohnheiten." (XU 2005: 88).

Schließlich stellt das Jahr 2005 einen Wendepunkt im chinesischen Outbound Tourismus dar, weil die chinesische Regierung ihre Haltung im positiven Sinne verändert hat. Bei einer Rede auf dem Second International Forum on Chinese Outbound Tourism in Beijing im November 2005 erklärte Zhang Jianzhong, Direktor der Strategie-Abteilung der Chinesischen Tourismusverwaltung CNTA, das für ein voll entwickeltes Tourismusland – wie China es sein will – alle drei Teile des Tourismus, also inländischer, Inbound und Outbound, stark und kräftig sein müssen. Daher werde China nunmehr nicht mehr in erster Linie die Kontrolle des Wachstums des Outbound Tourismus im Auge haben, sondern vielmehr dessen Regulierung durch pragmatische, marktorientierte Maßnahmen unterstützen und den Wildwuchs der vergangenen Jahre beseitigen (ARLT 2006b).

1.4 Die Bedeutung Europas für den chinesischen Outbound Tourismus

Malta war der erste europäische Staat, mit dem China im Jahre 2001 eine ADS-Vereinbarung unterzeichnete, gefolgt von Deutschland im darauffolgenden Jahr. Ursprünglich war CNTA an einem Abkommen mit allen Schengen-Staaten interessiert, dies war jedoch 2001 auf europäischer Seite noch nicht erwünscht (EUCCC 2001). Das Abkommen mit Deutschland resultierte jedoch in der merkwürdigen Situation, dass Deutschland als Schengen-Mitgliedsland Touristenvisa nur für Deutschland ausschließlich für Chinesen auszugeben hatte. Nach der Überwindung der SARS-Krise begannen die offiziellen Diskussionen während des sechsten EU-China Gipfeltreffens im Oktober 2003. Das Memorandum of Understanding konnte bereits im Februar 2004 unterzeichnet werden und im September 2004 trat das ADS-Abkommen in Kraft. In Europa können ADS-Touristen sich maximal 30 Tage in Gruppen von mindestens fünf Personen aufhalten. Andere europäische Länder wie z.B. Großbritannien und die Schweiz, trafen in den Jahren 2004 und 2005 bilaterale Vereinbarungen, während die neuen EU-Mitgliedsstaaten im Mai 2004 bzw. Januar 2007 „automatisch" den ADS erhielten. Somit verfügen heute alle 27 EU-Staaten über den ADS.

In vielen Ländern begrüßten die Medien die ersten ADS-Gruppen als die "ersten Touristen aus China" (FINCK 2004; WILLIAMSON 2003). Tatsächlich waren gerade die größeren europäischen Länder bereits seit den 80er Jahren das Ziel zahlreicher Delegations-Touristen. Mit der Verstärkung des privaten Tourismus nahm zwar die absolute Zahl der chinesischen Europareisen zu, die relative Bedeutung Europas als Destination jedoch ab.

Die nachfolgenden Tabellen belegen diese Entwicklung: Europa empfing zwar 2004 fast eine Million Chinesen nach nur 386.000 Gästen im Jahre 1999, der Anstieg von 259% blieb hinter dem durchschnittlichen Zuwachs um 313% zurück. Deutlich zu erkennen ist die wachsende Dominanz der Sonderverwaltungsgebiete Hong Kong und Macao, die einen Zuwachs um 400% verzeichnen konnten. Der Anteil dieser beiden Territorien, die eigentlich gar nicht in den Auslandsreisen-Statistiken auftauchen sollten, bewegt sich auf fast ¾ der Gesamtreisen zu, auch für das Jahr 2006 meldet die UNWTO für Hong Kong und Macao wieder zweistellige Zuwächse (UNWTO 2006). Europas Anteil dagegen liegt seit 2003 unter 4%. Unter den nichtasiatischen Destinationen hat sich Europa jedoch als wichtigstes Reiseziel durchsetzen können, während Nordamerika mangels ADS zurückgefallen ist.

Dabei ist zu erklären, warum Russland im Gegensatz zu den offiziellen chinesischen Statistiken hier aus den Werten für Europas herausgerechnet wird. Der Grund hierfür liegt in der Tatsache, dass die allermeisten chinesischen Reisenden nach Russland niemals europäischen Boden betreten, sondern vielmehr in den Russischen Fernen Osten oder nach Sibirien reisen, wobei es sich oftmals nicht um Vergnügungsreisende handelt, sondern um Händler, die teilweise täglich die Grenze überschreiten. Die Einführung von visa-freien Reisemöglichkeiten nach Moskau und St. Petersburg für chinesische Touristen Ende 2005 mag dieses in Zukunft etwas, aber voraussichtlich nicht wesentlich, ändern.

	1999	2000	2001	2002	2003	2004	Growth 1999-2004 in %	Growth 1999-2001 in %	Growth 2002-2004 in %
Total	9,232	10,649	12,133	16,602	20,222	28,853	313	131	174
Hong Kong	3,571	4,142	5,320	7,771	9,310	13,002	364	149	167
Macao	1,551	1,644	1,800	2,783	4,791	7,490	483	116	269
Hong Kong and Macao	5,122	5,786	7,120	10,554	14,101	20,492	400	139	194
Total without Hong Kong and Macao	4,110	4,863	5,013	6,048	6,121	8,361	203	122	138
Total Asia	7,813	8,846	10,090	14,196	17,940	25,821	330	129	182
Asia without Hong Kong and Macao	2,691	3,060	2,970	3,642	3,839	5,329	198	110	146
Total without Asia	1,419	1,803	2,043	2,406	2,282	3,032	214	144	126
Europe with Russia	824	1,079	1,177	1,398	1,351	1,807	219	143	129
Russia	437	606	607	691	661	810	185	139	117
Europe without Russia	386	473	570	707	690	998	259	148	141
Americas	429	523	585	618	531	680	159	136	110
Rest of the world	166	201	281	390	400	545	328	169	140

Abb. A.1-2 Wachstum des Outbound Tourismus nach Destinationen (in Tsd. und Prozent) (Quelle: ARLT 2006a)

Share Hong Kong/Macao	55.5	54.3	58.7	63.6	69.7	71.0
Share Asia total	84.6	83.1	83.2	85.5	88.7	89.5
Share Asia without Hong Kong and Macao	29.1	28.7	24.5	21.9	19.0	18.5
Share Russia	4.7	5.7	5.0	4.2	3.3	2.8
Share Europe without Russia	4.2	4.4	4.7	4.3	3.4	3.5
Share Americas	4.6	4.9	4.8	3.7	2.6	2.4
Share rest of the world	1.8	1.9	2.3	2.3	2.0	1.9

Abb. A.1-3 Anteile der Destinationen am chinesischen Outbound Tourismus (in Prozent) (Quelle: ARLT 2006a)

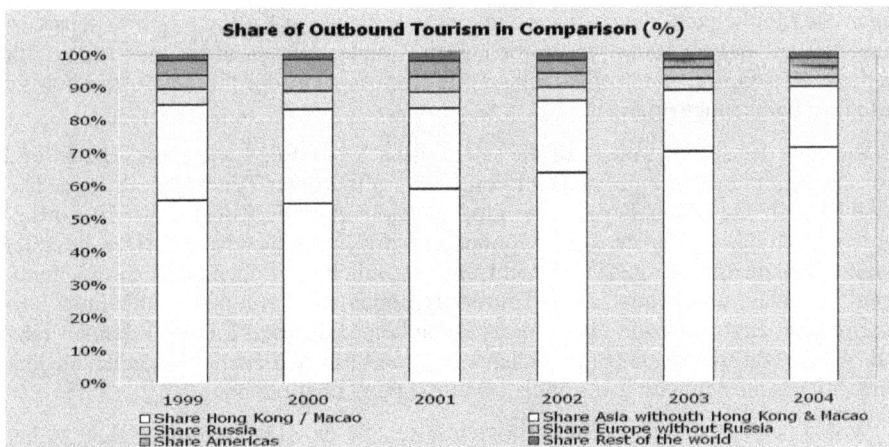

Abb. A.1-4 Grafische Darstellung der Anteile der Destinationen am chinesischen Outbound Tourismus (in Prozent) (Quelle: ARLT ET AL. 2006)

Die größeren europäischen Länder gehören dabei zu den beliebtesten Reisezielen für chinesische Touristen. Diese Popularität ist zum Teil den hohen Kosten geschuldet, die eine Reise nach Europa notwendigerweise erzeugt, da damit die offensichtliche Wohlhabenheit des Reisenden dokumentiert wird. Länder wie Deutschland, Frankreich, Italien und die Schweiz sind in China bekannt. Griechenland konnte sich durch die Olympischen Spiele 2004 zumindest zeitweise zu dieser Liste gesellen. Europa wird wahrgenommen als Quelle der westlichen Zivilisation, wobei Beethoven, Beckham und BMW eine größere Rolle spielen als liberté, égalité and fraternité.

Hinzu kommt die größere Vertrautheit mit Europa als Reiseland, da hier wichtige Wirtschaftspartner bereits seit den 80er Jahren Anlässe – manchmal auch Vorwände – zu Geschäftsreisen boten.

Für die Anreise nach Europa spielt die transsibirische Eisenbahn keine Rolle mehr, fast ausschließliches Transportmittel ist das Flugzeug. Von den ersten Flugverbindungen zwischen Beijing und Moskau in den 1950er Jahren und von der ersten westeuropäischen Relation zwischen Beijing und Paris seit dem Jahre 1973 entwickelte sich bis 1998 etwa 100 wöchentliche Verbindungen. Heute verbinden mehrere hundert Flugzeuge in jeder Woche Beijing, Shanghai und Guangzhou in China mit mehr als einem Dutzend Flughäfen in Europa, wobei von wichtigen Hubs wie Paris oder Frankfurt mehrfach täglich Verbindungen angeboten werden.

Dabei ist die Destination Europa mehrfach zu differenzieren. Zunächst ist, wie erläutert, Russland zwar ein Teil Europas im Sinne der chinesischen Statistik, aber faktisch reisen nur wenige Chinesen in den europäischen Teil Russlands.

Weiterhin ist Europa fast identisch mit der Europäischen Union, mit Ausnahme der Schweiz. Das Schengener Abkommen und die Einführung des Euro haben diese Wahrnehmung noch weiter verstärkt. Europa wird dabei als *eine* Destination wahrgenommen, die jedoch im Gegensatz zu anderen Destinationen wie Australien oder Japan die Möglichkeit bietet, diverse und unterschiedliche Kulturen und Sehenswürdigkeiten auf nahem Raum zu erleben. Damit bietet Europa auch eher Anlass für mehrere Reisen, um unterschiedliche Teile und Aspekte der Gesamtdestination zu besuchen und kennenzulernen.

Die erste Reise führt meist in die wichtigsten Metropolen wie Paris, Berlin und Amsterdam, wobei oft eine Vielzahl von Ländern in kurzer Zeit durcheilt wird. Dabei bilden die Gebiete außerhalb der großen Städte eher die Kulisse, die im Vorbeifahren durch das Busfenster wahrgenommen wird. Da es hier beim Reisen in erster Linie um Statusgewinn geht und nicht um persönliches Erleben, können „Geheimtipps" am Wegesrand chinesische Touristengruppen nicht von den Autobahnen herunterlocken. Erst Reisende, die zum wiederholten Male nach Europa kommen oder z.B. Eltern von in Europa studierenden Chinesen besuchen einzelne Länder für längere Zeit und besichtigen dabei auch „zweitrangige" Destinationen.

Wohin in Europa chinesische Touristen reisen, ist dabei nicht immer leicht zu beantworten. Die chinesischen Ausreisestatistiken beziehen sich nur auf den ersten ‚port of call', d.h. in der Regel das Land, in dem sich der Ankunftsflughafen befindet. Somit beeinflussen die vorhandenen Flugverbindungen und deren Preisentwicklung ebenso die Statistik wie die jeweils favorisierten Konsularabteilungen der europäischen Botschaften für die Visabeantragung.

Die Hinzuziehung nationaler Einreisestatistiken ist ebenfalls nur begrenzt hilfreich. Innerhalb des „Schengenland" gibt es keine systematischen Grenzkontrollen und in vielen Ländern – inklusive Deutschland – werden volkschinesische Reisende in den nationalen Statistiken nicht gesondert ausgewiesen, sondern mit Hong Kong-Chinesen zusammengeworfen oder unter „Sonstiges Asien" geführt. Die Nutzung von Übernachtungsstatistiken als Grundlage erfasst zudem nicht die privaten oder illegalen Unterbringungsmöglichkeiten. Im Ergebnis weist dann z.B. die Statistik des Pariser Fremdenverkehrsamtes eine weit höhere Zahl von Paris-Besuchern aus, als sich in der chinesischen Ausreisestatistik für ganz Frankreich finden.

Ein weit verbreitetes Problem in Darstellungen über den chinesischen Outbound Tourismus besteht darin, dass Tagesbesucher Hong Kongs, Kleinhändler im Grenzverkehr und Studierende meist mit Europareisenden in einen Topf geworfen werden, um dann wenig hilfreiche Durchschnittswerte zu bilden.

Chinesische freizeitorientierte Europabesucher bilden jedoch innerhalb aller chinesischen Auslandstouristen die Spitze der Reisepyramide: Sie gehören in der Regel mit ihrem Einkommen zu den Top-3% der chinesischen Gesellschaft und haben einen überdurchschnittlichen Bildungsgrad, wie auch die folgende Statistik ausweist:

Sex	Male	67
	Female	33
Age	15-24	12
	25-34	46
	35-44	19
	45-54	15
	55+	8
Family income	Low/middle	4
	High	32
	Very High	64
Education level	Low	1
	Middle	12
	High	87

Abb. A.1-5   Soziodemographisches Profil der chinesischen Europa-Touristen (in %)
(Quelle: ARLT 2006a)

Der hohe Anteil von 2/3 männlichen Reisenden ist dabei auch der Tatsache geschuldet, dass in den Statistiken die Geschäftsreisenden einbezogen werden, die vornehmlich männlichen Geschlechts sind.

1.5   Die Bedeutung Deutschlands für den chinesischen Outbound Tourismus

Deutschland, das Land dessen Bewohner nach wie vor jeden neunten Dollar im internationalen Tourismus ausgeben, ist seit vielen Jahren die wichtigste Destination in Europa (Russland nicht mitgerechnet). Bis zur Jahrtausendwende besuchten etwa die Hälfte aller Europa-Gäste aus China Deutschland, inzwischen ist dieser Wert auf etwa ein Viertel gesunken. Damit liegt Deutschland aber immer noch vor Frankreich und Großbritannien. Da Deutschland wichtigster europäischer Investor und Handelspartner für China ist, kann dabei nicht überraschen, dass etwa die Hälfte aller Deutschlandbesuche vornehmlich geschäftlicher Natur sind. Etwas mehr als Hälfte aller Deutschlandbesucher stammen aus den drei Metropolen Shanghai (24%), Beijing (16%) und Guangzhou (12%).

Das soziodemografische Profil der chinesischen Deutschland-Besucher unterscheidet sich nur geringfügig von dem für ganz Europa. Auffällig ist der geringere Anteil von Gästen über 45 Jahren, ein Anzeichen für den kleineren Anteil von Freizeit-Reisenden im Vergleich zur Bedeutung Deutschlands als Studienstandort und Ziel von Geschäftsreisen.

Sex	Male	66
	Female	34
Age	15-24	18
	25-34	39
	35-44	28
	45-54	11
	55+	3
Family income	Low/middle	6
	High	29
	Very High	65
Education level	Low	0
	Middle	10
	High	90

Abb. A.1-6   Soziodemographisches Profil chinesischer Reisender nach Deutschland (in Prozent) (Quelle: ARLT 2006a)

In Deutschland leben etwa 50.000 Festlands- und Taiwan-Chinesen plus zwischen 50.000 und 100.000 ethnische Chinesen aus Hong Kong und Südostasien. Fast alle leben in der alten Bundesrepublik und sind, abgesehen von den 10.000 Studierenden, nicht zuletzt in den rund 15.000 chinesischen Restaurants und Schnellimbissen beschäftigt (LEUNG 2002).

Die Deutsche Zentrale für Tourismus (DZT) gehörte zu den ersten nationalen Tourismusorganisationen, die in Beijing ein Büro eröffneten. Seit dessen Start im Jahre 2001 haben zudem eine Reihe von Städten, Bundesländern, Flughäfen usw. eigene Repräsentanten für China ernannt.

Deutschland überraschte nach einem Besuch des damaligen Bundeskanzler Schröder mit der Nachricht, dass es vor allen anderen Schengen-Staaten ein ADS-Abkommen abschließen wolle. Das Memorandum dazu wurde im Juli 2002 unterzeichnet, die erste ADS-Gruppe bereiste Deutschland im Februar 2003. Anstelle des großen Geschäftes folgte dann jedoch die SARS-Krise, mit negativen Folgen für eine Reihe von Inbound-Unternehmen.

China ist mit Deutschland über mehrere tägliche Luftfahrtverbindungen zwischen Beijing, Shanghai und Guangzhou einerseits und Frankfurt und München andererseits verbunden. Eine Flugverbindung Chongqing–Düsseldorf wurde nach kurzer Dauer wieder eingestellt. Da aber viele Deutschlandbesucher auch andere europäische Länder besuchen, spielen auch die Flugverbindungen nach Helsinki, Paris usw. eine Rolle. Die Lufthansa und Air China kooperieren bereits seit langer Zeit in Bereichen wie Wartung und Codesharing, beide Fluggesellschaften sind Mitglied der Star Alliance.

Nach den deutschen Tourismus-Statistiken, die nicht zwischen Hong Kong Chinesen und Festlandschinesen unterscheiden, übersprang die Zahl der chinesischen Besucher Deutschlands im Jahre 1993 erstmals die 100.000er Marke. Bis 2004 vervierfachte sich diese Zahl und blieb damit im Wachstum etwas hinter der Verfünffachung der Gesamtausreisen zurück. Die durchschnittliche Aufenthaltsdauer verringerte sich kontinuierlich von 2,9 auf 2,1 Tage. 2005 erreichte die absolute Zahl der registrierten Übernachtungen von Chinesen (inklusive Hong Kong) in Deutschland einen Wert von rund 853.000, ein achtprozentiger Zuwachs, der dem Wachstum des Gesamtmarktes gegenüber dem Vorjahr entspricht.

	Arrivals (persons)	Overnight stays* (nights)	Average length of stays (days)
1994	100,396	288,649	2.9
1995	115,460	333,266	2.9
1996	130,764	336,044	2.6
1997	141,878	362,101	2.6
1998	161,454	388,380	2.4
1999	177,467	397,309	2.2
2000	213,897	467,654	2.2
2001	236,443	512,866	2.2
2002	270,308	572,594	2.1
2003	267,803	577,646	2.2
2004	387,166	794,021	2.1

Note: *Only commercial accomodation with more than eight beds are included.

Abb. A.1-7 Ankünfte und Übernachtungen in Deutschland von Chinesen aus der VR China und Hong Kong (1994–2004) (Quelle: ARLT 2006a)

Die Saisonalität der Ankünfte chinesischer Gäste in Deutschland ist relativ stark ausgeprägt. 30 Prozent aller Übernachtungen finden im Quartal von August bis Oktober statt, 20 Prozent im Quartal Dezember bis Februar. Für Touristen ohne Geschäftsreisegründe ist die Saisonalität ausgeprägter als für Geschäftsreisende.

Chinesische Touristen besuchen auch in Deutschland eigentlich nicht das Land, sondern folgen einem ausgetretenen Pfad, der im wesentlichen die großen Städte verbindet. 81% aller Übernachtungen konzentrierten sich auch 2005 auf die fünf Bundesländer Bayern, Hessen, NRW, Baden-Württemberg und Rheinland-Pfalz. Die

Hälfte aller Bundesländer dagegen konnte 2005 weniger als 10.000 Übernachtungen verzeichnen.

Tatsächlich sind selbst in den bevorzugten Bundesländern fast ausschließlich die Großstädte Reiseziel. Etwa 40% aller Übernachtungen konzentrieren sich auf die sechs „Magic Cities" Frankfurt, München, Berlin, Köln, Hamburg und Düsseldorf. Mehr als Hälfte aller deutschen Gemeinden haben dagegen weniger als 500 Übernachtungen aus China pro Jahr vorzuweisen.

City	Overnight stays (nights) 2004	Percentage of total overnight stays in Germany	Cumulated percentage of total overnight stays in Germany
Frankfurt	90,796	11.5	
Munich	65,363	8.3	
Berlin	56,082	7.1	26.9
Cologne	36,441	4.6	
Hamburg	27,346	3.5	
Duesseldorf	25,896	3.3	38.2
Stuttgart	15,796	2.0	
Hanover	5,476	0.7	
Dresden	3,027	0.4	
Total Magic Cities	326,223	41.3	
Total Germany	789,429		

Abb. A.1-8 Übernachtungen von Chinesen aus der VR China und Hong Kong in den „Magic Cities" 2004
(Quelle: ARLT 2006a)

Nur wenige Freiluft-Aktivitäten Destinationen haben es geschafft, Teil des „Trampelpfades" für chinesische Gäste zu werden. Dazu gehört der Kuckucksuhr-Kauf am Titisee im Schwarzwald, das Münchner Oktoberfest und einige Weihnachtsmärkte wie der in Nürnberg. Programmpunkte, die für japanische Gäste wichtiger Teil eines Deutschlandbesuches sind, wie die Besichtigung von Schloss Neuschwanstein, eine Fahrt auf dem Rhein oder der Besuch kleinerer Städte wie Heidelberg und Rüdesheim, gewinnen nur allmählich an Bedeutung für chinesische Gäste.

Deutschland ist in erster Linie als Geschäfts- und Messedestination bekannt sowie als Heimat berühmter Erfinder von Siemens bis Benz und Produzent von Produkten guter Qualität wie Maschinen, Autos und Bier. Künstler wie Beethoven und Bach, romantische Landschaften und mittelalterliche Stadtkerne gehören ebenso zur Mental Map der meisten Deutschland-Besucher. Sicherheit und Sauberkeit, wichtige Kriterien für chinesische Touristen, werden ebenfalls in hohem Masse Deutschland zugeschrieben (ARLT 2005). Spezifische Deutschland zugeschriebene Images sind außerdem verbunden mit so unterschiedlichen Gestalten wie Karl Marx, den Gebrüdern Grimm und – unglücklicherweise – Adolf Hitler (HUANG/FANG 2003).

Deutschland ist dabei auch eine wichtige Destination für Einkäufe. Allein der Umsatz der Geschäfte, die dem Umsatzsteuer-Rückerstattungssystem der Firma Global Refund angeschlossen sind, überstieg teilweise 5 Millionen Euro pro Monat im Jahre

2004. Von insgesamt 12 Mio. Euro im Jahre 1999 stieg der entsprechende Gesamtumsatz bis 2004 auf 45 Mio. Euro an. Für andere europäische Destinationen sind Japaner und US-Amerikaner noch immer wichtigere Kundengruppen, doch in Deutschland liegen die chinesischen Kunden nach den russischen an zweiter Stelle bei den Ausgaben pro Kopf für Einkäufe (ARLT/KELEMEN 2006).

1.6   Zusammenfassung und Ausblick

Der Outbound Tourismus hat sich in China entgegen dem Wunsch der chinesischen Regierung im Jahrzehnt 1995 bis 2004 stürmisch entwickelt, ehe es zum jetzigen schwächeren Wachstum bei gleichzeitig verringertem politischem Widerstand kam. 90% aller Outbound Touristen reisen nach Asien, die meisten davon nicht weiter als in die Sonderverwaltungsgebiete Hong Kong und Macao. Die rund eine Million Europareisenden repräsentieren dabei die Spitze des Outbound Tourismus, sowohl was die Kosten angeht wie auch bei der Position in der chinesischen Gesellschaft bezüglich Bildungsstand, Einfluss und Einkommen. Europa wird dabei überwiegend als *eine* Destination angesehen, die meisten freizeit-orientierten chinesischen Touristen besuchen mehrere, oft zahlreiche Länder während einer Europareise. Entsprechend ist Deutschland für diese Gäste nur ein Teil einer größeren Destination. Wie in ganz Europa werden auch hier dabei in erster Linie die großen Städte besucht.

Für wohlhabende Chinesen sind Reisen zumindest in die Nachbarländer inzwischen zur Normalität geworden. Dies sollte aber nicht darüber hinwegtäuschen, dass die übergroße Mehrzahl der chinesischen Europareisende auch in Zukunft Erstreisende sein werden, mit allen Konsequenzen für Reiseroute und Reiseverhalten. Europa mit seinen Leuchttürmen Paris, Rom, Amsterdam, München, Berlin wird weiterhin zu den prestigeträchtigsten und begehrtesten Destination gehören, vor allem solange sich die USA dem ADS-Prozess verweigern. Utopische Vorstellungen von jährlich Dutzenden von Millionen Gästen aus China in Europa bleiben angesichts der Kosten und Anstrengungen einer solchen Reise jedoch auch auf mittlere Sicht unrealistisch.

Wichtig für die zukünftige Bedeutung Europas für den chinesischen Outbound Tourismus ist die Notwendigkeit für die europäische Tourismusbranche, einerseits sich besser als bisher auf die Besonderheiten chinesischer Gäste einzustellen und andererseits den negativen Entwicklungen des Outbound Tourismus nach Südostasien unter dem Stichwort „Zero-Dollar-Tours" zu widersetzen, um die Qualität der „Luxusmarke Europa" nicht aufs Spiel zu setzen.

2 Chinas Outbound Tourismus: ein Wachstumsmarkt für Europa

Prof. Dr. Zhang Guangrui, Beijing

2.1 Einleitung

Seit Ende der 1970er Jahre verzeichnet der Tourismus in China ein enormes Wachstum. Unterstützt durch eine Vielzahl an Reformen und durch die unter Deng Xiaoping eingeleitete Öffnungspolitik setzt sich diese Entwicklung bis heute fort. Im Inbound-Tourismus war China 2005 weltweit eines der führenden Länder und belegte in der Rangliste der größten Empfängerländer nach Angaben der UNWTO den vierten Platz. Auch bei den erwirtschafteten Einnahmen resultierend aus dem Inbound-Geschäft wurde mit Platz fünf eine Spitzenposition erreicht.

Ferner steigt auch im Inlandstourismus die Anzahl der Personen, die jährlich Ausflüge und Reisen unternehmen.

Als Ausdruck der chinesischenen Reform- und Öffnungspolitik hat in den vergangenen Jahren jedoch vor allem der boomende Outbound-Tourismus die Aufmerksamkeit der Welt erregt. China ist heute eines der Länder mit dem höchsten Tourismusaufkommen und verdrängt damit Japan als ehemalige Nummer eins in der asiatisch-pazifischen Region von der Führungsposition. Gleichzeitig ist China ein Land, das sich im Outbound-Tourismus weltweit durch eine der höchsten Wachstumszahlen auszeichnet.

	Position	
	nach Ankünften	**nach Einnahmen**
1980	18	34
1990	11	25
1995	8	10
1998	6	7
1999	5	7
2000	5	7
2004	4	4
2005	4	5

Abb. A.2-1 Position Chinas in der Rangliste der internationalen Tourismusdestinationen (Quelle: basierend auf Statistiken der UNWTO)

Verschiedene historische Gründe haben dazu geführt, dass sich der Tourismus Chinas auf ungewöhnliche Weise entwickelt hat. Zwischen 1949, dem Gründungsjahr der Volksrepublik China, und den späten 1970ern war der Tourismus nur ein Mittel zur Gewinnung von Sympathie, Verständnis und Unterstützung aus dem Ausland. Mit dem Beginn der Öffnungspolitik unter Deng Xiaoping wurde der Tourismus aber nicht mehr nur als Mittel zur Gewinnung von Sympathie gesehen, sondern vielmehr als ein Mittel zur Erwirtschaftung von Einkünften und zur Generierung von Gewinnen, welche wiederum zum Zwecke der Modernisierung des Landes genutzt werden konnten. Mit diesen Erfahrungen stieg auch das Bewusstsein, dafür dass der Inbound-Tourismus einen wichtigen Wirtschaftsfaktor darstellte. Ab Mitte der 80er Jahre gewann auch der inländische Tourismus mehr und mehr an Bedeutung, ausgelöst durch das Bestreben der Regierung, die nationale Wirtschaft anzukurbeln. Seit Mitte der 1990er Jahre erfolgte sogar eine Lockerung der Kontrolle des Outbound-Tourismus, insbesondere für Erholungsurlauber, um die Nachfrage zu steigern.

Vor allem durch diese Maßnahmen war es möglich, die chinesische Tourismusindustrie zu erweitern und zu entwickeln. Verglichen mit dem Inbound- und Inlandstourismus steckt der Outbound Tourismus noch in seinen Kinderschuhen. Es wird dennoch erwartet, dass der Outbound-Tourismus stetig weiter wachsen und China zukünftig eine bedeutende Rolle in der Entwicklung dese internationalen Tourismus spielen wird.

2.2 Fakten und Daten

Der Outbound Tourismus Chinas kann bis in die früher 80er Jahre zurückverfolgt werden. Er begann mit Auslandsreisen nach Hong Kong und Macao, später auch nach Singapur, Malaysia und Thailand, welche von Verwandten oder Freunden aus dem Ausland und nicht von den Reisenden selbst bezahlt wurden. Parallel entwickelte sich der Grenzraumtourismus, wobei Bewohnern der Grenzregionen die Reise in die Nachbarregion gestattet wurde. Ziel war es, durch geldlosen Barter-Handel den Abfluss von Devisen aus China zu vermeiden.

Tatsächlich gab es offiziell bis zum Jahre 1997 keine Reisen, welche nur dem Zwecke der Erholung und der Freizeitgestaltung dienten. Dies änderte sich mit den *„Interim Procedures for Managing Self-paid travels by the Chinese Residents"* *(Vorläufige Regelungen für die Organisation selbstbezahlter Reisen von chinesischen Staatsbürgern)*. Seit dem Beginn des neuen Jahrhunderts hat sich China's Outbound Tourismus rasch entwickelt, vor allem seitdem die *„Procedures for Managing Self-paid travels by the Chinese Residents"* *(Regelungen für die Organisation selbstbezahlter Reisen von chinesischen Staatsbürgern)* im Jahre 2002 formuliert wurden.

Jahr	Anzahl Outbound-Touristen	Wachstum (%)
1995	4.520.000	21,0
1996	5.060.000	12,0
1997	5.323900	5,2
1998	8.425.600	Nicht vergleichbar
1999	9.232.400	9,6
2000	10.472.600	13,4
2001	12.000.000	11,5
2002	16.600.000	36,9
2003	20.220.000	21,8
2004	28.850.000	42,7
2005	31.000.000	7,5

Abb. A.2-2 Anzahl chinesischer Ausreisender und ihr jährliches Wachstum (1995-2005)
(Quelle: CNTA: Year Book of China Tourism Statistics, versch. Jg.)

Jahr	Outbound-Touristen mit offiziellen Reisepass			Outbound-Touristen mit privatem Reisepass		
	Ausreisen (Tsd.)	Wachstum (in %)	Marktanteil (in %)	Ausreisen (Tsd.)	Wachstum (in %)	Marktanteil (in %)
1999	4966,3	-5,1	53,79	4266,1	33,70	46,20
2000	4841,8	-2,5	46,23	5630,9	31,99	53,77
2001	5187,7	7,2	42,76	6945,4	23,30	57,24
2002	6540,9	26,1	39,40	1006,1	44,90	60,60
2003	5411,0	-17,3	26,76	14810,9	47,20	73,24
2004	5870,0	8,5	20,30	22980,0	55,20	79,70

Abb. A.2-3 Struktur der Outbound Touristen nach Reisepassinhaber
(Quelle: CNTA: Year Book of China Tourism Statistics, versch. Jg.)

Jahr	Outbound Ausgaben	
	Ausgaben (Mrd. US$)	**Wachstum (%)**
1990	0,470	-
1991	0,511	8,72
1992	2,512	391,58
1993	2,797	11,35
1994	3,036	8,5
1995	3,688	21,48
1996	4,474	20,58
1997	8,130	81,72
1998	9,205	13,60
1999	10,864	18,02
2000	13,114	20,72
2001	13,909	6,06
2002	15,398	11,44
2003	15,187	-1,37
2004	19,149	26,09

Abb. A.2-4 Ausgaben im Outbound Tourismus
(Quelle: CHINA STATE FOREIGN EXCHANGE ADMINISTRATION: China balance of payment sheet (1999–2004))

2.3   Charakteristika des chinesischen Outbound Tourismus

Der Outbound Tourismus Chinas der letzten Jahre kann wie folgt charakterisiert werden:

(1)   Schnelles Wachstum:

Es dauerte über 17 Jahre (1983 bis 2000) bis die Grenze von 10 Millionen chinesischer Outbound-Touristen erreicht werden konnte. Nach nur drei weiteren Jahren wurden bereits 20 Millionen erreicht und 2005 bereits 30 Millonen Chinesen, die eine Reise ins Ausland unternahmen. In den ersten fünf Jahren des neuen Jahrhunderts betrug die jährliche Wachstumsrate des chinesischen Outbound-Tourismus mehr als 30 %, wobei die Anzahl der privaten Reisepassinhaber noch stärker stieg. So betrug die Anzahl der Ausreisen von Privatpassinhabern, unterstützt durch den erleichterten Zugang zu privaten Reisepässen, im Jahr 2000 zwar nur fünf Million, bis 2002 waren es aber bereits 15 Millionen und 2004 konnten 23 Millionen Ausreisen mit Privatpässen verzeichnet werden – eine jährliche Wachstumsrate von über 45%.

(2) Strukturveränderungen

Über einen langen Zeitraum hinweg reisten überwiegend chinesische Geschäftsleute oder Beamte ins Ausland. Erst seit jüngerer Zeit verreisen auch immer mehr Privatpersonen zu Freizeitzwecken in fremde Länder. Die Anzahl der Outboundreisen von Personen mit privaten Reisepässen steigt von Jahr zu Jahr an, während die der Inhaber eines „offiziellen" Passes stagniert oder sogar sinkt. Heute werden mehr Reisen zu Freizeitzwecken als zu Geschäftszwecken unternommen.

(3) Erweiterung der Reiseziele

Unterstützt durch die heutigen Reisebestimmungen dürfen Touristen chinesischer Herkunft, welche meist nur in Reisegruppen organisiert sind, all jene Länder bereisen, mit welchen China ein bilaterales Abkommen getroffen hat. Länder, welche solch ein bilaterales Abkommen mit China unterzeichnet haben, sind auch als „approved destination country" bekannt. Mit der ständig wachsenden Anzahl von Ländern, welche den ADS (approved destination status) von China erhalten, steigt demzufolge auch die Anzahl chinesischer Reisender insbesondere in Fernreisedestinationen. Die ersten Reiseregionen wurden 1983 etabliert und nach 1999 hatten lediglich neun Destinationen, alle in Südostasien und Ozeanien, ADS. Die Zahl stieg dann von 14 im Jahre 2000 auf 19 im Jahre 2002 und 28 im Jahre 2003. 2004 gab es einen starken Anstieg auf über 70, darunter die EU-Staaten, und 2005 überstieg die Zahl 100 Ländern, die auf alle Kontinente verteilt sind. Fast alle größeren Länder mit Ausnahme der USA und Kanada sind inzwischen als ADS-Staaten anerkannt.

Jahr	ADS Länder/ Regionen
1983	Hong Kong, Macao
1988	Thailand
1990	Singapur, Malaysia
1992	Philippinen
1998	Süd- Korea
1999	Australien, Neuseeland
2000	Japan, Vietnam, Kambodscha, Burma, Brunei
2002	Nepal, Indonesien, Malta, Türkei
2003	Ägypten, Deutschland, Indien, Malediven, Sri Lanka, Südafrika, Kroatien, Ungarn, Pakistan, Kuba
2004	Griechenland, Frankreich, Niederlande, Belgien, Luxemburg, Portugal, Spanien, Italien, Österreich, Finnland, Schweden, Tschechien, Estland, Litauen, Lettland, Liechtenstein, Polen, Slowenien, Slowakei, Zypern, Dänemark, Island, Irland, Norwegen, Rumänien, Schweiz, Kenia, Sambia, Tansania, Mauritius, Tunesien, Äthiopien, Seychellen, Zimbabwe, Mali, Vanuatu, Fidschi, Syrien, Jordanien, Argentinien, Chile, Brasilien, Northern Marianas

Abb. A.2-5 Liste aller ADS Länder und Regionen für den chinesischen Outbound Tourismus bis zum Jahre 2004
(Quelle: CHINA NATIONAL TOURISM ADMINISTRATION)

Den größten Marktanteil im Inboundbereich aus dem Quellmarkt China haben jedoch immer noch die asiatischen Länder und Regionen. Mit einem Anteil von 90% waren es vor allem asiatische Destinationen, die von Chinesen vorwiegend bereist wurden und davon konnten Honk Kong und Macao allein 70% auf sich vereinen. Insgesamt verzeichnet der asiatische Markt 25,8 Millionen Ankünfte aus China. Im Vergleich dazu ist die Zahl der Chinesen, die nach Europa reisen eher gering und beläuft sich gerade einmal auf 1,8 Millionen, was einem Marktanteil von 6 % entspricht. Die Hauptreiseländer in Europa 2004 (ohne Berücksichtigung Russlands) waren Deutschland mit 222.878 chinesischen Reisenden, Frankreich mit 201.533 Reisenden aus China und Grossbritannien, welches mit 177.601 chinesischen Besuchern Platz drei belegt.

Position	Destination	Ausreisen zu der Destination
1	Hong Kong	13.001.635
2	Macao	7.490.491
3	Japan	1.021.325
4	Russland	809.606
5	Vietnam	785.682
6	Süd-Korea	697.023
7	Thailand	682.475
8	USA	443.873
9	Singapur	429.258
10	Malaysia	337.173

Abb. A.2-6   Top 10 Destination des chinesischen Outbound Tourismus 2004
(Quelle: CHINA NATIONAL TOURISM ADMINISTRATION)

(4)   Individualreisende

Einen Durchbruch erlebte der Tourismus in China mit dem Jahr 2003, als es möglich wurde, Hong Kong und Macao auch individuell, ohne eine Mitglied einer organisierten Gruppe zu sein, zu bereisen. Dieser Meilenstein wurde insbesondere durch das *Closer Economic Partnership Arrangement*, kurz *CEPA*, ermöglicht. Diese Regelung wurde 2003 zwischen dem chinesischen Festland und seinen dazugehörigen Sonderverwaltungsgebieten Hong Kong und Macao eingeführt. Im darauf folgenden Jahr konnte Hong Kong 12 Millionen Reisende aus Festland-China verzeichnen, was über 50 % der kompletten Inbound Ankünfte nach Hong Kong entspricht. Macao konnte 7 Millionen chinesischer Reisender verbuchen. Diese Reisen dienen auch der Unterstützung der Wirtschaft der beiden Gebiete. Jedoch ist die Zahl an Individualreisen in andere Länder immer noch eher sehr gering.

(5)   Produktvielfalt

Dank der Bemühungen und Anstrengungen vieler Reiseveranstalter in den letzten zehn Jahren ist es heutzutage möglich, dass die unterschiedlichsten Bedürfnisse chinesischer Outbound Reisender befriedigt werden können. Sightseeing-Reisen bilden jedoch nach wie vor das Hauptsegment. Die traditionellen Angebote sind verfeinert worden and thematische und Multi-Destinations-Reisen werden besonders nach Europa angeboten. Diese Reisen für spezielle Interessen erfreuen sich vor allem bei erfahrenen Reisenden in den grossen chinesischen Städten wachsender Beliebtheit.

2.4   Einflussreiche Faktoren für das Wachstum des Outbound Tourismus

Chinas positive Entwicklung des Outbound Tourismus ist das Ergebnis der unentwegten Bemühungen und politischen Reformen zur Öffnung des Landes nach außen. Für die vergangene Dekade des Wachstums waren insbesondere nachfolgende Einflussfaktoren entscheidend von Bedeutung:

(1)   Wirtschaftswachstum

Ein Schlüsselfaktor ist der Erfolg der nationalen Wirtschaft in China. Während der letzten zwei Jahrzehnte konnte das Land ein jährliches Wachstum des Bruttoinlandsprodukts von 7–10 % verzeichnen. Solch starkes Wachstum wurde bisher nur selten in anderen Ländern beobachtet. Das Bruttoinlandsprodukt pro Kopf für das ganze Land beträgt inzwischen USD \$1000, und mehr als USD \$5000 für Städte wie Shanghai, Beijing und einige Küstenregionen Chinas. Verglichen mit anderen Wirtschaftsländern ist das Bruttoinlandsprodukt noch gering, jedoch entwickeln sich nach und nach Gruppen wohlhabender Personen, die zum Wachstum beitragen. Ferner existiert in China keine Knappheit mehr an Fremdwährungen. Vielmehr konnte die Volksrepublik ihre Devisenreserven von USD \$ 18 Milliarden (1992) auf mehr als USD \$ 850 Milliarden (2006) erhöhen. Damit hat China Japan als Land mit den grössten Devisenreserven weltweit überholt.

(2)   Die Unterstützung durch die Regierung

Entsprechend der allgemeinen Richtung der Öffnungspolitik des Landes, die Nachfrage der Bevölkerung, Reisen zu Freizeit- und Urlaubszwecken zu unternehmen, zu befriedigen, hat die chinesische Regierung erhebliche Anstrengungen unternommen, den Outbound-Tourismus zu entwickeln. Die wichtigste politische Rahmenbedigung zur Förderung des Outbound-Tourismus ist der Wechsel von starker Kontrolle zu Regulierung als Grundlage des staatlichen Eingreifen. Dazu gehört auch das gelockerte und vereinfachte Verfahren, einen privaten Pass zu beantragen. Anstatt unzählige komplizierte Untersuchungen und Genehmigungen zu durchlaufen, ist es den Bürgern heute möglich, den Antrag einfach bei den öffentlichen Sicherheitsbehörden abzugeben. Eine weitere Maßnahme ist die Erhöhung der „foreign exchange allowance", d.h. der Summe von Devisen, die von Outbound Reisenden eingetauscht und ausgeführt werden dürfen. Diese Summe stieg von US\$ 1.000 auf US\$ 5.000. Chinas Ge-

schäftsbanken übertrumpfen sich zudem dabei, Doppelwährungs-Kreditkarten aus-
zustellen, die den Inhaber in die Lage versetzen, im Ausland in der dortigen Währung
zu bezahlen, den Kontenausgleich jedoch in China in chinesischer Währung vorzu-
nehmen. Darüber hinaus akzeptieren viele, vor allem asiatische, Destinationen inzwischen die chinesische Währung bzw. erlauben den Wechsel in ihre eigene Währung. In
Wirklichkeit stellt daher die „allowance" keine echte Hürde mehr für den Outbound-
Tourismus dar.

(3)   Anstieg der Freizeit

Der Anstieg der Freizeit wurde insbesondere durch die Regulierungen der chinesischen Regierung beeinflusst. Um den Lebensstandard anzuheben und das Konsumverhalten zu steigern entwickelte diese in den letzten Jahrzehnten verschiedene Vorschriften, welche spezielle Arbeits- und Ferienverteilungen anordneten. Im Jahr 1995
war es China, welches vor anderen Ländern wie Japan, Korea oder Hong Kong, die 5-
Tage-Woche einführte. Vier Jahre später im Jahre 1999 wurden zusätzlich zu den
vorhandenen Feiertagen noch zwei weitere Feiertage eingeführt, was zu einer Gesamtzahl von 114 freien Tagen pro Jahr führte. Eine der jedoch innovativsten Methoden ist die Einführung von staatlich festgelegtem Feiertagen, welcher jedes Jahr drei
mal eine ganze Woche lang andauern. Diese drei freien Wochen finden alljährlich zum
Frühlingsfest (Februar), zum Maifeiertag (1. bis 7. Mai) und zum Nationalfeiertag (1.
bis 7. Oktober) statt und sind auch als die Drei Goldenen Wochen bekannt. Zusätzlich dazu wurde auch ein System eingeführt, welches vornehmlich Bediensteten von
Behörden und Arbeitnehmern in großen Firmen bezahlten Urlaub garantiert.

(4)   Aggressives Marketing

Die Aufmerksamkeit der Welt hat sich verändert von einem „Besuch in China" hin zu
den „Besuchern aus China". Die UNWTO und andere internationale Organisationen
prognostizieren, dass China im Jahr 2020 an vierter Stelle der führenden Outbound
Tourismus Länder stehen wird und pro Jahr 100 Millionen Chinesen ins Ausland
Reisen werden. Aus diesem Grund weiten mehr und mehr Länder ihre Marketingmaßnahmen auch auf die Volksrepublik China aus. In den letzten Jahren beispielsweise fanden vermehrt Tourismusmessen, Informationsveranstaltungen und Werbesen-
dungen in unterschiedlichsten Marktsegmenten statt. Unter anderem wurden auch in
den letzten Jahren vielerorts Tourismusbüros und kulturelle Zentren eröffnet sowie
Veranstaltungen wie die Nationale Woche oder das Nationale Jahr ins Leben gerufen.

Ferner wird großes Augenmerk auf die Gestaltung der chinesischen Internetseiten
geworfen, welche besonders die Aufmerksamkeit der Chinesen erwecken. Das *Chinese Tourists Welcoming Award* (*CTW*) Programm, organisiert vom *China Outbound
Tourism Research Institute*, unterstützt dies zusätzlich und präsentiert alljährlich auf
der Internationalen Tourismus Börse ITB in Berlin Best Practise Beispiele von Projekten, die sich um den chinesischen Inbound-Tourismus verdient gemacht haben.
Diese dynamischen und kreativen Maßnahmen riefen die Neugier und das Interesse
der Bewohner Chinas hervor.

Position	Land/Region	Internationale Ankünfte (10.000)	Marktanteil (%)	1995-2020 Wachstumsrate (%)
1	China	13.710	8,6	8,0
2	USA	10.240	6,4	3,5
3	Frankreich	9.330	5,8	1,8
4	Spanien	7.100	4,4	2,4
5	Hong Kong	5.930	3,7	7,3
6	Italien	5.290	3,3	2,2
7	Grossbritannien	5.280	3,3	3,0
8	Mexiko	4.890	3,1	3,6
9	GUS (ex-Sowjet-Union)	4.710	2,9	6,7
10	Tschechien	4.440	2,7	4,0
	TOTAL	**70.880**	**44,2**	

Abb. A.2-7   Die prognostizierten zehn wichtigsten Tourismusregionen 2020
(Quelle: UNWTO 1997)

Position	Land/Region	Anzahl von Ausreisenden (in Tsd.)	Marktanteil (in %)
1	Deutschland	163.500	10,2
2	Japan	141.500	8,8
3	USA	123.300	7,7
4	China	100.000	6,2
5	Grossbritannien	96.100	6,0
6	Frankreich	37.600	2,3
7	Holland	35.400	2,2
8	Kanada	31.300	2,0
9	GUS (ex-Sowjet-Union)	30.500	1,9
10	Italien	29.700	1,9
	TOTAL	**788.900**	**49,2**

Abb. A.2-8   Die prognostizierten zehn wichtigsten Tourismus generierenden Länder im Jahre 2020
(Quelle: UNWTO 1997)

(5)   Veränderungen im Konsumverhalten

Die wirtschaftlichen Reformen, der Übergang von der Planwirtschaft zur Marktwirtschaft und der Vorbildseffekt in der Entwicklung des Tourismus haben einen gewissen Einfluss auf das Konsumverhalten der Chinesen ausgeübt. Manche der langjährigen Traditionen müssen sich nun Veränderungen unterziehen und neuen Herausforderungen stellen. Dies beinhaltet insbesondere den Übergang vom Konzept des Sparens zum Konzept des Geldausgebens, vom Konzept des Sparens für andere zum Konzept der Befriedigung eigener Konsumbedürfnisse und vom Konzept des Kaufs von langlebigen Gütern zum Konzept des Kaufs von Erfahrungen. Aus diesem Grund ist auch der Tourismus und insbesondere der Outbound-Tourismus, immer populärer bei den Chinesen geworden.

2.5 Outbound Reisen der Chinesen nach Europa

Am 1. September 2004 begann offiziell der Freizeittourismus chinesischer Bürger nach Europa. Aber auch vor dem 1. September 2004 gab es Reisen, jedoch vorwiegend aus beruflichen Gründen. Bis heute haben fast alle europäischen Staaten die ADS Vereinbarung unterzeichnet, Infolgedessen steigt die Anzahl der chinesischen Reisenden in die neuen europäischen Destinationen. Im Folgenden werden die Stärken und Schwächen sowie die Chancen und Risiken für die Entwicklung des chinesischen Tourismus nach Europa aufgezeigt.

2.5.1 Stärken der Destination Europa

Besonders hervorzuheben sind folgende **Stärken der Destination Europa**:

(1)   Gutes Image

In der Vorstellung der Chinesen sind die europäischen Länder wirtschaftlich gut entwickelt und zivilisiert, sie weisen eine Vielzahl von Sagen und Geschichten auf. Des weiteren besitzt der europäische Kontinent eine sehr gut entwickelte Infrastruktur, welche das Reisen sehr einfach und entspannt gestaltet.

(2)   Hoher Bekanntheitsgrad

Die hohe Bekanntheit der europäischen Länder und Städte resultiert aus der profunden und reichen Kultur mit bedeutenden Schriftsteller, Künstlern, Gelehrten, Wissenschaftlern, die bedeutende und berühmte Meisterstücke und Kunstwerke hervorgebrachten haben sowie aus der Vielzahl von politischen historischen Ereignissen. Ferner ist Europa bekannt durch die Vielzahl an dort gefertigten Markenprodukten.

(3)   Vielseitige Kultur

Obwohl Europa flächenmäßig eher klein im Vergleich zu anderen Ländern ist, kann es dennoch eine Vielzahl und Mannigfaltigkeit von unterschiedlichsten Kulturen aufweisen. Die große Anzahl der Sprachen ist ein weiteres sehr typisches Merkmal für die kulturelle Vielfalt Europas.

(4)   Hohe Attraktivität

Im Unterschied zu asiatischen Ländern bietet Europa ein gewisses exotisches Flair für chinesische Besucher. Es ist ein Traum vieler Chinesen, einmal in ihrem Leben nach Europa zu reisen.

2.5.2 Schwächen der Destination Europa

Neben den Stärken hat jedoch Europa auch einige **Schwachpunkte**:

(1) Große räumliche Distanz zu China

China ist von Europa räumlich weit entfernt. Die große Distanz bedeutet einen Mehraufwand an Zeit und Geld, um die Destination zu erreichen. Die kürzeste Flugzeit beispielsweise beträgt acht Stunden und führt den Reisenden von Bejijng bis nach Helsinki und kostet mindestens 10.000 Renminbi (RMB), was mehr das Doppelte für eine vergleichbare Reise in ein asiatisches Land ausmacht. Hinzu kommt noch, dass bisher zu einen Ländern in Europa keine Direktflüge angeboten werden.

(2) Höhere Kosten

Verglichen mit den meisten asiatischen Ländern ist der Lebensstandard in Europa viel höher und demzufolge sind die Lebenshaltungskosten ebenfalls höher als in Asien. Dies zeigt sich in den Preisen für die Güter des alltäglichen Bedarfs oder auch in den Preisen für Souvenirs. Ein handgemachter wollener Pullover aus Helsinki kostet beispielsweise umgerechnet 1.500 Renminbi und für eine Holzskulptur eines Schafes muss der Gast 290 Euro zahlen.

(3) Sprachbarrieren

Anders als in vielen asiatischen Ländern, sprechen in Europa nur wenige Menschen Chinesisch. Hinzu kommt noch, dass viele chinesische Outbound-Touristen wenige Fremdsprachenkenntnisse besitzen, was zu Verständigungsproblemen für die Reisenden führen kann. Mithin kann die Kundenzufriedenheit der Reisenden sinken, wenn Sprachbarrieren die Reiseerfahrungen schmälern. Problematisch ist dies insbesondere dann, wenn keine Chinesisch sprechende Reiseleitung zur Verfügung steht.

2.5.3 Chancen der Destination Europa

Die **europäischen Länder haben derzeit gute Marktchancen** was nachfolgend durch drei Aspekte näher betrachtet werden soll:

(1) Aus der Sicht der Regierung

(a) Politische Neuausrichtung

Die Regierung Chinas hat ihre Richtlinien und Gesetze zugunsten des Outbound Tourismus neu ausgerichtet. Dies bedeutet, dass die chinesischen Regierungsbehörden Maßnahmen ergriffen haben, um speziell Auslandsreisen für ihre Bürger zu vereinfachen. Hauptschwerpunkte wurden auf die Steuerung der Geschäftabläufe und auf den Schutz der Verbraucher gelegt. Dementsprechend unternahmen viele andere Destinations-Regierungen ähnliche Maßnahmen.

(b)   Mehr ADS Länder

Deutschland war eines der ersten beiden europäischen Länder, welches das ADS Abkommen mit China unterzeichnet hat. Kurze Zeit darauf erfolgte die Unterzeichnung des ADS Abkommens zwischen China und der Europäischen Union und nach und nach wurden immer mehr auch Nicht-EU-Länder als ADS Länder von China anerkannt. Besonders das Schengener Abkommen erleichtert es den Reiseveranstaltern erheblich, ihre Produkte auf dem chinesischen Markt zu entwickeln und dementsprechend auch zu vermarkten. Demzufolge stellt die Erweiterung der EU und die erwartete Erweiterung der Schengenländer eine weitere Reiseerleichterung für chinesische Touristen dar.

(c)   Mehr Kulturaustausch

China pflegt eine gute Beziehung zu der Europäischen Union und den anderen europäischen Ländern und es besteht die Bestrebung, diese Beziehungen weiter zu intensivieren und auszubauen. Das gemeinschaftliche Programm des chinesisch-französischen Jahres im Jahr 2004 war sehr erfolgreich und beispielhaft für die beiderseitige Verständigung der Länder. Dieses Programm kann auch als Zweiwege-Werbekampagne für den Tourismus gesehen werden und könnte von Ländern wie Russland, Spanien, Italien und anderen europäischen Länder leicht übernommen werden.

(2)   Aus der Sicht des Verbrauchers

(a)   Suche nach neuen Destinationen

Der chinesische Outbound Tourismus begann in den asiatischen Ländern in den frühen 1980er Jahren. Aufgrund der langjährigen Beziehung und der gleichzeitigen kulturellen Verwandtschaft und Ähnlichkeit der asiatischen Länder untereinander, entstand der Wunsch neue Destination kennen zu lernen und zu bereisen. Die Leute sehnen sich nach etwas, was neu und anders war - so wie beispielsweise Europa. Die europäischen Länder stellen besonders für Chinesen etwas besonders Exotisches dar, da sie dort neue Kulturen kennen lernen können, welche sich vollkommen von der ihrigen unterscheidet.

(b) Suche nach bestmöglichen Preis-Leistungsverhältnis

Grundlegend ist zu unterscheiden zwischen Besuchern, die das erste Mal nach Europa reisen und Besuchern die schon einmal in Europa waren. Während erstmalige Europa- Besucher kostengünstige Reiseziele bevorzugen, wollen reiseerfahrene Touristen bei Auslandsreisen ein gutes Preis-Leistungsverhältnis. Gerade die europäischen Städte, Sehenswürdigkeiten, Tagungs- und Kongresszentren können entsprechende Wünsche auch erfüllen.

(3)   Aus der Sicht der Wirtschaft

(a)   Neue Destinationen fördern

Die meisten europäischen Länder unterzeichneten die ADS Vereinbarungen mit China im Jahr 2004, wobei jedoch die eigentlichen Geschäftskontakte erst später begannen. Die führenden Reiseveranstalter in China und Europa haben ein großes Interesse an den verschiedenen Destinationen, nicht zuletzt, um ihren Konkurrenten zuvorzukommen.

(b)   Neue Produkte fördern

Während viele Reiseveranstalter zunächst versuchen, den Bedürfnissen des chinesischen Massentourismus mit dem Angebot konventioneller Pauschalen gerecht zu werden, versuchen manche führende Unternehmen bereits spezielle Individualreisen anzubieten, die sich nach den individuellen Bedürfnissen der Reisenden richten. MICE-Tourismus (Meetings, Incentives, Conferences, Events) ist bisher noch sehr neu, aber populär. Tourismusprodukte im Kombination mit Events, wie den Olympischen Spielen in Athen oder der Fußball-Weltmeisterschaft 2006 in Deutschland verkauften sich jedoch schon sehr gut.

2.5.4   Risiken der Destination Europa

Die **Risiken für die Entwicklung des chinesischen Outbound-Tourismus** sollten jedoch auch nicht vernachlässigt werden. Diese sind wie folgt:

(1)   Strengere Einreisenbestimmungen

Während die europäischen Tourismusbehörden and die Reiseindustrie ihre Reiseziele und Produkte energisch anpreisen und vermarkten, verschärften die meisten europäischen Einwanderungsbehörden ihre Voraussetzungen für die Ausstellung einer Einreisebewilligung im Jahr 2005. Komplizierte Vorgänge und diskriminierende Behandlungen der chinesischen Staatsbürger und Geschäftsleute bei der Einreise führten zu Unzufriedenheit und großer Verärgerung bei den potentiellen Besuchern und Geschäftsleuten.

(2)   Unzureichende Informationen

Die chinesischen Touristen sind in Europa zumeist noch sehr fremd und bereisen die Destination zum ersten Mal. Ihr Wissen über die Länder und Kultur ist sehr eingeschränkt. Aber auch auf der Gastgeberseite sind die wenigsten mit dem chinesischen Markt vertraut. Hinzu kommen Sprachbarrieren, die einen Informationsaustausch zusätzlich behindern.

(3)   Unlautere Geschäftsmethoden

Im Allgemeinen sind in den meisten europäischen Ländern die Geschäftsvorgänge gut
organisiert und reguliert. Jedoch besteht die Gefahr, das Methoden wie Zwangskäufe,
Betrügereien und rechtswidrige Kommissionsgeschäfte wie sie in Südostasien verbreitet sind, mit der Zunahme des Touristenstroms aus China nach Europa sich auch hier
ausbreiten.

(4)   Sicherheitsbedenken

Aus verschiedenen Gründen rückt das Sicherheitsbedürfnis der chinesischen Reisenden während einer Europareise immer mehr in den Vordergrund. Terrorismus, Tät-
lichkeiten, Körperverletzung, unfaire Behandlungen und andere Sicherheitsprobleme
könnten zukünftig die Entwicklung behindern.

Nichtsdestotrotz ist der chinesische Markt groß, wächst sehr schnell und die europäischen Länder stellen sehr attraktive und interessante Reiseziele dar für die chinesischen Reisenden. Anstrengungen für eine gesunde Entwicklung des chinesischen
Outbound-Tourismus sollten auf beiden Seiten unternommen werden.

2.6   Handlungsempfehlungen für die europäischen Gastgeber

China ist ein sich entwickelnder Markt für Europa, der in den kommenden Jahren
noch weiter wachsen und gedeihen wird. Um der Nachfrage und den Bedürfnissen des
Marktes gerecht zu werden, können nachfolgend einige Handlungsempfehlungen angeboten werden:

(1)   Marktforschung

Der potentiale Outbound Tourismus Markt Chinas ist ziemlich groß, einzigartig und
unterscheidet sich stark von dem Outbound Tourismus Markt anderer Länder wie
Europa oder Amerika. Besonders das Verhalten, die Gewohnheiten und die Interessen
der chinesischen Touristen sind von Ort zu Ort verschieden. Auf Grund dessen ist es
sehr wichtig für die Zieldestination, genau zu wissen, welche Bedürfnisse welche
Zielgruppe hat und wie diese mit speziellen Produkten befriedigt werden können.

(2)   Informationsbeschaffung

Der chinesische Outbound Tourismus nach Europa hat gerade erst begonnen. Demzufolge werden noch eine Vielzahl an Informationen über spezifische Touristenattraktionen benötigt, aber auch allgemeine Informationen über die Destinationen und deren
Städte. Zusätzlich dazu sollte ein Hauptaugenmerk darauf gelegt werden, dass die
angebotenen Informationen in Broschüren und Reiseführern in der chinesischen Sprache und entsprechend der chinesischen Bedürfnisse erhältlich sind

(3) Imagebildung

Europa besteht aus einer Vielzahl von unterschiedlichen Ländern. Besonders die chinesischen Staatsbürger sind daran interessiert, in organisierten kleinen Gruppen eine Reihe von diesen Ländern in einer kurzen Zeit (10 Länder in nur 2 Wochen) zu besuchen. Dieses Reiseverhalten der Chinesen ist jedoch nur prägend für die jetzige Phase der Entwicklung. Der Markt wird sich entwickeln, die Reisenden werden anspruchsvoller werden und sicherlich wird sich das Reiseverhalten dahin entwickeln, nur noch ein Land oder sogar nur eine Stadt zu bereisen und dieses mit allen Sinnen zu entdecken und zu erleben. Um diese Marktsegmente zu erschließen, bedarf es einem spezifischen Image der Zieldestination, welches dem chinesischen Markt übermittelt und stets ausgebaut werden sollte.

(4) Werbung in der richtigen Art und Weise und durch die richtigen Kommunikationskanäle

Heutzutage gibt es eine Vielzahl unterschiedlicher Instrumente, deren sich die Werbung bedient, um touristische Produkte zu vermarkten. Jedoch ist der Schlüssel zum Erfolg, die richtigen Instrumente aus der Vielzahl zu wählen. Erfahrungen beispielsweise haben gezeigt, dass es auf dem chinesischen Markt von besonders hoher Wichtigkeit ist, das richtige Mittel zu nutzen. So stellen einfache Werbespots keinen Nutzen dar. Beispiele für eine exzellente Vermarktung von touristischen Produkten sind das Französisch-Chinesische Jahr oder aber die Erfolgsstory Süd-Korea, welche durch Spielfilme und darstellende Künste eine „Korean Wave" in China auslöste.

(5) Regionale Zusammenarbeit

Aufgrund der Tatsache, dass immer noch jede Menge Chinesen den Wunsch äußern, so viele Länder wie möglich auf einer Europareise zu sehen und zu besuchen, ist es sinnvoll und effektiver, Kooperationen zwischen beispielsweise nah aneinander grenzenden Ländern zu schließen. Dies führt einerseits dazu, Europa für Chinesen noch attraktiver zu gestalten und andererseits deren Bedürfnisse zu befriedigen und somit mehr Ankünfte in Europa zu generieren.

(6) Auswahl richtiger Partner

Die Mehrheit der chinesischen Outbound Touristen sind Stadtbewohner und stammen demzufolge aus großen, sich schnell entwickelnden Städten und Regionen wie Beijing, Shanghai, Guangzhou, Chengdu oder dem Gebiet des Yangtze River Deltas und dem Pearl River Delta. Große und bekannte Reiseveranstalter, welche sich in den oben genannten Regionen niedergelassen haben, stellen die Hauptunternehmen im Outbound Tourismus dar. Daraus resultiert, dass diese Regionen die hauptsächlichen Quellregionen bilden. Jedoch sei erwähnt, dass diese Unternehmen sich ausschließlich im chinesischen Besitz befinden. Reine ausländische Tourismusunternehmen, die Outboundreisen organisieren, sind bisher nicht gestattet. Demzufolge ist es empfehlenswert, mit den großen chinesischen Firmen Kooperationen einzugehen und mit ihnen Hand in Hand zu arbeiten.

(7)   Unverwechselbare Produkte

Basierend auf Marktforschungsergebnissen sollten Produkte, die auf dem chinesischen Markt angeboten werden, solide und auf die Bedürfnisse der Chinesen ausgerichtet sein. Das Wichtigste überhaupt ist zu wissen, welche Vorstellung die Chinesen von einer Destination haben, welche Vorstellungen sie mitbringen und was sie gern besichtigen oder machen würden. Empfehlenswert wären für Deutschland zum Beispiel Besuche von Orten und Attraktionen die mit Karl Marx verbunden sind. Chinesische Gäste sollten jedoch nicht als glückspielinteressierte Kasinofreunde betrachtet werden.

2.7   Fazit

Im Verlauf der beiden vergangenen Jahrzehnte haben sich in China große Veränderungen vollzogen. Die Öffnungspolitik bewirkte in den frühen 1980er Jahren einen plötzlichen Anstieg des Inbound Tourismus und China ist seitdem eine „heiße" Destination geblieben, die zudem zu den attraktivsten und sichersten Reisezielen auf der Welt gehört. Das rapide Wachstum des Outbound Tourismus der Bewohner Chinas hat nunmehr auch ein starkes Interesse an den Besuchern aus China hervorgerufen, die als Zielgruppe von vielen internationalen Destinationen betrachtet werden.

Daher kann davon ausgegangen werden, dass der chinesische Outbound Tourismus die Karte des Welttourismus verändern und China für viele Destinationen zum wichtigsten touristischen Quellmarkt aufsteigen wird. Europa erscheint als besonders attraktiv für chinesische Touristen und kann seinen Anteil am chinesischen Gesamtreisemarkt beständig steigern. Um dieses Ziel zu erreichen, bedarf es jedoch gemeinsamer Anstrengungen und Initiativen sowohl der Quell- wie der Zielländer, um die bestehenden Hürden und Beschränkungen aktiv zu beseitigen.

Teil B

Angebot und Marketing im Deutschlandtourismus Chinas

1 Entwicklung des chinesischen Tourismus nach Deutschland in Zahlen und die Marketingaktivitäten der DZT in China

Horst Lommatzsch/Chao Liu-Lommatzsch, Frankfurt

1.1 Einführung

China – der Reiseweltmeister von Morgen? Wenn man den Worten des Chairman der CNTA, Mr. Shao folgen darf, der anlässlich des CITM in Kunming versprach: „China's travel industry tomorrow will be more beautiful", dann deuten alle Anzeichen darauf hin. Seit Jahren ist der Markt Asien der am schnellsten wachsende Markt für das Incoming nach Deutschland und China nimmt dabei eine herausragende Stellung ein. Seit 1995 verzeichnet das Statistische Bundesamt steigende Übernachtungszahlen aus China, weshalb sich die Deutsche Zentrale für Tourismus e.V. (DZT) schon Ende der 90er Jahre entschlossen hatte, sich dem Markt stärker zuzuwenden. Ausgehend von der DZT-Repräsentanz in Hong Kong, die dort seit den 80er Jahren schon bestand und seit 1995 in Kooperation mit dem Chamber of Industry and Commerce geführt wird, wurden zunächst die Veranstalter im Süden des Landes über das touristische Angebot des Reiselandes Deutschland informiert.

Im Jahre 2001 wurden erstmals über 500.000 Übernachtungen statistisch erfasst. Dieser Entwicklung trug die DZT durch die Eröffnung eines Büros in Beijing 2001 Rechnung, das ebenfalls mit dem Büro der dortigen Industrie und Handelskammer geführt wird. Deutschland war damit zu einem frühen Zeitpunkt im Markt, was sich auszahlen sollte. Die Aktivitäten und die kontinuierliche Marktbearbeitung wurden auf das gesamte Land ausgedehnt. 2002 erhielt Deutschland als erstes westeuropäisches Reiseland die Anerkennung als ADS-Destination (Approved Destination Status) durch die CNTA, es erfolgte der intensive Ausbau der Zusammenarbeit mit der chinesischen Reiseindustrie und den lizensierten Veranstaltern. Mit einem im Mai 2004 in Kraft getretenen Abkommen wurden weitere EU-Staaten der ADS-Status zuerkannt, was zu einem erheblichen Zustrom chinesischer Besucher nach Europa führte und weiter führen wird.

China gilt mit seinen 1,3 Mrd. Einwohnern als einer der wichtigsten Zukunftsmärkte der Welt. Die WTO spricht davon, dass bis zum Jahre 2020 ca. 100 Millionen Chinesen jährlich eine Auslandsreise unternehmen. Schon heute ist China der drittwichtigste Überseemarkt nach USA und Japan für das Incoming nach Deutschland.

China ist die siebtgrößte Volkswirtschaft der Welt, mit der Deutschland sehr gute Beziehungen pflegt. Das Wirtschaftswachstum lag in den letzten 35 Jahren mit rund 8 % pro Jahr über dem internationalen Durchschnitt. Die Küstenregion, angetrieben durch die Sonderwirtschaftszonen, wuchs im gleichen Zeitraum sogar um 13 % p.a.. Die Wirtschaftskraft ist jedoch regional sehr unterschiedlich verteilt. Während in der Westhälfte 1.000 € Einkommen pro Einwohner oft nicht einmal erreicht werden, haben die großen Wirtschaftsräume an der Süd- und Ostküste um die Sonderwirtschaftszonen zum Teil bereits mit Griechenland, Südkorea oder Portugal vergleichbare BSP pro Kopf.

Als Folge dieser lang anhaltenden, außergewöhnlichen Dynamik wächst jedes Jahr in den Boomgebieten eine Millionenzahl von Chinesen in die konsumfähige Mittelschicht hinein. Schon heute zählen ca. 70 – 80 Millionen Menschen zu dieser Mittelschicht, die Auslandsreisen unternimmt.

Die Bevölkerung ist ähnlich ungleich über die Staatsfläche verteilt. Fast 40 % der Chinesen wohnen in den Einzugsbereichen der drei größten internationalen Gateways Chinas, Peking, Shanghai und Kanton sowie in den dazu gehörenden autonomen Provinzen (vgl. Abb. B.1-1).

Rang	Outbound Gateway	Wohnbevölkerung in Mio.		
		Zentrum	Einzugsbereich	Gesamt
1	Peking	15	192	207
2	Shanghai	18	182	200
3	Kanton/Guangzhou	9	110	119
SUMME	Haupt-Gateways	42	484	526

Abb. B.1-1   Chinas drei große Outbound-Gateways
(Quelle: IPK INTERNATIONAL: World Travel Monitor 2005)

1.2. Marktanalyse des Quellmarktes gesamt – Auslandsreisen der Chinesen

1.2.1 Zahl der Auslandsreisen und Auslandsreiseziele (ohne Hong Kong)

Im Reisejahr 2005 hatten die Bewohner der Volksrepublik China 12,2 Mio. Übernachtungsreisen ins Ausland (ohne Hong Kong) unternommen, die meist durch mehrere Länder führten. Alle Auslandsreisen der Chinesen, inklusive der Tagesexkursionen, beliefen sich laut CNTA (China National Tourism Administration) im Jahr 2005 auf 31,03 Mio.

Bevorzugte Zielregion der Chinesen im Ausland waren im Jahr 2005 das benachbarte Asien mit 7,7 Mio. Reisen. Das entspricht ca. 63 % aller Auslands-Reisen. An zweiter Stelle folgt Europa einschl. Russland mit rund 3,3 Mio. Reisen und 27% Marktanteil.

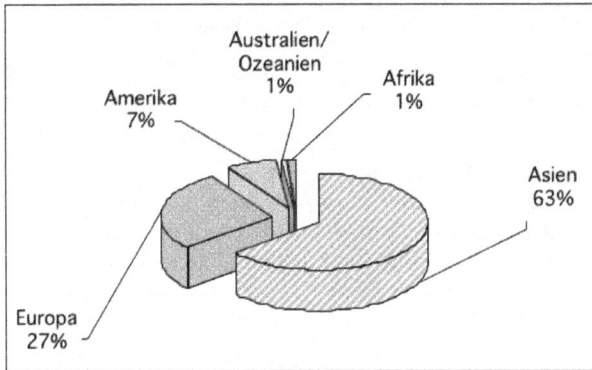

Abb. B.1-2   Bevorzugte Outbound-Destinationen
(Quelle: DZT UNTERNEHMENSPLANUNG/IPK INTERNATIONAL: World Travel Monitor 2005; ohne Hong Kong)

1.2.2 Reisezweck aller Auslandsreisen (ohne Hong Kong)

56% und damit 6,7 Mio. der Auslandsreisen der Chinesen waren 2005 Urlaubsreisen, ausschließlich in Länder mit ADS-Status. 24% des Auslandsreiseaufkommens (2,9 Mio. Reisen) waren Geschäftsreisen, und 20% der Reisen (2,4 Mio.) entfielen auf das Segment der VFR- und sonstigen Reisen.

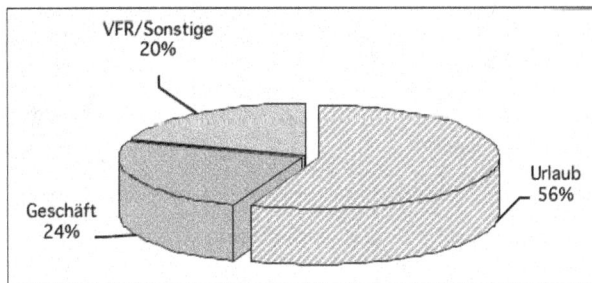

Abb. B.1-3   Reisezweck bei Auslandsreisen
(Quelle: DZT UNTERNEHMENSPLANUNG/IPK INTERNATIONAL: World Travel Monitor 2005)

Ein Großteil der chinesischen Auslandsurlauber bevorzugt entweder eine Städtereise (21%) oder eine Rundreise (45%).

1.2.3 Reiseausgaben bei allen Auslandsreisen

Heute dürfen Chinesen auf Auslandsreisen bis zu 3000 US$ Devisen mitnehmen. Traveller Schecks und Kreditkarten unterliegen keiner Einschränkung mehr.

Mit 2.110 Euro Ausgaben pro Auslandsreise können sich die Chinesen mit den US-Amerikanern messen, und nehmen gemeinsam mit diesen und den Japanern einen Welt-Spitzenplatz ein. Mit 169 Euro Ausgaben pro Reisenacht erzielen die Chinesen ebenfalls einen Platz an der Weltspitze. Trotz der hohen Reiseausgaben sind Chinesen aber äußerst preissensibel und achten stets auf das ihnen gebotene Preis-Leistungs-Verhältnis.

1.2.4 Buchungsverhalten bei allen Auslandsreisen

Mit 53% buchten oder reservierten die Chinesen ihre Auslandsreisen 2005 im Reisebüro, in Form von Pauschalreisen (32%) und Einzelleistungen (22%). 25% der Auslandsreisen wurden direkt beim Leistungsträger gebucht. Das Internet als Medium für die Reiseplanung und Reiseorganisation wird erst von ca. 19% der Chinesen genutzt. Die Informationen erfolgen häufig über Bekannte und Verwandte.

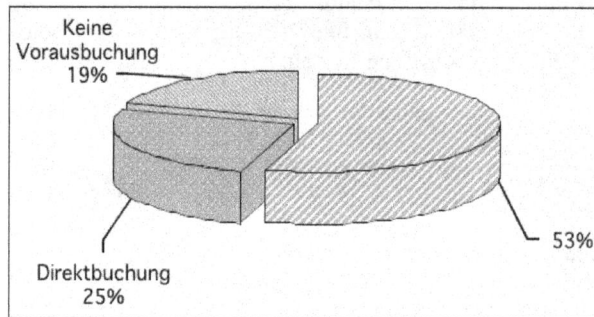

Abb. B.1-4   Auslandsurlaube der Chinesen nach Reiseorganisation 2005
              (Quelle: DZT Unternehmensplanung/IPK International: World Travel Monitor 2005)

1.2.5 Unterkunft bei allen Auslandsreisen

Auf ihren Auslandsreisen übernachteten die Chinesen zu 83% in Hotels (33% First-Class-, 40% Mittelklasse- und 10% Budget-Hotels).

Unter den Auslandsreisenden sind alle Altersgruppen bis ca. 50 Jahre vertreten, jedoch mit einem überdurchschnittlichen Anteil der 25–45-Jährigen. Das Durchschnittsalter ist mit 34 Jahren entsprechend niedrig. Auslandsreisende verfügen meist über hohe Bildung und hohes Einkommen.

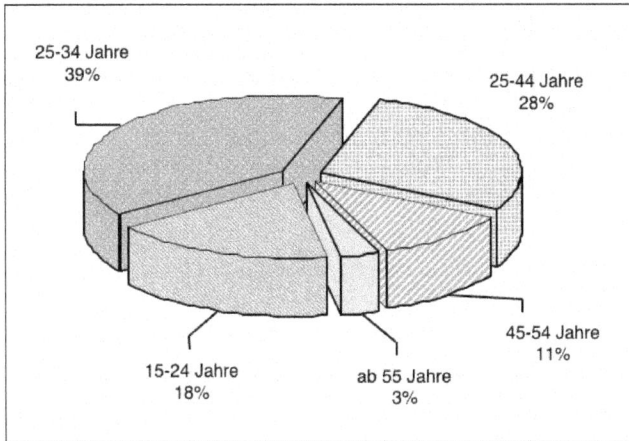

Abb. B.1-5 Verteilung der chinesischen Auslandsreisenden nach Altersgruppen
(Quelle: DZT UNTERNEHMENSPLANUNG/IPK INTERNATIONAL: World Travel Monitor 2005)

1.2.6 Reiseziele in Europa

Das chinesische Reiseaufkommen nach Europa belief sich im Jahr 2005 auf insgesamt 3,3 Mio. Reisen. Dabei wird vorwiegend West- und Zentraleuropa besucht. Deutschland weist mit 472.000 Reisen bzw. 14,3% aller Europareisen der Chinesen im Jahr 2005 den höchsten Wert nach Russland (995.000) auf. Frankreich lag mit 365.000 Reisen bzw. 11,1% auf dem dritten Platz.

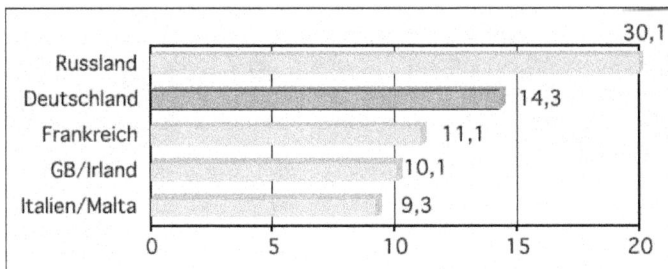

Abb. B.1-6 TOP 5 Reiseziele der Chinesen in Europa 2005 (in %)
(Quelle: DZT UNTERNEHMENSPLANUNG/IPK INTERNATIONAL: World Travel Monitor 2005)

1.2.7 Prognose Marktentwicklung insgesamt

Aufgrund seiner großen Bevölkerungszahl stellt China mit ca. 1,3 Mrd. Menschen ein riesiges Potential für künftige Auslandsreisen dar. Bis dato verfügt aber erst ein kleiner Teil der chinesischen Bevölkerung (ca. 6–8% = ca. 70–90 Mio. Menschen) über ein Einkommen, das Auslandsreisen ermöglicht. Hierzu zählen auch die 0,9% Chinesen, die als US-$-Millionäre oder -Milliardäre eingestuft werden. Dies sind real ca. 11 Mio. Menschen.

Die Zahl der potentiellen Auslandsreisenden nimmt pro Jahr um ca. 13% zu.

1.2.8 Erwartungshaltung und Wünsche von Chinesen

Chinesische Reisegruppen haben durch ihre unterschiedlichen Zusammensetzungen häufig unterschiedliche Auffassungen von der Reise, was sich während der Reise auswirken kann. Chinesen sind generell sehr flexibel und kurz entschlossen. Die spontane Änderung festgelegter Programmpunkte einer Reise entsprechend den Bedürfnissen ist nicht ungewöhnlich. Die Reisegruppen müssen von gut ausgebildeten Reiseführern begleitet werden, die in jedem Falle chinesisch sprechen und mit der Mentalität sehr vertraut sein müssen. Chinesische Reiseführer werden deshalb bevorzugt.

Chinesische Auslandsreisende stellen Unterhaltung, Landschaft und Einkaufen in den Vordergrund ihrer Reisen. Kultur wird geschätzt und gerne aktiv erlebt (Konzerte), jedoch ist die zeitliche Einbindung häufig limitiert. Sportaktivitäten sind kein primäres Urlaubserlebnis.

1.2.9 Reise-Shopping/ Bevorzugte Produkte

Fast alle ins Ausland reisenden Chinesen haben 2005 während ihres Auslandsbesuchs eingekauft und stehen nun auf Platz zwei der Top Einkaufsnationen. Die Ausgabesumme lag im Schnitt bei 217 € je Einkauf. Dabei legen Chinesen vor allen Dingen Wert auf internationale Markenamen (Brands), die im Vergleich in China erheblich teurer sind.

1.3   Marktanalyse des Zielmarktes Deutschland

1.3.1 Entwicklung der chinesischen Ankünfte in Deutschland 1996 – 2005

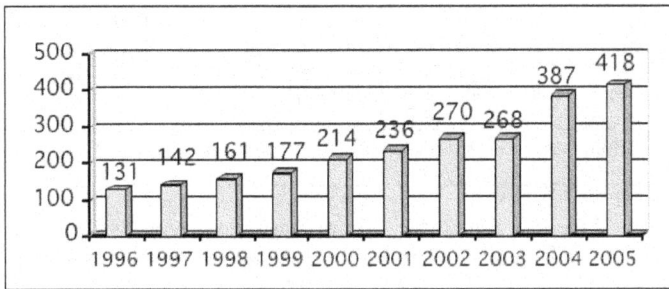

Abb. B.1-7   Entwicklung der chinesischen Ankünfte in Deutschland 1996–2005 (in %)
(Quelle: DZT UNTERNEHMENSPLANUNG/STATISTISCHES BUNDESAMT, ohne Camping)

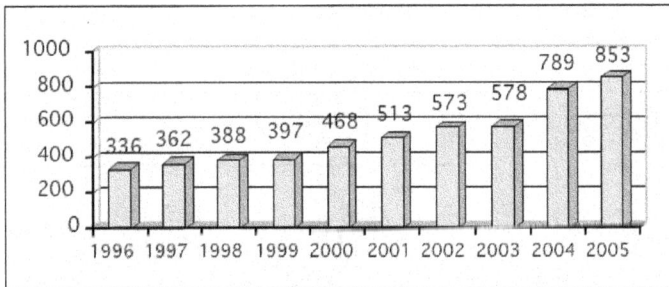

Abb. B.1-8   Entwicklung der chinesischen Übernachtungen 1996–2005 (in Tsd.)
(Quelle: DZT UNTERNEHMENSPLANUNG/STATISTISCHES BUNDESAMT, ohne Camping)

Seit 1996 wuchs die Zahl der Ankünfte und Übernachtungen von Chinesen in Deutschland kontinuierlich an. 2005 fanden in Deutschland insgesamt 853.449 Übernachtungen der Chinesen in Beherbergungsbetrieben mit über 9 Betten statt (+ 8,0% zum Vorjahr).

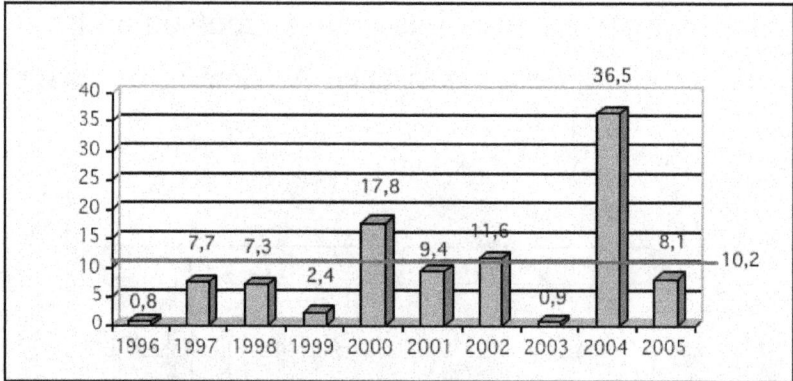

Abb. B.1-9　　　Wachstum der chinesischen Übernachtungszahlen 1996–2005 (in %)
(Quelle: DZT UNTERNEHMENSPLANUNG/STATISTISCHES BUNDESAMT, ohne Camping)

Seit 1996 lagen die Wachstumsraten der chinesischen Übernachtungen im Durchschnitt bei 10,2%. Boomjahre waren dabei die Jahre 2000 und 2004 nach Abklingen von SARS.

Gemessen am Übernachtungsvolumen wird China in Asien die höchsten Steigerungsraten verzeichnen.

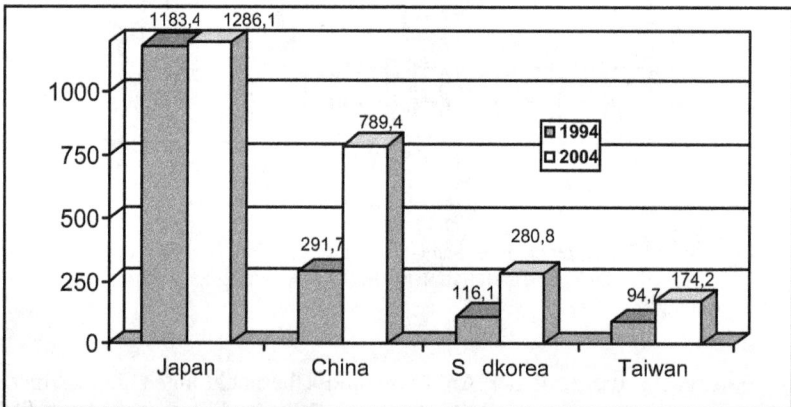

Abb. B.1-10 Übernachtungszahlen für Gäste aus Japan, China, Südkorea und Taiwan (1994 und 2004)
(Quelle: DZT UNTERNEHMENSPLANUNG/STATISTISCHES BUNDESAMT)

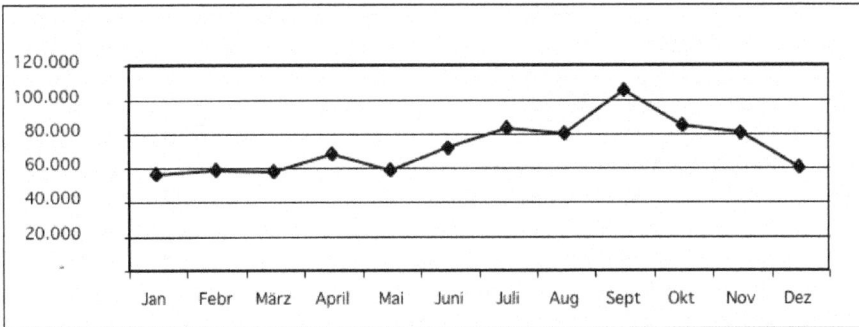

Abb. B.1-11 Saisonale Entwicklung der chinesischen Übernachtungen in Deutschland 2005
(Quelle: DZT UNTERNEHMENSPLANUNG/STATISTISCHES BUNDESAMT, ohne Camping)

Die Hauptreisezeiten im Jahr sind in China die sogenannten drei Golden Weeks, das Neujahrsfest, die erste Maiwoche und die erste Oktoberwoche. Darüber hinaus nutzen Familien den Sommer als Hauptreisezeit.

1.3.2 Zielgebiete der Chinesen in Deutschland 2005

Frankfurt und München mit den beiden größten Flughäfen stehen wegen ihrer direkten Flugverbindungen mit China im Vordergrund der Übernachtungen.

Von den rund 850.000 Übernachtungen chinesischer Gäste in Deutschland entfielen 2005 über 42% auf die Magic Cities mit insgesamt 359.000 Übernachtungen (Frankfurt 94.546, München 78.362, Berlin 64.382, Köln 32.650, Hamburg 26.672, Düsseldorf 26.778, Stuttgart 23.117, Hannover 9.239 und Dresden 3.134). Die führenden Stellung der beiden Städte Frankfurt und München sind auch bei den Übernachtungen nach Bundesländern ausschlaggebend für die beiden ersten Ränge in der Länder-Statistik. Bayern hat auch heute noch den größten Bekanntheitsgrad aller Regionen Deutschlands in China.

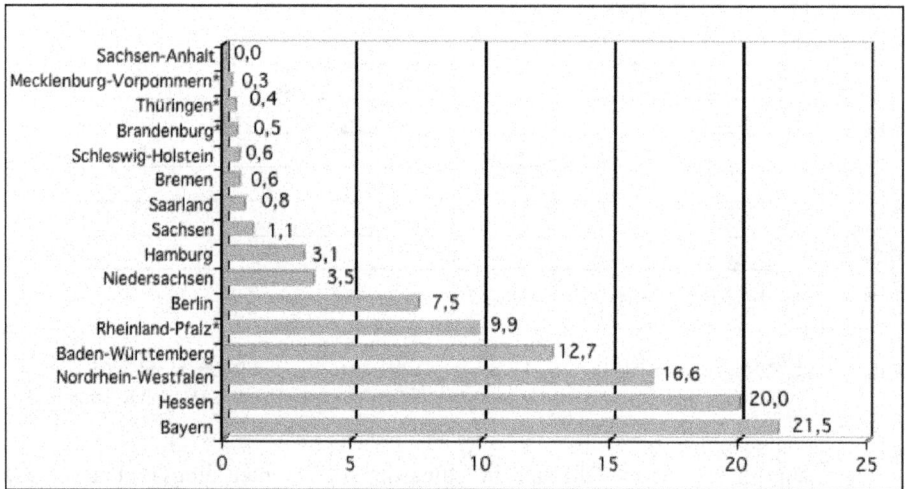

Abb. B.1-12 Übernachtungen der Chinesen 2005 nach Bundesländern (Anteil in %)
(Quelle: DZT UNTERNEHMENSPLANUNG/STATISTISCHE LANDESÄMTER; *ohne Camping)

1.3.3 Herkunftsregionen der chinesischen Deutschlandreisen aus China 2005

Anlog zu den Bevölkerungsanteilen in den wichtigen Gateways in China kamen 52% aller Deutschlandreisen 2005 aus den drei Hauptquellmärkten Shanghai, Peking und Kanton. Dieses Bild hat sich bis heute nicht grundsätzlich gewandelt.

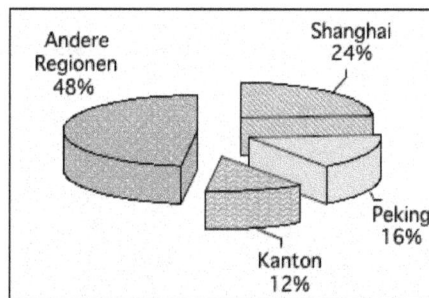

Abb. B.1-13 Quellregionen der Deutschlandreisen aus China 2005
(Quelle: DZT UNTERNEHMENSPLANUNG/IPK INTERNATIONAL: World Travel Monitor 2006)

1.3.4 Reisezweck der chinesischen Deutschlandreisen 2005

Deutschland war im Jahr 2005 das beliebteste rein europäische Reiseziel der Chinesen. Die knapp 417.000 Reisen der Chinesen verteilten sich aber recht ungewöhnlich auf die einzelnen Reisezwecke. Während Deutschland im Geschäftsreisebereich (41%) und bei VFR- und sonstigen Privatreisen (33%) eine überdurchschnittliche Position im weltweiten Vergleich der chinesischen Auslandsreiseziele einnimmt, besitzt der Faktor Urlaub für Deutschlandreisende eine geringere Bedeutung (29%). Als häufigste Urlaubsreise in Deutschland wurde die Rundreise genannt.

Vergleicht man die Deutschlandreisen der Chinesen mit allen Auslandsreisen der Chinesen, so zeigt sich, dass Deutschland mit 39% einen deutlich höheren Geschäftsreiseanteil hat wie die durchschnittliche Auslandsreise (28%). Im Gegensatz dazu liegt der Urlaubs-Anteil mit nur 27% stark unter dem Gesamt-Durchschnitt (49%).

1.3.5 Reisestrukturmerkmale von Deutschlandreisen der Chinesen 2005

(1)   Reiseorganisation 2005

Gebucht wurde primär direkt beim Leistungsträger (z.B. Fluggesellschaft), aber auch im Reisebüro. Die touristischen Gruppenreisen, also die sogenannten ADS-Reisen werden ausschließlich über die lizenzierten Reisebüros gebucht. Damit übernimmt der Veranstalter z.B. auch die Organisation der Visa-Beschaffung.

(2)   Verkehrsmittel 2005

Hauptverkehrsmittel der Chinesen ist naturgemäß das Flugzeug (98 % der Reisen). Die Weiterreise innerhalb Deutschlands erfolgte vor allem bei Reisegruppen vorwiegend per Reisebus. Vereinzelt gewinnt jedoch auch der Mietwagen im Rahmen von so genannten "Selbstfahrer-Touren" an Bedeutung. Reisen per Bahn sind bisher noch eher selten, was sicher gerade bei den ADS-Reisen in den wenigen Erfahrungen und den wenigen Sprachkenntnissen der Reisenden liegt

(3)   Flugverbindungen 2006

Deutschland ist wöchentlich mit 62 Direktflügen zwischen Frankfurt sowie München mit Beijing, Shanghai und Guangzhou verbunden.

(4)   Aufenthaltsdauer 2005

Reisen nach Deutschland hatten eine durchschnittliche Gesamtreisedauer von 12 Nächten, was in etwa dem europäischen Durchschnitt (12,2 Nächte) entspricht.

ADS-Reisen sind in der Regel Rundreisen durch mehrere europäische Länder mit einer durchschnittlichen Reisedauer von 12 Tagen und einer Verweildauer in Deutschland von 1–2 Nächten.

(5) Reiseausgaben 2005

Die Ausgaben bei Deutschlandreisen lagen im Jahr 2005 über den Durchschnittsausgaben bei Europareisen (ca. 2.739 Euro pro Reise /228 Euro pro Nacht). Für die hohen Gesamtausgaben der Chinesen sind vor allem die Einkäufe während der Reise verantwortlich.

Die touristischen ADS-Gruppenreisen sind, zumindest was die reinen Reiseausgaben betrifft, anders zu bewerten. Hier herrscht ein sehr starker Preiskampf, die Angebote für eine 12tägige Europareise liegen bei 1.000 bis 1.500 Euro und beinhalten alle Leistungen. Die Ausgaben für Shopping entsprechen jedoch dem vorher gesagten und übersteigen teilweise die reinen Reisekosten erheblich.

1.3.6 Besonderheiten des chinesischen Marktes für Deutschland

Der chinesische Reisemarkt ist leider nicht so einfach, wie viele es sich in der ersten Euphorie vorgestellt hatten. Es ist deshalb wichtig, gehegte Erwartungen auf beiden Seiten nicht zu enttäuschen. Dies könnte sonst dazu führen, dass entweder unsere chinesischen Gäste das Reiseland Deutschland künftig meiden, oder dass die deutschen Leistungsträger das Interesse am Markt verlieren. Es gilt, die Wünsche beider Seiten in Einklang zu bringen. Wichtig erscheint dabei besonders, auch auf Seiten der chinesischen Veranstalter künftig qualitativ höherwertige Angebote in den Vordergrund zu stellen. Rundreisen mit geringer Aufenthaltsdauer zu sehr geringen Preisen können auf Dauer den Reiseverkehr von China nach Deutschland nicht positiv entwickeln. Die DZT arbeitet deshalb sehr intensiv daran, sowohl den Veranstaltern im Markt als auch den Medien die qualitativ höherwertigen Angebote zu vermitteln. Dies wird sicher noch einige Zeit in Anspruch nehmen, aber letztlich erfolgreich sein.

Das Urlaubsbild der Chinesen

Deutschland ist ein traditionell mit China freundschaftlich verbundenes Land und gilt in China als hoch entwickelt und zuverlässig. Chinesen ist Deutschland als Industrienation bekannt, deren hohe Reputation auf Grund der qualitativ hochwertigen Produkte besteht. Deutschland verfügt über ein ausgezeichnetes Image als Messe- und Kongressdestination und als Geschäftsreiseziel.

Das Image Deutschlands als Urlaubs- und Reiseland muss dagegen weiterhin gestärkt werden, auch wenn sich inzwischen die ersten Erfolge einstellen.

1.3.7 Reisebüro-/Reiseveranstalterstruktur

Offiziell dürfen Auslandsreisen nur von entsprechend lizenzierten Veranstaltern (672) angeboten und verkauft werden. Die chinesische Reiseindustrie beinhaltet eine Vielzahl von mittleren und kleineren Veranstaltern mit Spezialprogrammen und Sonderangeboten, die für Deutschland von besonderem Interesse sind. So konnten als Resultate des GTM (Germany Travel Mart) und DZT-Akquisitionen z.B. Sprach-kursreisen nach Sachsen in den Programmen eines Unternehmens platziert werden.

Dank der ADS-Öffnung steigt auch die Anzahl der Direktbuchungen von Deutschland-Reisenden.

ADS-Befragung 2004

Zur Erfassung und Evaluierung der bereits existierenden Incoming-Angebote für ADS-Gruppenreisen der Chinesen auf dem deutschen Markt führte die DZT 2004 eine Befragung bei den, bei der DIHK gelisteten Incoming-Agenturen, Reiseveran-staltern, Reisebüros und sonstigen Unternehmen durch.

Nach Angabe der Befragten werden Angebote für chinesische ADS-Reisende überwiegend auf Anfrage realisiert, was die Anbieter u.a. auf die sehr spezifischen Wünsche der Chinesen zurückführen. Die konkreten Angebote waren dabei primär Rundreisen mit unterschiedlichen Themen wie „Deutsche Metropolen", „Romantik-, Kur- oder Jugend-Rundreisen", „Hochzeitsreisen" um nur einige zu nennen. Ver-mehrt waren auch PKW-Selbstfahrer-Touren nachgefragt.

Eine wichtige Rolle spielen vor allem individuelle Leistungen für Geschäftsrei-sende.

1.4 Marktbewertung und Marketingziele

1.4.1 Marktbewertung/Marktpotentiale

Bei den Reisenden aus China handelt es sich großenteils derzeit um wohlhabende Geschäftsleute oder Personen des öffentlichen Lebens in gehobenen Positionen. Überwiegend reisen Männer im Alter um die 40 Jahre.

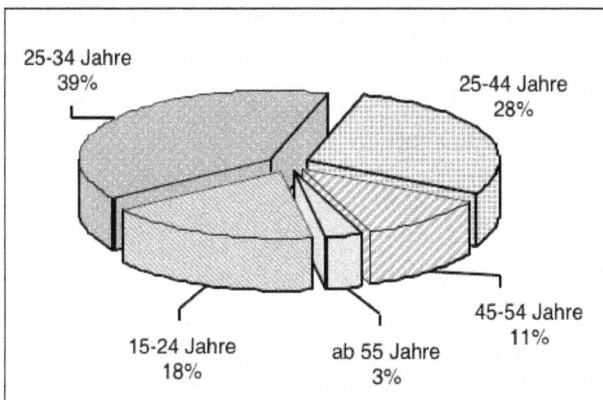

Abb. B.1-14 Altersstruktur chinesischer Reisender in Deutschland
(Quelle: DZT UNTERNEHMENSPLANUNG/IPK INTERNATIONAL: World Travel Monitor 2006)

1.4.2 Marketingziele - Wiederverkäufer / Konsumenten

Die Marketingziele der DZT sind:

- die Steigerung der Reisen und Übernachtungen aus der VR China nach Deutschland sowie des Bekanntheitsgrades von Deutschland als Reiseland:
- Motivierung zum Wiederholungsurlaub und zu Geschäftsreisen
- Qualitativ höherwertige Produkte in den Markt zu bringen.
- Steigerung des Interessentenpotentials durch Nischen-Marketing in aussichtsreichen Angebotssegmenten z.B. Familien, Junge Chinesen
- Herausstellung Deutschland als Destination für Bildung und Training.

Zielgruppen für das Reiseland Deutschland sind im Grunde alle Altersgruppen der mittleren und gehobenen Schichten, die in der Lage sind, eine Auslandsreise zu unternehmen. Als Zielgruppe sind besonders hervorzuheben:

- Intellektuelle (Kenntnisse Geschichte, Kultur, Natur aus Literatur, Musik und Kunst)
- Reiche und Mittelstand, die schon andere Destinationen besucht haben
- Junge White-Collar (z.B. Bankbeamte) und Office Ladies (Wissenschaft, High-Tech, Fashion und Shopping)

Angebotssegmente sind dabei analog zum Gesamtmarketing der DZT für Konsumenten:

- Städtereisen
- Kulturland Deutschland (Musikland, Museen, Romantischer Rhein)
- Rundreisen durch Deutschland, auch als Themenreisen

Der **Geschäftsreisemarkt** umfasst:

- Reisen mit Werbungsmöglichkeit zu Messen, Konferenzen, Kongressen, Tagungen, Seminare und Incentivereisen
- Reisen zu Einkaufs- bzw. Verkaufszwecken

1.4.3 Marketing- und Vertriebsstrategie

Deutschland hat in China vor allem einen sehr guten Ruf als Messe- und Kongressstandort sowie als Industrienation. Andererseits hat Deutschland eine Vielzahl von attraktiven Zielen, die häufig noch nicht im chinesischen Markt bekannt sind. Auch wenn unsere chinesischen Gäste die organisierten Rundreisen besonders schätzen und in möglichst kurzer Zeit möglichst viele Punkte „abhaken" wollen, die Deutschen Regionen und Städte lohnen längerfristige Aufenthalte. Man sollte sich Zeit lassen in unseren Metropolen und romantischen Städten und die vielfältige Natur nicht im Eilgang mit dem Bus zu durchqueren. Selbst die Verantwortlichen der CNTA haben diese „Durchreisen" als „Highway Tours" negativ beschrieben, bei denen man Deutschland nur noch durch ein Busfenster sieht.

Die marketingstrategischen Prioritäten liegen deshalb vordringlich in der Image-profilierung Deutschlands als Reiseland, der zielgruppengerechten Umsetzung der DZT-Schwerpunktthemen und der Umsetzung marktspezifischer Themen. Die Geschäftsreisenden, die bisher noch den größten Anteil an den Übernachtungen in Deutschland haben wollen wir dabei auch überzeugen, zusätzlich zu ihrem geschäftlichen Aufenthalt weitere Tage in Deutschland zu verbringen, bzw. sie zu einen Wiederholungsurlaub zu motivieren.

Die Positionierung Deutschlands als Haupturlaubsziel bei neuen Zielgruppen wie Familien, Senioren, trägt zur Verlängerung der durchschnittlichen Aufenthaltsdauer und damit zur Erhöhung der Übernachtungszahlen bei.

Mit den DZT-Marketingthemen schaffen wir im Markt Aufmerksamkeit für das Reiseland Deutschland. Entsprechend unseren weltweiten Marketingaktivitäten bilden auch in China die jährlich wechselnden Themenjahre, z.B.

- 2006 – FIFA-WM 2006 oder Shopping

- 2007 – Kunst- und Kulturland Deutschland

- 2008 – Schlösser und Parke-Romantisches Deutschland

- 2009 – Deutschland mitten in Europa, Land der Regionen und Städte

neben den definierten Basisthemen die Grundlage aller Marketing-Aktionen. Die Themen beruhen auf zwei maßgeblichen Trends, Kultur z.B. mit den Produkt „Städte erleben" und Gesundheit, z.B. mit dem Produkt „Wellness und Erholungstourismus".

Deutschland ist als Reiseziel zum Thema Shopping international mit herausragenden Produkten und Brands gut aufgestellt. Die deutsche Hotellerie hat ein hervorragendes Preis-/ Leistungsverhältnis in allen Kategorien und ist mehr als konkurrenzfähig. All dies beinhaltet einen klaren Standortvorteil für Deutschland, zumindest in Europa.

Der weitere Ausbau der landesspezifischen Internetseiten wird einen wichtigen Beitrag zur Neukundenakquisition leisten. In der Kommunikation zum Endverbraucher werden weiterhin das Internet, der Germany Travel Guide, die Verlagsbroschüre „Destination Germany" sowie die Beteiligung an den wichtigsten Tourismusmessen im Vordergrund stehen.

Bis zum heutigen Zeitpunkt ist die touristische Gruppenreise im ADS-Bereich ein sehr betreuungsintensives Geschäft, bei dem der Veranstalter und Reiseleiter steuernd und beratend die Reisenden unterstützen müssen. Aus diesem Grund berät und schult die DZT die Veranstalter in China und auch die deutschen Leistungsträger bei der Erstellung ihrer Produkte.

Die deutschen Partner werden durch die DZT über die Besonderheiten des chinesischen Marktes und die Vorlieben und Wünsche der Chinesen bei ihren Reisen in Bezug auf Mahlzeiten und Essgewohnheiten, Besichtigungen und Fotografieren, bevorzugte Unterkünfte, Service der Hotels und vieles mehr informiert. Dazu gehören auch der Stellenwert und die Vermittlung der weltbekannten Sehenswürdigkeiten und die persönliche Ansprache der Gäste. Das Näher bringen wenig bekannter Regionen oder Städte wird noch einige Zeit in Anspruch nehmen, insbesondere weil die Veranstalter nur bedingt neue Produkte in ihr Repertoire aufnehmen.

1.5 Marketingaktivitäten

1.5.1 Akquisition der Reiseveranstalter

Die persönliche Akquisition von Reiseveranstaltern und Firmenreisestellen sowie eine intensive Pressearbeit stehen im Vordergrund aller Vertriebsaktivitäten im Markt. Zu den wichtigen Zielgruppen der Akquisition gehören:

- ca. 672 lizenzierte Reiseveranstalter mit dem Schwergewicht auf die ca. 30% deutschlandspezifischen Veranstalter, die Deutschlandprogramme anbieten

- Reisemittler und Reisebüros (Daten von rund 8.000 Büros in China)

- Fluggesellschaften (Lufthansa, Air China, China Eastern)

In der Produktentwicklung und Beratung der Veranstalter wird künftig besonderer Wert auf die Verbesserung der Qualität der Angebote gelegt werden. Unsere Partner in der Reiseindustrie werden regelmäßig über alle Aktivitäten und Neuheiten informiert.

Als wichtigstes Verkaufsförderndes Instrument wird der jährlich erscheinende „Sales Guide to Germany" in einer chinesischen Ausgabe produziert, der eine Vielzahl von konkreten und beispielhaften Angebote der deutschen Partner enthält.

Darüber hinaus arbeitet die DZT eng mit den Partnern wie Lufthansa German Airlines, der deutsch-chinesischen Handelskammer, Botschaft und Generalkonsulaten, Vertretern deutscher Messegesellschaften und sonstigen Institutionen wie Goethe-Institut etc. zusammen.

1.5.2 Medienwerbung – Konsumentenwerbung

Insbesondere wird die Zusammenarbeit mit den TV-Medien intensiviert. Die FIFA WM 2006^{TM} hat in starkem Maße zu einer engen Zusammenarbeit mit TV-Sendern beigetragen, es gab eine große Zahl von Filmberichten z.B. durch den größten Sportsender in China CCTV 5. Andere Sender wie z.B. Southern TV produzieren Filme über die Deutschen Ferienstraßen und Ferienregionen.

Für die Konsumenten aber auch für den Reiseveranstalter und das Reisebüro steht im Bereich der Printmedien die Verlagskooperation „Destination Germany" zur Verfügung, die allen Reisenden die Gelegenheit eröffnen sollen, das aktive Deutschland und die kulturelle Vielfalt für sich zu entdecken. Alle Regionen und Themen werden hier behandelt, Geschäftsreisende werden ebenso angesprochen wie wellnessaffine Urlauber oder junge Reisende.

Wichtigstes Instrument in der Konsumentenbetreuung ist das Internet, dessen chinesische Website weiter ausgebaut und ständig aktualisiert, sowie auf die Bedürfnisse des Marktes abgestimmt wird. Ein sogenanntes TOP 50 Konzept stellt dabei die jeweils 50 wichtigsten touristischen Highlights eines Themas dar, eine speziell auf den Markt abgestimmte und regelmäßig aktualisiert Homepage stellt die marktspezifischen Informationen in den Vordergrund.

1.5.3 Messen und Roadshows

Unter dem Dach der DZT wird das Reiseland Deutschland auch auf Messen und Roadshows mit den deutschen Partnern gemeinsam präsentiert. Die CITM und die GITF gehören zum Standard der Präsentationen, die jährlich stattfindende Roadshow der DZT mit ca. 40–50 Partnern durch die wichtigsten Städte in China ist die aktivste Veranstaltung im Markt.

1.5.4 Studienreisen

Studienreisen dienen dazu, das Land und seine Angebote persönlich besser kennen zu lernen. Deshalb veranstaltet die DZT für die chinesischen Partner jährlich mehrere Presse- und Agentenstudienreisen zu den marktspezifischen Marketingthemen. Auch Pre- and Post Convention Touren zu unserer wichtigsten Veranstaltung, dem Germany Travel Mart sind in dieses Konzept einbezogen.

1.5.5 Pressearbeit

Um das Wissen um das Reiseland Deutschland zu verbessern nimmt einen besonders wichtigen Raum ein. Dies gilt sowohl für die Zusammenarbeit mit der Fachpresse als auch mit den Publikumsmedien. Regelmäßige erscheinende Newsletter „Meet Germany" und Pressemitteilungen in chinesischer Sprache berichten über die neuesten Aktivitäten der DZT und der Partner in Deutschland. Hierzu gehören vor allem die Informationen über neue und attraktive Events und Angebote in Deutschland. In ebenfalls regelmäßig durchgeführten Pressekonferenzen und Pressegesprächen wird der persönliche Kontakt mit der Presse gepflegt.

1.6 Fazit

Ausgehend von der Tatsache, dass das Reiseland Deutschland als Urlaubsland noch nicht ausreichend in China bekannt ist, konzentriert die DZT ihre Marketingaktivitäten weiterhin darauf, vor allem das Image des Reiselandes Deutschland noch besser hervorzuheben. Die Zahl von 1 Mio. Übernachtungen ist ein erstes Ziel bis 2010, bis 2015 können ca. 2,4 Mio Übernachtungen aus China erwartet werden.

Mit ihren jährlich wechselnden Marketingthemen stellt die DZT das Reiseland Deutschland immer wieder in einem neuen Blickwinkel dar. Damit wird gewährleistet, dass Deutschland sich auch in Zukunft als attraktives Reiseziel im chinesischen Markt behaupten kann. Der Schwerpunkt wird mittelfristig dabei auf die Vorstellung der Städte und auf ausgewählten Rundreisen liegen, die ein möglichst umfassendes Bild von Deutschland widerspiegeln. Die Vielfalt Deutschlands mit seinen touristischen Highlights, seiner sicheren und guten Infrastruktur und dem guten Preis-/Leistungsverhältnis werden jeweils unter den verschiedenen Themen dargestellt werden.

Nach Ansicht der DZT wird China auch in Zukunft einer der wichtigsten Märkte für das Reiseland Deutschland in Asien sein. Angleichend an die wirtschaftliche Marktentwicklung Chinas werden wir die Aktivitäten wie z.B. die Germany Roadshow und selbstverständlich die persönliche Akquisition der Reiseveranstalter auch auf die Regionen außerhalb der drei Gateways erweitern. Hier sehen wir für die Zukunft ebenfalls große Entwicklungspotentiale. China ist in das Regionalmanagement Asien der DZT eingebunden. Hier werden gemeinsam neue Produkte und Strategien entwickelt, die dann dem Markt China angepasst werden.

Chinesen reisen heute noch vielfach während einer Europareise durch mehrere Länder. Diesem Aspekt trägt die DZT Rechnung und schließt sich bei verschiedenen Aktivitäten mit europäischen Kollegen zusammen, wie z.B. 2006 wo die Roadshow gemeinsam mit Österreich durchgeführt wird. Es bleibt aber das vordringliche Ziel, Deutschland auch als Einzeldestination im Markt zu verankern.

Wie sagte doch der Chairman der CNTA auf den CITM 2005: „China's travel industry tomorrow will be more beautiful". Wir sind guter Hoffnung, dass er Recht behält und freuen uns auf Morgen und viele neue Gäste aus China, denen Deutschland als Reiseland gut gefällt.

2 Outbound-Reiseveranstalter in China: Entwicklung und Struktur von organisierten Reisen nach Deutschland

Alexander Schuler/Yina Liu, Dresden

2.1 Einleitung

Der chinesische Outbound-Tourismus entwickelt sich seit mehr als 15 Jahren mit zum Teil zweistelligen Wachstumsraten. Ein wichtiger Entwicklungsfaktor des Tourismus ist vor allem die Deregulierung gesetzlicher Rahmenreiserichtlinien und hier insbesondere die bilateralen Abkommen zwischen der Volksrepublik (VR) China und Partnerländern, dem so genannten Approved Destination Status (ADS[1]). Dieser ermöglicht es auch zunehmend Privatpersonen, ins Ausland zu verreisen. Eine zentrale Bedeutung in der Entwicklung der chinesischen Tourismusindustrie kommt ferner der Bereitstellung eines touristischen Angebotes durch die Reiseveranstalter zu. In Deutschland wird ein Reiseveranstalter verstanden als ein Betrieb, der verschiedene Teilleistungen der Leistungsträger zu einem neuen Produkt kombiniert (i.d.R. der Pauschalreise) und diese unter eigenem Namen und auf eigenes Risiko anbietet (vgl. FREYER 2006: 203). Nur ein geringer Anteil der großen Reiseveranstalter in Deutschland verkauft das neue Produkt direkt an seine Kunden. Vielmehr vertreiben die meisten ihre Reisen indirekt über Reisebüros.

In China ist dagegen eine derartige Struktur und Differenzierung des Marktes von Reiseveranstaltern und Reisemittlern nicht möglich. Vielmehr übernehmen viele Betriebe die Aufgaben sowohl der Reiseveranstalter als auch der Reisebüros. Gemessen am Umsatzvolumen und der Anzahl der Mitarbeiter „große" Reiseveranstalter fungieren eher in der Funktion eines Großhändlers, der eine formierte Reisegruppe an einen Inbound-Vertragspartner in der Destination „verkauft". In der chinesischen Literatur als auch in der amtlichen Statistik werden nur Reisebüros ausgewiesen und genannt. Jedoch wird nachfolgend von Reiseveranstaltern gesprochen, wenn die vor allem staatlichen Großhändler gemeint sind. Als Reisbüros werden vor allem die Zweigstellen und alle anderen touristischen Akteure bezeichnet, die Reisen nur vermitteln.

Der Markt teilt sich in etablierte, schon lange am Markt aktive Reiseveranstalter (CYTS, CTS, CITES), und neue Anbieter auf, die im Zuge des Liberalisierungsprozesses versuchen, sich zu positionieren und behaupten. Der neu entstandene

---

[1] Chinesischen Touristen ist es offiziell nur erlaubt in solche Länder zu reisen, welche mit der VR China ein „Approved Destination Status (ADS) Agreement" (Genehmigter Zielstatus) unterzeichnet haben (vgl. Kap. 2.3.1)

Wettbewerb bei einer Vielzahl von Anbietern und einer zwar stark steigenden aber noch niedrigen Nachfrage führt zu einer teilweise bedenklichen Angebots- und Preisentwicklung. Aus diesem Grund soll sich in dem vorliegenden Artikel sowohl der Entwicklung der Reiseveranstalterbranche (vgl. Kap. 2.2), deren Struktur (vgl. Kap. 2.3) und natürlich auch dem Hauptprodukt der Veranstalter, der Pauschalreise, und der Frage nach der Angebots- und Preisentwicklung für eine Deutschland-/Europareise angenommen werden (Kap. 2.4).

2.2 Die Entwicklung der Reiseveranstalterbranche in China

2.2.1 Entwicklungsphasen des Tourismus in China

(1)   Vorphase

China verfügt heute über eine relativ junge aber schon entwickelte Reiseindustrie. Der moderne chinesische Tourismus hatte seinen Beginn bereits Anfang des 20. Jahrhunderts in Shanghai. 1923 errichtete die SCSB-Bank in Shanghai eine Tourismusabteilung ein. Die Abteilung wurde später ausgelagert und das erste chinesische Reisebüro gegründet. Das Unternehmen expandierte und errichtete in den wichtigsten chinesischen Städten, aber auch in einigen südostasiatischen Ländern, Zweigstellen ein. Die sich Anfang des 20. Jahrhunderts verschlechternden Rahmenbedingungen zur Entwicklung einer erfolgreichen Industrie (Kriegswirren, Wirtschaftskrise) führten jedoch zu einer Rückentwicklung des Marktes.

Nach der Gründung der Volksrepublik China unternahmen viele Überseechinesen aus Hongkong und Macao Besuche bei ihren Verwandten und Freunden oder Besichtigungen auf dem chinesischen Festland. Aber auch ausländische Gäste bereisten das Land zur „Unterstützung der Außenpolitik". China verzeichnete in diesen Jahren einen starken Anstieg an touristischen Ankünften und Übernachtungen, weshalb es einer strukturierten Organisation des Marktes bedurfte. Aus diesem Grund wurde 1954 das CITS (China International Travel Service) als erster nationaler Reiseveranstalter Chinas gegründet.

(2)   Einführungsphase

Der Reiseveranstaltersektor war bis Mitte der 1980er Jahre in China noch wenig entwickelt. Mit CITS (China International Travel Service), CTS (China Travel Service) und CYTS (China Youth Travel Service) gab es lediglich drei Anbieter, die jeweils mit Zweigstellen im ganzen Land präsent waren.

Kontakte mit ausländischen Reiseveranstaltern wurden zur damaligen Zeit ausschließlich über die Hauptgeschäftsstellen in Beijing geknüpft. Die Aufgabe der Zweigstellen bestand lediglich darin, den Aufenthalt der Gäste vor Ort bestmöglich in Abstimmung mit der Zentrale zu organisieren.

Im Zuge der Dezentralisierung des chinesischen Tourismusmarktes war es den Zweigstellen ab 1984 gestattet, ihre Kompetenzen und Aufgaben auszudehnen und von da an unabhängig von den Hauptgeschäftsstellen um ausländische Touristen zu werben. Die Entwicklung des Tourismus wurde zudem durch die testweise Öffnung der Provinz Guangdong für VFR-Reisen (Visiting Friends and Relatives) aus Hong Kong und Macao beschleunigt.

Der Reiseveranstaltersektor wurde ab diesem Zeitpunkt auch zunehmend für Unternehmenskooperationen und Privatpersonen geöffnet. Eine Folge waren zahlreiche Unternehmensneugründungen im ganzen Land.

(3)   Startphase

Um die Kontrollgewalt über den sehr schnell expandierenden Markt nicht vollständig zu verlieren, erließ der chinesische Staatsrat 1996 Vorschriften zur Organisation des Reiseveranstaltermarktes. Unter anderem wurden die Betriebe zu einer Geldeinlage verpflichtet, die von den Unternehmen bei Gründung hinterlegt wurde und im Falle einer erfolgreichen Kundenklage für eventuelle Entschädigungszahlungen verwendet werden musste. Ferner wurde zu diesem Zeitpunkt die Unterteilung in internationale und Inlandsreiseveranstalter festgelegt (vgl. DZT 2002).

Offiziell dürfen Auslandsreisen nur von entsprechend lizenzierten Veranstaltern angeboten und verkauft werden. Die Lizenzenvergabe ist zeitlich beschränkt und wird von CNTA (China National Tourism Administration) jährlich streng kontrolliert und gegebenenfalls reguliert. Nur ein Drittel der internationalen Reiseveranstalter besitzen eine Outboundlizenz. Die Inboundlizenz ist nicht gültig für die Organisation von Outboundreisen (vgl. CAI 2002: 118).

(4)   Wachstumsphase

Im Juli 1997 wurde ein Übergangsgesetz zur Regulierung des Outbound-Tourismus in China von der CNTA erlassen: die „Regulation on Chinese Citizens Outbound Tourism". In den nachfolgenden Jahren stieg die Zahl der Reiseveranstalter mit Outboundlizenz von 9 auf 67 Reisebüros an (vgl. WANG 2003). Nach Angaben der DZT setzten sich diese jedoch überwiegend aus den drei größten staatlichen Reiseveranstaltern zusammen (vgl. Kap. 2.2.2). Ferner besitzen drei weitere Reiseveranstalter (CCT: China Comfort Travel; China Women Travel und China Merchants Int'l Travel), die in Verbindungen zu staatlichen Institutionen stehen, ein weit verzweigtes Netzwerk an Reisemittlern in China.

Ende der 1990er Jahre wurden die Regeln zunehmend gelockert und 2001 waren in China insgesamt bereits 10.716 Reisebüros zugelassen, von denen jedoch 9.397 nur im Binnentourismus tätig waren. Die verbleibenden 1.319 Reisebüros organisierten zum überwiegenden Teil den Inbound-Tourismus und nur ein sehr kleiner Anteil war im Outbound Geschäft tätig. Eine Übersicht über die Phasen der Entwicklung sowie wichtige Meilensteine in der Entwicklung des Reiseveranstaltermarktes bietet Abbildung B.2-1.

Phase [2] Eigen- schaft	Einfüh- rungsphase 1983-1990	Startphase 1990-1997	Wachstums- phase 1997-2002	Entwicklungs- phase 2002 bis heute
Outbound Tou- rismuspolitik	Passive Öffnung	Konservati- ve Politik,	Planung und Kontrolle	Marktanpassung, Liberalisierung, Regulierung
Entwicklung des Tourismus	Langsames Wachstum	Langsames Wachstum	Schnelles Wachstum	Sehr schnelles Wachstum
Destinationen mit ADS-Status	5	6	19	117 mit Status, 81 werden bereit
Reiseform und Finanzierung	Finanzierung durch Ver- wandte im Ausland	Hauptteil: Offiz. Dele- gationen, Gruppen- reisen	Hauptteil: Pri- vat Reisende, Gruppenreisen	Hauptteil: Privat Reisende, Individualreisende als Trend (nach Hongkong, Ma- cau)
Outbound-RV	9	9	67	672
Preisentwick- lung		Hohes Ni- veau	Schnell fallende Preise	Niedriges Niveau
Bearbeitungs- prozess	kompliziert	kompliziert	Reisepass für Gruppenreisen in ADS Länder	Privater Reisepass für ausgewählte Destinationen
Profit- und Gewinn- Entwicklung	keine	normale Reisegebühr und Provisi- on	Null Gewinn, hohe Provision	Null Gewinn; Minusgewinn; hohe Provision; Gewinn abhängig von Zusatzge- schäft;
Eigenschaft des Reisegeschäfts		hoher Rei- sepreis, ho- her Gewinn der RV; hohe Ausga- ben und wenig Be- schwerden	niedriger Reisepreis, Mittlerer Ge- winn der RV; Mittleres Aus- gabeniveau, wachsende Be- schwerden	niedriger Reise- preis, niedriger Gewinn der RV; Wenig Ausgaben, wenig Beschwer- den
Entwicklung und Nachfrage nach Reisein- formationen seitens der Touristen		Geringes Interesse, unterentwi- ckelte tech- nische In- formati- onsmedien	Wachsende Nachfrage nach Informationen, aber geringe Fähigkeit, Infos zu sondieren	Hoher Entwick- lungsstand an In- formationsmedien; leichter, an In- formationen zu gelangen; großes Interesse

Abb. B.2-1   Phasen des Outbound Tourismus und dessen Rahmenbedingungen
(Quelle: eigene veränderte Darstellung nach JIA 2006: 71)

---

[2]   1983: Öffnung Provinz Guangdong für VFR-Reisen aus Hong Kong und Macao; 1990: ADS-
Abkommen mit Singapur, Malaysia und Thailand; 1997: Erlaubter Umtausch von 2000 US$,
ADS-Reisepass z.T. nach 10 Tagen, ab 2000 fünf Jahre gültig (zuvor nur 1 Jahr); 2002: Manage-
ment Regulation on Chinese Outbound Tourism, WTO-Beitritt

(5) Entwicklungsphase

Im Juli 2002 erließ die chinesische Regierung die Verordnung der „Management Regulations on Chinese Outbound Tourism" als Ergänzung der „Regulations on Chinese Citizens's Outbound Tourism", mit der vor allem eine stärkere Standardisierung der Dienstleistungsqualität erreicht, aber auch eine Konkretisierung der Rechte und Pflichten der Outbound-Veranstalter festgelegt werden sollte (vgl. CNTA 2001).

In der Folge wuchs die Anzahl der lizenzierten Outbound-Reisebüros auf 528 an. Insgesamt hatten diese einen Anteil von ca. 4,5% am gesamten und vom 38,9% am internationalen Reisegeschäft.

Von den 2005 in China existierenden 10.716 Reisebüros sind 1.468 (Inbound + Outbound) berechtigt, auf dem internationalen Markt ihre Aktivitäten zu entwickeln. Von den genannten haben 672 eine Outboundlizenz (vgl. CHINA STATISTICAL YEARBOOK 2001, 2005).

Das oberste Tourismusprinzip Chinas in der Vergangenheit lautete: kräftige Entwicklung des Inbound-Tourismus, ständige Weiterentwicklung des Binnentourismus, maßvolle Entwicklung des Outbound-Tourismus (vgl. SUN 2003: 238). Seit der Landes-Tourismus-Konferenz 2006 besteht nun das Bestreben nach einer harmonischen und ausgeglichenen Entwicklung der drei Tourismusbereiche auch und vor allem zur Wahrung der außenwirtschaftlichen Ausgleichsfunktion des Tourismus (vgl. PEOPLE DAILY 2006).

2.2.2 Die großen staatlichen Reiseveranstalter am Markt

(1) China International Travel Service (CITS)

Am 15.04.1954 wurde China International Travel Service (CITS) gegründet. In den 1950er Jahren gab es noch keine nationale Tourismusorganisation, weshalb dies unter anderem auch zu den Aufgaben des CITS gehörte. Zum einen hatte CITS als staatlicher Reiseveranstalter die Aufgabe, für Transport, Unterkunft und Verpflegung ausländischer Gäste zu sorgen, zum anderen übernahm CITS aus Ermangelung einer staatlichen Tourismusorganisation Funktionen der Verwaltung und der Kontrolle des Tourismussektors. Diese Aufgabe übernahm später die China National Tourism Administration (CNTA). CITS Hongkong hat in Frankfurt eine 100%-ige Tochterfirma als staatlicher chinesischer Reiseveranstalter unter dem Namen Goldener Drachen Handel & Touristik (Deutschland) GmbH gegründet. Die Zahl der Zweigstellen im In- und Ausland erhöhte sich von vormals 35 (1958) auf heute 150 (2005).

(2) China Travel Service (CTS)

China Travel Service (CTS) wurde 1974 gegründet. Ursprünglich gehörte zu den Aufgaben der CTS sich speziell um die Inbound-Reiseformalitäten der Auslandschinesen und der Landsleute aus Hongkong und Macau zu kümmern. Die Aufgaben wurden im Laufe der Zeit in allen Tourismusbereichen ausgedehnt.

Über CTS Hongkong wurde im Jahr 1991 eine Tochterfirma in Deutschland gegründet, die CTS (Deutschland) GmbH.

(3)   China Youth Travel Service (CYTS)

Als drittes staatliches Reisebüro wurde 1980 das Chinesische Jugendreisebüro *China Youth Travel Service* (CYTS) gegründet. Die Aufgaben bestanden ursprünglich darin, jugendliche Reisende aus dem Ausland sowie aus Hongkong und Macao auf ihrer Reise in China zu betreuen.

Im Laufe der Zeit erweiterte sich jedoch das Aufgabenspektrum der Organisation. CYTS entwickelte nun auch Angebote für alle Nachfragergruppen aus dem In- und Ausland, weshalb die Organisation zu einem Konkurrenten für CTS und CITS wurde. Mittlerweile verfügen die drei großen Reiseveranstalter über ein Netz an Zweigstellen im In- und Ausland.

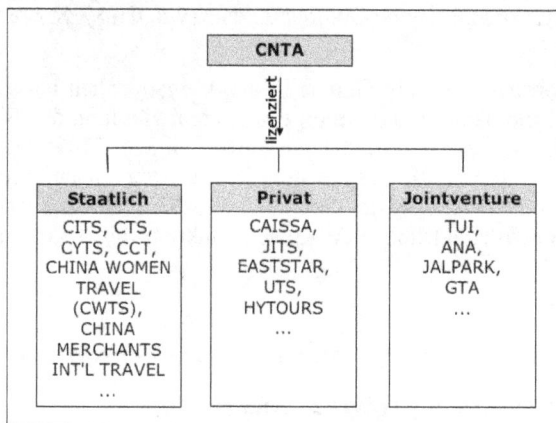

```
                        ┌─────────────┐
                        │    CNTA     │
                        └─────────────┘
                              │ lizenziert
           ┌──────────────────┼──────────────────┐
    ┌──────────────┐   ┌──────────────┐   ┌──────────────┐
    │  Staatlich   │   │   Privat     │   │ Jointventure │
    ├──────────────┤   ├──────────────┤   ├──────────────┤
    │  CITS, CTS,  │   │   CAISSA,    │   │    TUI,      │
    │  CYTS, CCT,  │   │    JITS,     │   │    ANA,      │
    │ CHINA WOMEN  │   │  EASTSTAR,   │   │  JALPARK,    │
    │   TRAVEL     │   │    UTS,      │   │    GTA       │
    │   (CWTS),    │   │  HYTOURS     │   │    ...       │
    │   CHINA      │   │    ...       │   │              │
    │  MERCHANTS   │   │              │   │              │
    │ INT'L TRAVEL │   │              │   │              │
    │    ...       │   │              │   │              │
    └──────────────┘   └──────────────┘   └──────────────┘
```

Abb. B.2-2   Reiseveranstalterstruktur nach Gesellschaftsformen in China
(Quelle: eigene Darstellung)

2.2.3   Joint Venture Unternehmen

Seit 1998 ist es von der chinesischen Regierung gestattet, Jointventure-Unternehmen im Tourismussektor mit ausländischer Beteiligung in China zu gründen. Zunächst nur für die offiziell staatlichen Feriengebiete zugelassen, durften sich Firmen mit ausländischer Minderheitsbeteiligung schon ab Ende 1998 im gesamten Staatsgebiet ansiedeln. Im Jahr 2002 wurden Vorschriften erlassen, die die Summe des für die Gründung erforderlichen Mindeststammkapitals auf 0,41 Mio. absenkten. Es wurde ferner erlaubt, mehr als nur ein Reisebüro in China zu gründen. Die „Interim Provisions on Experiment in setting up wholly foreign owned enterprise (WFOE) or joint venture travel services with more than 50 % shares" der CNTA sahen 2003 noch vor, dass lediglich Unternehmen bis zu einem Anteil von 50% gegründet werden durften. Nach den Vorschlägen des Außenhandelsministeriums wurden diese fallweise gelockert und testweise in manchen Regionen reine ausländische Reisebüros zugelassen (vgl. LIU 2006: 41). Als eine direkte Folge gründete die deutsche TUI-Gruppe und die China Travel Service Group den ersten Reiseveranstalter mit ausländischer Mehrheitsbeteiligung (TUI 51%, CTS 25% und MB China Investment Company 24%). Im Juli 2003 wurde der JAL International Travel Service als der erste ausländische Reiseveranstalter mit ausschließlich ausländischem Kapital in China gegründet, welches einen wichtigen Entwicklungsschritt zur Liberalisierung des Marktes bedeutet. Bis 2005 gab es insgesamt fünf Jointventure-Unternehmen mit ausländischer Mehrheitsbeteiligung und 13 ausländische Unternehmen mit ausländischer Beteiligung in China. Jointventure-Unternehmen ist es aber bisher nur erlaubt, Inbound- und Inlandstourismus in China zu betreiben.

2.3 Die Organisation von Outboundreisen nach Deutschland

2.3.1 Der Approved-Destination-Status (ADS) und Kooperationspartner in Deutschland

Die offizielle chinesische Politik den Outbound-Tourismus betreffend ist heute die einer „regulierten Entwicklung", wobei die China National Tourism Administration (CNTA) die Kontrollgewalt inne hat. Chinesischen Touristen ist es demnach offiziell nur erlaubt, in solche Länder zu reisen, welche mit China ein „Approved Destination Status (ADS) Agreement" (Genehmigter Zielstatus) unterzeichnet haben. Seit dem 15. Februar 2003 werden auch Gruppenreisen nach Deutschland auf der Basis eines ADS-Abkommens durchgeführt, das zwischen dem Bundesministerium für Wirtschaft und Arbeit (BMWI) und der China National Tourism Administration (CNTA) am 1. Juli 2002 („Memorandum of Understanding") unterzeichnet wurde. Dabei ist ein vereinfachtes Visa-Verfahren vorgesehen, bei dem der einzelne Reisende seinen Visumsantrag nicht mehr persönlich bei den deutschen Botschaften/Konsulaten einreichen muss. Somit entfällt die persönliche Vorstellung, und die Anträge können durch Kuriere der Veranstalter eingereicht werden. Botschaften und Konsulate der Bundesrepublik Deutschland erstellen die Visa im Einklang mit den so genannten Schengen-Regeln[3]. Am 12. Februar 2004 wurde ein ADS-Abkommen zwischen China und der Europäischen Union unterzeichnet, so dass nun chinesische Reisende innerhalb der zur Schengen-Gemeinschaft gehörenden EU-Mitgliedsländer mit einem Visum maximal 90 Tage im Halbjahr grenzenlos reisen können, sofern sie einer Gruppe von mindestens fünf Personen angehören. Bis März 2006 wurden insgesamt 117 Länder in die Liste der ADS-Länder aufgenommen, wobei in 81 davon bereits Reisen organisiert werden (vgl. CNTA 2006).

Zur Abwicklung und Organisation der Reisen nach Deutschland werden Kooperationspartner vor Ort benötigt. Eine Reisegruppe wird von den chinesischen Vertragspartnern formiert und Flug und Visumsbeantragung organisiert. Die Ausgestaltung des Tourprogramms obliegt jedoch den Inbound-Vertragspartnern in der Destination. Für die Kooperation zwischen Deutschland und China ist dabei eine Liste des Deutschen

---

[3]   *Schengener Abkommen*: Internationale Vereinbarung einiger europäischer Staaten über den kontrollfreien Grenzverkehr (Personen und Güter) sowie über eine gemeinsame Sicherheits- und Asylpolitik. Mitglieder: Frankreich, Bundesrepublik Deutschland, Beneluxstaaten, Italien, Spanien, Portugal, Griechenland, Österreich, Dänemark, Schweden, Finnland sowie als assoziierte Mitglieder die Nicht-EU Mitglieder Norwegen und Island, die Schweiz evtl. ab 2008. Großbritannien und Irland schlossen sich als einzige EU-Mitglieder nicht dem Schengener Abkommen an. Die „neuen" Beitrittsländer (seit Mai 2004) sind dem Schengener Abkommen bisher nicht beigetreten. Der Wegfall der Grenzkontrollen wird hier frühestens 2007 erwartet (vgl. http://europa.eu).

Industrie- und Handelskammertages (DIHK) von Reisebüros und Reiseveranstaltern mit Interesse an der Durchführung von Gruppenreisen chinesischer Staatsbürger nach Deutschland hilfreich, welche regelmäßig aktualisiert der CNTA zur Verfügung gestellt wird. Bis heute sind in dieser Liste 865 Unternehmen erfasst, die jedoch nicht alle aktiv am Markt teilnehmen. Die Buchung einer Deutschlandreise erfolgt somit über den chinesischen Veranstalter, die Organisation der Reise (bis auf Flug und Visum) obliegt jedoch dem deutschen Unternehmen.

2.3.2   Struktur der chinesischen Reiseveranstalter

In China ist der Markt unterteilt in Akteure unterschiedlicher Größe:

- **Große Reiseveranstalter**, die als **„Großhändler"** bezeichnet werden können (CITS, CAISSA) mit einem Vertriebsnetz in den für den Outbound-Tourismus wichtigen Quellregionen (Beijing, Shanghai, Kanton, Xi'an, Chong Qing, Kumming, Shen Yang). Kennzeichnend ist, dass sie keinen Endkundenkontakt haben, lediglich zuständig sind für die zentrale Flugbuchung, Visumsbeantragung, Produktentwicklung etc. aber nicht die Reisegruppe über den gesamten Leistungserstellungsprozess begleiten. Die Reisegruppen werden vielmehr zusammengestellt, manchmal auch aus vielen Kleingruppen bestehend, und gebündelt an einen Veranstalter in der Destination „verkauft". Mit den Reisegruppen wird demnach „gehandelt"! (vgl. Kap 2.4.2);

- **Große Reisebüros** dienen dabei als **„Sammler"** oder „Gruppierer". Oftmals sind es Zweigstellen der großen Reiseveranstalter in den größeren Städten, die aber auch als Makler/Vermittler für verschiedene Großhändler dienen.

- **Kleinere Reisebüros** in den kleineren Städten oder Kommunen haben es auf dem Outboundmarkt noch eher mit einer geringen Nachfrage zu tun, weshalb ihre Kunden von den größeren Reisebüros der größeren Städte „eingesammelt" und dann in einer großen Gruppe zusammengefasst werden.

Das Zusammenfassen von einzelnen Kleingruppen zu einer größeren Gruppe führt dazu, dass es letztlich keine festgelegten Reiseprogramme gibt und die Kunden sich dem Programm des größeren Veranstalters anschließen müssen. Hat sich eine Gruppe formiert, wird diese vertraglich festgelegt an einen Inbound-Veranstalter in der Destination übergeben, der mit der näheren Programmgestaltung beauftragt wird. Der Reiseleiter wird bei einer aus verschiedenen Kleingruppen bestehenden Reisegruppe zumeist von dem Anbieter mit den meistern Reisenden gestellt. Problematisch ist, dass sich dieser dann oftmals intensiver um die Reisenden aus seiner eigenen Gruppe kümmert.

2.4 Angebots- und Preisentwicklung bei Pauschalreisen nach Deutschland

Geprägt ist der Markt bisher vor allem von einer niedrigen Preisstruktur an Outboundreisen. Die chinesischen Outbound-Touristen wiederum vergleichen beim Angebot nicht die Qualität der Reisen, sondern nur den Preis. Diese Entwicklung hat dazu geführt, dass durch den Konkurrenzkampf der Anbieter um die niedrigsten Angebote der Preis für Reisen nach Europa immer weiter fällt oder zumindest auf einem niedrigen Niveau stagniert. Die chinesischen Veranstalter verkaufen sodann die gebuchten Gruppen zu einem festen Preis an Reiseleiter und -veranstalter in Deutschland. Ein Gewinn, resultierend aus dem niedrigen Reisepreis, wird nicht erwirtschaftet. Der Verdienst generiert sich zumeist ausschließlich aus Provisionen bei den Einkaufstouren – eine Ursache für den hohen Stellenwert des „Shopping-Stopp" auf der Rundreise.

Exemplarisch für die Entwicklung und den Wandel des Outbound-Marktes weltweit kann die Entwicklung der Angebotsstruktur der Destination Thailand angeführt werden. Bei diesem seit 1988 bereisten ADS-Land gehörte die Einkaufstour auf der für umgerechnet ca. 300 € erhältlichen Pauschalreise zum festen Bestandteil. Erstmalig sind nun auch Angebote ohne Shopping-Stopp erhältlich, deren Preise natürlich analog zur Qualität steigen (vgl. SCHULER 2005: 63).

2.4.1 Angebotsentwicklung

Das chinesische Reiseangebot besteht vorwiegend aus klassischen Rundreisen durch West- und Südeuropa. Die beliebtesten Reiserouten verlaufen zum Beispiel durch fünf Länder über einen Zeitraum von zehn Tagen [Deutschland (Köln) – Niederlande (Amsterdam) – Belgien (Brüssel) – Frankreich (Paris) – Luxemburg] oder am Beispiel der Route „Südeuropa" durch vier Länder in zwölf Tagen [Österreich (Wien, Salzburg) – Italien (Venedig, Rom, Florenz) –Vatikan – Deutschland (München)] (vgl. ECHTERMEYER 2006: 19). Ebenso ist eine Kombination aus beiden Reiserouten möglich, die ca. 15 Tage dauert. Der Preis liegt zwischen 1.000 € und 2.000 €. Die Kosten für Eintrittskarten sind meist nicht inklusive. Osteuropa wird auch angeboten. Allerdings werden die Angebote wegen der langwierigen Visumsbeantragung (ca. 10 Tage für ein Visum pro Land) wenig oder kaum in Anspruch genommen[4].

Oftmals können die Reisenden vor Ort freiwillig an ergänzenden Programmen teilnehmen, wie z.B. das Genießen lokaler Spezialitäten (Deutsche Schweinshaxe/Französische Gourmetgerichte) oder Unterhaltungsprogramme (Shows im Moulin Rouge) besuchen. Diese Extrakosten sind im Reisepreis gewöhnlich nicht inkludiert. Beispiele für Pauschalreisen nach Europa bietet Abbildung B.2-3.

---

[4]   i.d.R. nur Antrag für ein Visum, das für die Schengenstaaten gilt. Allerdings haben noch nicht alle europäischen Länder ein Schengenabkommen unterzeichnet. weshalb ein zusätzlicher Antrag für einzelne Länder die Organisation der Reise zusätzlich erschwert (vgl. LIU 2006)

Produkt	Tage	Zielländer	Leistung	Preis/ Kopf in Euro⁵	Angebot Outbound RV
Eis-Schnee-Winter Reise	8	Finnland	Skifahren, Polarlicht	1.373	CYTS
Weihnachts-Reise	8	Finnland, Schweden	Skifahren, Weihnachten	-	CYTS
Luxus Reisen	8	Frankreich, Schweiz	Skifahren	-	CTS
Vier-Länder-Reise in Nordeuropa	8	Finnland, Schweden, Norwegen, Dänemark	Skifahren, Thermalbad	-	CITIC
„La Plagne" Skiurlaub	7	Frankreich	Skifahren	981	CTI
Drei Länder in acht Tagen Erholungsreise	8	Frankreich, Italien, Griechenland,	Freizeit, Erholung	981	China-SSS
Nordeuropa + Großbritannien	10	Nord Europa, GB	Freizeit, Weihnachten	-	GZL
Happy Germany Reisen	8	Deutschland und Umgebung	Freizeit, Erholung	-	GZL
Romantisches Europa	10	Frankreich, Italien	Kunst, Romatik	1.353	Caissa
Gletscher. Thermalbad-Urlaub	8	Schweiz	Skifahren Thermalbad	1.265	Xinhaitravel
Romantisches Reisen	8	Frankreich, Griechenland	Freizeit	1.558	CITS
Vier-Länder-Kulturreise	8	Frankreich, Schweiz, Italien, Vatikan	Kultur	1.353	CTSGroup
Individualreisen in Paris	6	Frankreich	Shopping, Freizeit	754	Caissa

Abb. B.2-3 Beispiele für Pauschalreisen nach Europa
(Quelle: eigene veränderte Darstellung nach DU/DAI 2005: 105)

2.4.2 Die abwärtsgerichtete Spirale zwischen Qualität und Preis

Der Markt befindet sich derzeit in einer Abwärtsspirale von Preis und Qualität. Die Reiseveranstalter konkurrieren untereinander um die Kunden. Die Stellschraube ist vor allem der Preis. So sind die Preise für Europareisen zwei Monate nach der Unterzeichnung der ADS-Abkommen mit der Europäischen Union 2004 drastisch gefallen: Für die Pauschale „Fünf Länder in acht Tagen von 1.177 auf 785 Euro und die Variante „Zehn Länder in 15 Tagen" von 1.569 auf 1.177 Euro (vgl. DU/DAI 2005: 103). Weitere Vergleichspreise sind in Abbildung B.2.4 dargestellt.

---

⁵ Preise wurden aus der Originalquelle zum amtlichen Wechselkurs von 1 Euro=10,1962 RMB (am 09.08.2006) umgerechnet

Wie in Kap. 2.3.2 aufgezeigt, werden die zum Teil aus verschiedenen Kleingruppen zusammengestellten Reisegruppen an eine Inbound-Reiseagentur in die Destination „verkauft". Die Nachfrage nach Europareisen ist hoch. Für viele Reisende stellt eine Tour nach Europa einen Prestigegewinn dar. Für viele ist die Reise gleichzeitig ein einmaliges Erlebnis, das sich in ihrem Leben voraussichtlich nicht noch einmal wiederholen wird. Das große Angebot an Reisen nach Europa und der preisbewusste Einsatz ihres oftmals mühsam ersparten Vermögens (BIP/Kopf 2004: 1.276US$) für eine Reise führt dazu, dass die Kunden ihre Reiseentscheidung sehr stark nach dem Preis ausrichten.

Jahr	Südasien 14 Tage	Thailand 7 Tage	Hong-kong, Macao 5 Tage	Europa 8 Län-der	Japan 5 Tage	Austra-lien, Neusee-land 10 Tage
1992	1.471	1.177	588			
1997	981	539	490			
2000	637	353	392	1.962	1.471	1.765
2002	441	243	294	1.471	1.177	1.275
2004	343	98	196	883	451	686

Abb. B.2-4   Preisentwicklung der Haupt-ADS-Destinationen in EURO
(Quelle: leicht veränderte Darstellung nach JIA 2006: 73)

Die Reiseveranstalter sehen sich deshalb genötigt, ihre Kosten zu senken. Aus diesem Grund werden die Reisegruppen nach Europa mit einem immer niedrigeren Reisebudget ausgestattet. Die oftmals „kleinen" Anbieter müssen auf der Basis eines sehr hohen Kostensatzes eine Rundreise, die vom Ansatz her schon nicht kostendeckend sein kann (vgl. Kap. 2.4.3) organisieren. Es stellt sich mitunter eine geringe Motivation ein, dem Endverbraucher ein qualitativ hochwertiges Programm/Produkt zu bieten. Die Folge ist, dass die Servicequalität sinkt. Die Reiseveranstalter sehen sich aufgrund der „Beschwerden" der Kunden wiederum veranlasst, ihren Vertragspartner bei der nächsten Reisegruppe weniger Geld zu bezahlen, als zuvor.

Gleichzeitig versuchen die Reiseleiter in Deutschland ihre Kosten zu decken und ihr Budget aufzubessern, indem mit Einzelhandelsgeschäften Provisionsverträge geschlossen werden (vgl. Kap. C.4). Auf diese Weise soll einerseits die kulturbedingt große Nachfrage nach Souvenirs gelenkt befriedigt und andererseits der eigene Profit erhöht werden. Die Unzufriedenheit der Kunden kann aber auch in dieser Hinsicht wachsen, werden die Reisenden immer öfter zu unfreiwilligen Reisestopps gezwungen oder ergänzende Reisehighlights angeboten, die nicht auf der geplanten Route liegen und mit einem Aufpreis verbunden sind. Somit kann die zunächst kostengünstige Basisreise sehr schnell zu einem kostenintensiven „Reisevergnügen" werden (vgl. SONG 2005: 61f.). Mithin entsteht eine abwärtsgerichtete Spirale, bei der die Qualität der Reise proportional zum Reisepreis sinkt.

2.4.3   Preiskrieg: Wer profitiert vom China-Geschäft?

Wie bereits dargestellt, befindet sich der Outboundmarkt in einem harten Wettbewerb um Kunden. Besonders die Privatreisenden sind sehr preisorientiert hinsichtlich des reinen pauschalen Reisepreises. Als Konsequenz konkurrieren die Anbieter mit ihren Wettbewerbern in einem Preiskampf um die Kunden bzw. Outbound-Vertragsparter (vgl. Kap. 2.4.2). Der Preiskampf geht so weit, dass nach deutscher Vorstellung eines ordentlichen Geschäftsgebarens eher zweifelhafte Methoden angewendet werden, die nachfolgend kurz dargestellt werden sollen (vgl. JIA/HE 2006: 71, DU/DAI 2005: 103).

(1)   Null-Gewinn

Beim Null-Gwinn-Modell zahlen die Reisenden dem Outbound-Veranstalter nur die Kosten für Flug und Visum. Alle weiteren anfallenden Kosten für die Leistungserstellung der Pauschalreise in der Destination werden nicht berechnet und müssen vom Inbound-Veranstalter getragen werden (vgl. Provisionsverträge mit Einzelhandel/"Shoppingtourismus" Kap. 2.4.2). Dieses Modell ist kostendeckend für die Outbound-Reiseveranstalter. Gewinne aus dem pauschalen Reisepreis sind aber nicht zu erwarten.

(2)   Minus-Gewinn

Die Inbound-Reiseveranstalter am Zielort bekommen kein Geld für Beherbergung, Verpflegung und sonstige anfallende Kosten der Leistungserstellung vom chinesischen Outbound-Veranstalter (wie Nullgewinn), und müssen zusätzlich eine Provision für jeden Reisenden an den Outbbound-Reiseveranstalter zahlen. In diesem Fall müssen die Inbound-Veranstalter sich noch verstärkt um Erträge aus dem Shopping- und zusätzlichen Reisestopp auf der Rundreise bemühen, bei dem Sie von den Reisegruppenmitglieder zusätzliche Gewinne aus Provisionen und den über die pauschal angebotenen Leistungen hinausgehenden Service erzielen (vgl. Kap. 2.4.2). Es ist deshalb vorstellbar, dass das Null-Gewinn-Modell in Verbindung mit dem Minus-Gewinn-Modell vorkommt.

(3)   Sonstige Vertragsverhältnisse

Losgelöst von Null- und Minus-Gewinn sind weitere Vertragsverhältnisse denkbar, die die Qualität der Reisen mindern können. Nach SONG existieren zwei Möglichkeiten der vertraglichen Geschäftsbindung:

a) Ein Outbound-Reiseveranstalter bezahlt eine Inbound-Agentur im Voraus für die vertraglich zu erbringende Leistung. Die verwendeten Mittel werden zur Leistungserstellung und -verrichtung verwendet.

b) Im zweiten Fall geht die Inbound-Agentur in Vorkasse. Sie erbringt zunächst die Leistung und wird erst im Anschluss von dem Vertragspartner bezahlt.

Im Fall a) soll es nach SONG vorkommen, dass der Vertragsnehmer keinen vertraglich vereinbarten Service bietet und somit der Auftraggeber unzufrieden ist. Im zweiten Fall (b) hat der Auftragnehmer ein höheres Risiko zu tragen. Die entstehenden Kosten werden im Fall eines unseriösen Auftraggebers (Outbound) oder durch eventuelle Beschwerden nach der Rückkehr der Reisegruppe nach China vielleicht nicht vollständig übernommen. Die Inbound-Agenturen sind wiederum gezwungen, niedrig zu kalkulieren und bei den Leistungen zu sparen. Entsprechend sinkt die Leistungsqualität der Reise und der Outbound-Veranstalter hat seinerseits einen Grund, den Vertrag nur bedingt zu erfüllen.

In der Praxis werden aufgrund der stärkeren Position der Outbound-Reiseveranstalter zum überwiegenden Teil Geschäfte wie unter b) beschrieben abgewickelt.

Durch diese Entwicklung sind die Inbound-Veranstalter gezwungen, ihre Kosten durch andere Einnahmequellen zu decken. Dies geschieht, wie bereits beschrieben, zumeist aus dem Provisionsgeschäft mit dem Einzelhandel – geben doch die chinesischen Reisenden auf ihrer Rundreise mehr Geld für die Einkäufe als für die Reise selbst aus.

Mit Provisionen der Einzelhändler von 5 bis 15% profitieren so die Inbound-Veranstalter an dem Geschäft (o.V. 2005). Dies kann sich aber auch nachteilig für die Inbound-Veranstalter auswirken. Über die Tax-Free-Quittungen[6] der Kunden errechnen die Outbound-Veranstalter die Provisionsbeträge der Inbound-Veranstalter. Liegen diese „zu hoch", drücken sie die Margen für die Vertragspartner.

Aber auch die oftmals freiberuflichen Reiseleiter generieren ihr Einkommen aus dem Provisionsgeschäft (vgl. Abbildung B.2-5).

Einnahmequelle	Einkommen (Euro)	Anmerkung
Gehalt von Reisebüro	wenig oder gar nicht	
Trinkgeld der Reisenden	2,-	Pro Person/Tag
Provision von Einzel-handelsgeschäften	2.000-3.000	Bsp. für 10 Tage Europareise mit 45 Personen
Summe:	**ca. 4.000 Euro**	

Abb. B.2-5 Beispiel für Einkommen eines Reiseleiters

Nur bei den größeren Reiseveranstaltern (wie z.B. Caissa) erhalten die Reiseleiter ein Festgehalt. In der Regel beziehen sie ihre Einnahmen aus den Provisionen für die Einkäufe und den Trinkgeldern ihrer Reiseteilnehmer. Bei einer Gruppe von 45 Personen kann sich das Einkommen eines Reiseleiters bei einer Zehn-Tage-Tour sehr schnell auf bis zu 4.000 Euro belaufen.

---

[6] Mehrwertsteuer-Rückerstattung über Global Refund

2.5 Fazit und Ausblick

Der chinesische Outbound-Tourimus entwickelt sich seit einigen Jahren mit erstaunlicher Geschwindigkeit. Von den 1,3 Mrd. Chinesen ist zwar prozentual nur ein geringer Anteil bisher in der Lage, sich finanziell eine Outboundreise leisten zu können, die wirtschaftliche Entwicklung einerseits aber auch das große Potential des Landes lassen die Welttourismusorganisation (UNWTO) jedoch zu der Vorhersage kommen, dass sich die Reisen ins Ausland bis 2020 auf 120 Mio. erhöhen werden.

Für die Organisation der Reisen über die nationalen Grenzen hinaus sind Reiseveranstalter von entscheidender Bedeutung. Aufgrund der ADS-Abkommen ist es lediglich Privatreisenden in einer Gruppe von fünf Personen gestattet, die genehmigten Auslandsdestinationen zu bereisen.

Die regulierte und reglementierte Entwicklung, der Druck des wirtschaftlichen Booms und die Auflagen der Welthandelsorganisation haben dazu geführt, dass sich der Markt immer stärker liberalisiert. Auch wenn es mittlerweile ausländische Reiseveranstalter und Joint-Venture-Unternehmen in China gibt, so sind diese bisher aufgrund der Auflagen nicht in der Lage, Outboundreisen zu organisieren. Dies ist lediglich chinesischen unter Kontrolle des Staates befindlichen Unternehmen gestattet.

Aber auch unter diesen Betrieben hat sich ein reger Wettbewerb entwickelt, der die Preise für Outboundreisen nach Deutschland und Europa immer stärker sinken oder diese auf einem niedrigen Niveau stagnieren lässt. Die Struktur der Reiseveranstalterbranche in China erlaubt es aufgrund der zum Teil regional noch niedrigen Nachfrage, dass einzelne Reisegruppen von kleineren Veranstaltern zu Großgruppen zusammengefasst und diese an Vertragspartner in die Destination vermittelt oder „verkauft" werden. Die Reiseteilnehmer müssen sich zumeist nach dem Reiseprogramm des größten Reiseveranstalters richten und haben wenig Einfluss auf die einzelnen Teilleistungen. Darüber hinaus wird der pauschale Reisepreis nur für die Kernleistung entrichtet. Interessante zusätzliche Änderungen der Reiseroute müssen zusätzlich bezahlt werden.

Aufgrund der immer stärker fallenden Qualität der Reisen und den ersten Unmutsäußerungen reiseerfahrener Europaurlauber sieht sich mittlerweile auch die Zentralregierung genötigt, auf die Entwicklung zu reagieren. Schließlich fühlt sie sich im konfuzianischen Sinne dem „Gesicht wahren" verpflichtet. Es ist deshalb auf der einen Seite zu erwarten, dass es zukünftig auch qualitativ hochwertigere Reisen nach Europa und Deutschland geben wird. Auf der anderen Seite fragen jedoch noch immer eine steigende Anzahl, und damit die Mehrheit der Nachfrager, kostengünstige Angebote nach, um einmal in ihrem Leben eine prestigeträchtige Europareise machen zu können.

3 Chinesischer Tourismus in Europa: Herausforderungen für die Hotelbranche am Beispiel der ACCOR-Hotelgruppe

Rosita Yiu, Paris

3.1 Einleitung

In den 1990er Jahren begannen chinesische Gruppen damit, Europa zu bereisen. In dieser Zeit bewohnten die meisten Gruppen, die meist aus hochrangigen Staats- oder Firmenvertretern bestanden, aus Kostengründen Drei-Sterne-Hotels außerhalb der Innenstädte.

Die ersten chinesischen Touristen, die Europa besuchten, waren mit zahlreichen interkulturellen Schwierigkeiten konfrontiert. Beispielsweise wurden die Hotels von der Nachfrage der Chinesen nach heißem Wasser in Thermoskannen überrascht. Dieses benötigten die Gäste, um sich Tee oder Instantnudeln zu bereiten. Dazu gab es weitere Missverständnisse. Die chinesischen Gäste gingen davon aus, dass alle Angebote im Hotelzimmer wie z.B. Minibar und Telefon kostenlos seien. Daraus resultieren beim Auschecken ernsthafte Probleme.

Inzwischen sind die europäischen Staaten Mitglieder des ADS-Programms. Die Europäische Gemeinschaft und die chinesische Regierung unterzeichneten ein entsprechendes Abkommen im Oktober 2003, das im September 2004 in Kraft trat. Gemäß diesem Abkommen dürfen nur von der Staatlichen Chinesischen Tourismusverwaltung CNTA dazu bevollmächtigte Reiseveranstalter in China mit europäischen Incoming-Strukturen zusammenarbeiten.

Seit einigen Jahren ändert sich die Typologie der chinesischen Reisenden. Während zuvor vor allem Leiter von staatlichen und privaten Firmen reisten, finden sich heute unter den Touristen zunehmend auch Gäste mit Berufen wie Professor, Ingenieur oder Journalist. 42% der chinesischen Gäste sind zwischen 30 und 40 Jahren und 34% zwischen 40 und 50 Jahren alt.

Generell haben diese Reisende leitende Positionen inne und wohnen üblicherweise in Drei-Stern-Hotels sowohl innerhalb wie auch außerhalb der Innenstädte. Dabei sind die Ansprüche der Gäste an die Servicequalität gewachsen und viele sind inzwischen von Drei- zu Vier-Stern-Hotels gewechselt.

Viele dieser Gäste reisen eher in Kleingruppen von fünf Personen als in großen Gruppen. Außerdem kommen immer mehr Gäste als Einzelreisende auf Geschäftsreise. Die meisten von ihnen arbeiten für eine ausländische Firma und haben keine Visa- oder Sprachprobleme.

Die Erwartungen der chinesischen Gäste beziehen sich vor allem auf Großstädte, berühmte Museen und Sehenswürdigkeiten, Shopping, Kultur, Gourmet-Speisen und Wein. Skifahren und Golf sind in China sehr in Mode gekommen.

Die Touristen haben den Wunsch, bei jeder Reise möglichst viel für die eingesetzte Zeit und das gezahlte Geld zu erhalten. Eine Reise nach Europa dauert normalerweise zwischen 10 und 14 Nächten. Dabei werden mit einem Visum zwischen fünf und acht Länder besucht. Nach ihrer Rückkehr möchten sie ihren Verwandten und Bekannten die Fotografien von den wichtigsten Sehenswürdigkeiten aller besuchter Länder zeigen können.

Bei den Reisegründen lassen sich Geschäfts- und Freizeitreisende unterscheiden. Gründe für Geschäftsreisen können dabei sein:

• Aufgaben für Regierungsinstitutionen

• Teilnahme an internationalen Konferenzen

• Training und Weiterbildung

• Aufgaben für Firmen

• Sportveranstaltungen

• Kunstausstellungen und künstlerische Aufführungen

• Journalistische Tätigkeit

• Personal der Flug- und Eisenbahngesellschaften

• Manager internationaler Firmen

Gründe für nicht überwiegend geschäftlich bedingte Reisen können sein:

• Freizeitreisen

• Besuche bei Freunden und Familienangehörigen

• Emigration

• Studium

• Arbeitssuche

• Andere Gründe wie z.B. Grundstückshandel, Firmengründungen usw.

Die Grenzen zwischen Geschäfts- und Freizeitreisen sind dabei oft fließend.

3.2 Die ACCOR-Hotelgruppe

Im Jahre 1999 gründete die ACCOR-Hotelgruppe ein „Incoming Chinese Department", um Gäste aus China zu betreuen. Damit reagierte ACCOR auf die zunehmende Zahl von Gästen aus China. Die Anstrengungen der ACCOR Gruppe richten sich dabei bei der Bearbeitung des chinesischen Marktes zunächst auf die Analyse des Marktes und seiner Trends und Entwicklungen.

China ist ein neuer Markt, der neue Kunden für die Hotels und für die Tourismusbranche allgemein bringt. Daher ist es eine echte Herausforderung für die ACCOR Gruppe, diese Gäste zu empfangen.

Um den Anforderungen der chinesischen Kunden zu entsprechen, ist es unbedingt notwendig für die ACCOR Gruppe, ihre Kultur, Erwartungen, Bedürfnisse, Wünsche und Interessen wie auch ihren Lebensstil zu verstehen. Andererseits ist es aber auch für die Veranstalter, deren Aufgabe es ist, die Reiseabläufe für die Kunden einschließlich Transport, Unterkunft und andere Dienstleistungen zu organisieren, wichtig, eine weitreichende Kenntnis der europäischen Destinationen einschließlich ihrer Kulturen, Produkte und Angebote zu erlangen.

Um diese Ziele zu erreichen, ist die ACCOR Gruppe sowohl in China wie auch in Europa aktiv. Die Gruppe zielt darauf ab, mit den Akteuren in der Tourismusindustrie Wissen auszutauschen, um eng zusammenarbeiten zu können.

3.3 Aktivitäten der ACCOR-Hotelgruppe

3.3.1 Travel Trade Shows in China

Jedes Jahr nimmt die ACCOR Gruppe an Reisemessen in China teil wie z.B. dem Chinese International Travel Market (CITM) und beteiligt sich an durch französische Tourismusorganisationen wie z.B. Paris Tourist Board organisierte Workshops und andere Aktivitäten zum Outbound-Tourismus. Darüber hinaus veranstaltet die ACCOR Group auch eigene Road Shows in China um mit Akteuren aus der Tourismusindustrie zusammenzutreffen.

Diese Veranstaltungen stellen gute Gelegenheiten für die ACCOR Gruppe dar, mit der Tourismusindustrie Wissen auszutauschen, um ein tieferes Verständnis für die Entwicklung des chinesischen Outbound-Tourismus zu entwickeln und noch genauer die Bedürfnisse der chinesischen Touristen in Bezug auf ihre Unterbringung kennen zu lernen.

Die ACCOR Gruppe nutzt diese Veranstaltungen auch, um den Reiseveranstaltern in China den "European way of living" nahe zu bringen und sie auf touristische Attraktionen aufmerksam zu machen, die dem Geschmack der chinesischen Gäste entsprechend adaptiert wurden. Dadurch sollen diese Akteure dabei unterstützt werden, Europa auf einem guten Niveau zu verkaufen und die richtigen Reiseziele für ihre Kunden auszusuchen.

3.3.2 Travel Trade Shows in Europa

Neben den Aktivitäten im chinesischen Markt sind wir auch in Europa aktiv. Die ACCOR Gruppe stellt auf an Reisemessen wie der WTM, der ITB, der BIT und anderen aus und beteiligt sich an FAM-Reisen, die durch *Maison de la France* und andere nationale Tourismusorganisationen organisiert werden. Die Teilnehmer an solchen Reisen sind Mitarbeiter von Incoming-Unternehmen, Journalisten von Fernsehen und Printmedien und andere Akteure der chinesischen Tourismusindustrie.

3.3.3 Kooperation mit Incoming-Agenturen

Wie erwähnt, arbeitet ACCOR eng mit den Reiseveranstaltern in China zusammen. Das „Incoming China Department" kann auf noch intensivere Kooperation mit den Incoming-Agenturen in Europa verweisen.

Abb. B.3-1 Eductour Vichy, April 2006

Abb. B.3-2 Preisverleihung, Presse-Club, Juli 2006

Obwohl diese Incoming-Agenturen in Europa operieren, sind die meisten von ihnen erst vor wenigen Jahren in Europa gegründet worden. Daher ist es für sie sehr wichtig, ein besseres Verständnis für europäische Lebensstandards, Gewohnheiten und Kulturbesonderheiten zu erwerben. Um die Agenturen zu unterstützen, organisiert unser „Incoming Asia Department" zweimal im Jahr zusammen mit lokalen Tourismusorganisationen, Flug- und Busgesellschaften so genannte „eductours". Diese Reisen ermöglichen es den Mitarbeitern der Incoming-Agenturen, neue Destinationen und Produkte zu entdecken und zu erleben, wodurch sie in die Lage versetzt werden, diese auch besser ihren chinesischen Kunden erklären zu können.

Wir motivieren die Incoming-Agenturen auch durch einen jährlich veranstalteten Event, bei unseren loyalen Kunden für ihr Vertrauen gedankt wird. Diese Preisverleihung findet seit dem Jahre 2002 statt, wobei die fünf Top-Kunden ein Zertifikat als Zeichen der Dankbarkeit erhalten.

Weitere Maßnahmen zur Unterstützung der asiatischen Incoming-Agenturen sind die folgenden Programme zur Verbreitung und zum Austausch von Wissen:

- Wissensvermittlung durch wichtige Akteure der Tourismusindustrie gemäß den Bedürfnissen des Marktes zur Entwicklung zukünftiger erfolgreicher Destinationen.

- Kulturelle Austauschprogramme zwischen Incoming-Agenturen und touristischen Regionen zum Förderung des Verständnisses der Bedürfnisse chinesischer Kunden
- Vermittlung dieser Erkenntnisse an die Endkunden durch TV und Printmedien.

3.3.4 Weiterbildungs- und Informationsprogramme

Das "Incoming Asia Department" veranstaltet Weiterbildungs- und Informationsprogramme für die Hotels. Um die speziellen Bedürfnisse der chinesischen Kunden zufrieden stellen zu können, organisieren wir innerhalb unserer Hotels entsprechende Programme zu den Besonderheiten des chinesischen Marktes.

(1)   Weiterbildungsprogramme im Kochen

Ms. Rosita YIU, Vizepräsidentin Sales Development Incoming China and Korea, hat wiederholt Unterrichtsprogramme im chinesischen Kochen für die Köche der Hotels der ACCOR Gruppe organisiert, bei denen vor allem die Zubereitung von Reissuppe, Nudelgerichten und Frühlingsrollen für das chinesische Frühstück gelehrt wurde.

(2)   Weiterbildung und Information für die europäischen Hotels

Die Leiter und Mitarbeiter erhalten Informationen über den chinesischen Quellmarkt und seine Entwicklung und über die Erwartungen der chinesischen Gäste. Es werden Einführungen in die chinesische Kultur gegeben und Hinweise darauf, wie man die besonderen Bedürfnisse dieser Kunden befriedigen kann.

3.3.5 Die ACCOR Chinese Optimum Service Standards

Die ACCOR Gruppe hat die **ACCOR Chinese Optimum Service Standards** entwickelt. Die Hotels, die sich an diesem Programm beteiligen, bereiten sich besonders auf die Begrüßung chinesischer Gäste und die Besonderheiten dieses Marktes vor.

Wie allgemein bekannt ist, trinken Chinesen Tee so wie die Franzosen Wasser. Chinesische Touristen reisen mit ihren eigenen Thermosflaschen und ihrem eigenen Tee. Sie bevorzugen asiatische Küche, sie möchten wissen und verstehen was in der Welt passiert und benötigen die Dienstleistungen des Hotels wie Anfragen an die Rezeption, internationale Telefonate, Zimmerservice etc. während ihres Aufenthaltes.

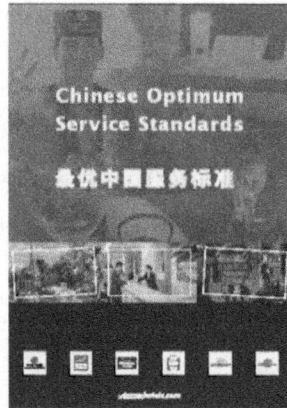

Abb. B.3-3 „Chinese Optimum Service Standards" Broschüre

Um diesen Anforderungen zu genügen, den chinesischen Gästen Sicherheit und Komfort zu gewährleisten und ihnen das Gefühl zu vermitteln, sich wie zuhause fühlen zu können, hat die ACCOR Gruppe in ihren Chinese Optimum Service Standards exklusive zusätzliche Dienstleistungen aufgenommen:

* Zurverfügungstellung eines chinesischsprachigen Fernsehprogramms (Phoenix CNE, Partner von ACCOR seit 2002)

* Zurverfügungstellung einer chinesischsprachigen Zeitung (Travel and Trade in Europe, Partner von ACCOR seit 2002)

* Zurverfügungstellung von Heißwasser-Ausgabe oder Wasserkocher im Hotelzimmer

* Angebot eines chinesisch inspirierten Frühstück mit Reissuppe und Nudeln

* Chinesischsprachige Mitarbeiter

* Zurverfügungstellung von Unterlagen in chinesischer Sprache wie Zimmerinformationen, Speisekarte usw.

Abb. B.3-4
TV Phoenix Programm

Abb. B.3-5
Zeitung Travel &
Trade in Europe

Abb. B.3-6
Chinesischsprachige Mitarbeiter

Bis heute bieten bereits etwa 100 Hotels ihren Gästen chinesischsprachige Zeitungen an. Die meisten Hotels haben eine Zimmerinformation in chinesischer Sprache, in Drei-Sterne-Hotels werden Heißwasser-Selbstbedienungs-Geräte angeboten. Die meisten dieser am „Chinese Optimum Service Standards" beteiligten Hotels befinden sich in Frankreich, Österreich, Belgien, Großbritannien (London) und Luxemburg. Wir versuchen, dieses Konzept auch in Hotels in anderen europäischen Ländern zu verbreiten.

3.4   Ausblick

Die Fähigkeit, den Service kontinuierlich zu verbessern, sich an diesen neuen Markt anzupassen und neue Produkte zu entwickeln, daran liegt die Stärke der ACCOR Gruppe.

In den kommenden Jahren plant die ACCOR Gruppe weitere Verbesserungen: Neben den bisher vom Chinese Optimum Service Standards Programm erfassten Leistungen sollen weitere angeboten werden. Ebenso soll die Entwicklung neuer Destinationen durch die Motivation der Incoming-Agenturen mittels eductours vorangetrieben werden. Und schließlich soll durch die genaue Analyse der neuen Entwicklungsperspektiven die Fähigkeit, chinesische Gäste zu empfangen und die Kooperation mit allen chinesischen Akteuren in der Tourismusindustrie zu verstärken, weiter erhöht werden. Das allgemeine Ziel besteht darin, die Hotels und ihre Kooperationspartner darin zu unterstützen, ihre Dienstleistungen für die chinesischen Kunden weiter zu verbessern.

4 Incoming-Tourismus aus China – Chancen und Perspektiven für die Magic Cities

Yvonne Kubitza, M.A./Steffi Gretschel, M.A, Dresden

4.1 Einleitung

Vor allem bei ausländischen Touristen gewinnt der Städtetourismus zunehmend an Bedeutung und entwickelt sich zum Zugpferd der Gastgewerbe-Branche in Deutschland und Europa. Dies spiegeln nicht nur die regelmäßig veröffentlichten Zahlen der Statistischen Landesämter, sondern auch diverse Trendgutachten der Deutschen Zentrale für Tourismus (DZT), von Unternehmensberatungen und Tourismusverbänden wider. Ein engagiertes Forum zur Förderung des Städtetourismus in Deutschland bildet der Magic Cities Germany e.V. – und das bereits seit über 50 Jahren.

Als bevölkerungsreichstes und drittgrößtes Land der Welt sowie aufgrund des überdurchschnittlichen Wirtschaftswachstums und der Lockerung der restriktiven Visumsbestimmungen birgt die Volksrepublik China mittelfristig ein großes Potenzial für den Tourismus. Laut einer Prognose der Deutschen Zentrale für Tourismus wird China für Deutschland mittelfristig der wichtigste Quellmarkt in Asien – mit rund 2,5 Mio. erwarteten Übernachtungen in 2015 (DZT 2006b: 21). Eine Übersicht über den chinesischen Anbietermarkt ist schwierig: Die Zahl der chinesischen Reiseveranstalter erhöhte sich in 2001 um 8,5% auf rund 291.000 und die Zahl der im Tourismus in China beschäftigten Personen legte um 6% auf 5,977 Mio. Mitarbeiter zu. Während der Umsetzung des 9. Fünf-Jahres Planes erhöhte sich diese Zahl jährlich um 500.000 Mitarbeiter. Erklärtes Ziel der chinesischen Regierung ist es, in den kommenden 10 Jahren durch die weitere Entwicklung im Tourismus 40 Mio. neue Arbeitsplätze zu schaffen (GILBRICH 2003: 1). Diese Zahlen belegen den stetig steigenden Stellenwert, den die Tourismusbranche für die Volksrepublik China selbst einnimmt.

Der vorliegende Beitrag stellt zunächst den Magic Cities Germany e. V. vor und geht dabei auf die Gründungsgeschichte und die Ziele der touristischen Werbegemeinschaft vor dem Hintergrund der wachsenden Bedeutung des Städtetourismus in Deutschland ein. Anschließend wird exemplarisch am Quellmarkt China das touristische Destinationsmarketing der Magic Cities untersucht. Ziel ist es, die sich aus dem Marketingverbund ergebenden Synergien zu erläutern sowie die Gemeinsamkeiten und Unterschiede, Chancen und Perspektiven der einzelnen Mitgliedsstädte in Hinblick auf den chinesischen Markt zu analysieren, um so ganz gezielt das chinesische Marktpotenzial für die Magic Cities zu bewerten. Die allgemeine Marktanalyse des Quellmarkts China und des Zielmarkts Deutschlands beschränkt sich mit Verweis auf die ausführliche Darstellung bei ARLT und LOMMATZSCH in diesem Band indes auf einige wesentliche und knappe Bemerkungen, die insbesondere für den Städtetourismus relevant sind.

4.2 Stärker im Verbund – der Magic Cities Germany e. V.

Der Magic Cities Germany e.V. ist die Werbegemeinschaft der neun großen deutschen Städte Berlin, Köln, Dresden, Düsseldorf, Frankfurt, Hamburg, Hannover, München und Stuttgart. Der seit 1955 unter dem Namen „Big Eight" bestehende Arbeitskreis wurde nach der politischen Wende 1990 um die ostdeutschen Großstädte Leipzig und Dresden zu den „Magic Ten" erweitert. Seit 1998 firmiert die Werbegemeinschaft ohne Leipzig als eingetragener Verein unter dem Namen „Magic Cities" mit Sitz in Frankfurt am Main. Die Geschäftsstelle befindet sich innerhalb der Hauptverwaltung der Deutschen Zentrale für Tourismus (DZT), mit der eine enge Kooperation besteht. Seit März 2004 verfügt der Marketingverbund über eine eigene Repräsentanz in Peking.

Da Deutschland nicht wie andere europäische Länder über eine einzelne Großstadt als Sales Point bzw. Gateway verfügt – wie z.B. Frankreich mit Paris oder England mit London –, war es von Beginn an das Ziel der touristischen Allianz, eine Art künstliches Gateway für Deutschland zu schaffen. Dadurch sollten der Bekanntheitsgrad der einzelnen Städte gesteigert und der Reiseverkehr erhöht werden. Darüber hinaus ergeben sich aus dem Verbund zahlreiche Synergien, unter anderem bei der Positionierung der einzelnen Städte und bei der Darstellung der Vielfalt des Angebots in den drei Bereichen Kunst und Kultur, Lifestyle und Entertainment sowie Messe- und Kongresswesen. Einen weiteren wichtigen Aspekt stellt der Austausch von Know-how, insbesondere bei Marktforschung und Wirtschaftlichkeit dar. Übergeordnetes Ziel ist die Positionierung des Wirtschaftsfaktors Städtetourismus nach innen – anhand von Betriebsvergleichen – und nach außen, d.h. in Bezug auf die Wahrnehmung durch die Politik.

Die Werbeaktivität der Magic Cities konzentriert sich auf Übersee: Zu den wichtigsten Zielmärkten zählen die USA, Japan, China und Südkorea. In diesen Märkten verfügen die Magic Cities über einen Anteil von rund 44 Prozent der gesamten Übernachtungen in Deutschland und fungieren als strategischer Partner der DZT in der gemeinsamen Vermarktung des Städtetourismus. Die Mitgliedsstädte präsentieren sich gemeinsam auf Messen, Workshops und Promotiontouren und erstellen marktspezifisches Informationsmaterial. Ein eigener Internetauftritt (www.magic-cities.de) in englischer, japanischer und chinesischer Sprache vermittelt gezielte Informationen über die Mitgliedsstädte. Auch werden jährlich Journalistenreisen aus den Zielmärkten nach Deutschland organisiert. In Europa hingegen setzt jede Stadt aufgrund ihrer geographischen Lage eigene Marketing-Schwerpunkte.

Die Finanzierung des Vereins erfolgt durch Mitgliedsbeiträge der einzelnen Städte sowie eine projektbezogene Förderung der DZT anhand eines jährlich erstellten Aktionsplans. Unterstützt wird der Magic Cities Germany e.V. neben der DZT durch die Verkehrsträger Deutsche Lufthansa und die Deutsche Bahn AG.

4.3 Incoming-Tourismus aus China in den Magic Cities

Wurden 2002 noch 270.000 Ankünfte und 573.000 Übernachtungen chinesischer Touristen in Deutschland gemeldet, so waren es 2005 bereits 418.000 Ankünfte und rund 853.000 Übernachtungen. Chinesische Touristen zieht es vor allem in die deutschen Großstädte: Mehr als 42 Prozent der Übernachtungen aus China in Deutschland entfielen 2005 wie schon in den vergangenen Jahren auf die Magic Cities. Die meisten Übernachtungen registrierte Frankfurt mit 94.546, gefolgt von München mit 78.362 Übernachtungen vor Berlin an dritter Stelle mit 64.382 Übernachtungen (siehe Abb. B.4-1). Mit 3.134 Übernachtungen hält Dresden den geringsten Anteil chinesischer Übernachtungen in den Magic Cities. Der durchschnittliche Zuwachs chinesischer Übernachtungen in den Magic Cities betrug 10 % gegenüber 2004. In der saisonalen Verteilung der Übernachtungen ist ein deutlicher Anstieg im September, aber auch im Juni/Juli und November zu verzeichnen.

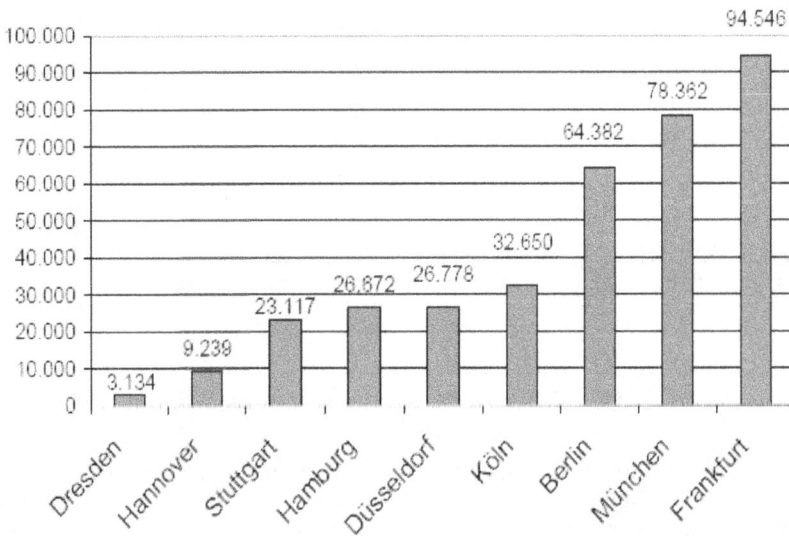

Abb. B.4-1 Übernachtungen chinesischer Gäste (inkl. Hong Kong) in den Magic Cities 2005 (Quelle: eigene Darstellung; STATISTISCHES BUNDESAMT 2006)

Betrachtet man die Entwicklung der Übernachtungen chinesischer Gäste in den Magic Cities seit 2000 (siehe Abb. B.4-2), so lässt sich ein Zuwachs von 75% bei den Übernachtungen feststellen. Der leichte Rückgang um ca. 9000 Übernachtungen (-3,8%) in 2003 ist vor allem durch den Ausbruch der Lungenkrankheit SARS im asiatischen Raum bedingt. Dafür wurde in 2004 ein überdurchschnittlicher Zuwachs um 38,2 % verzeichnet. Insgesamt ist China nach Japan der wichtigste Quellmarkt für Deutschlandreisen in Asien und gleichzeitig der Markt mit der größten Dynamik.

Als wesentliche Faktoren für die dynamische Entwicklung lassen sich die intensive Marktbearbeitung der Magic Cities und die Lockerung der Einreisebestimmungen für chinesische Touristen, insbesondere bei Gruppenreisen, durch das ADS-Abkommen (Approved Destination Status) zur Umsetzung des „Memorandums of Understanding über die Durchführung von Gruppenreisen chinesischer Staatsbürger nach Deutschland" aus dem Jahre 2002 anführen. Deutschland war das erste westeuropäische Land, dem dieser Status verliehen wurde.

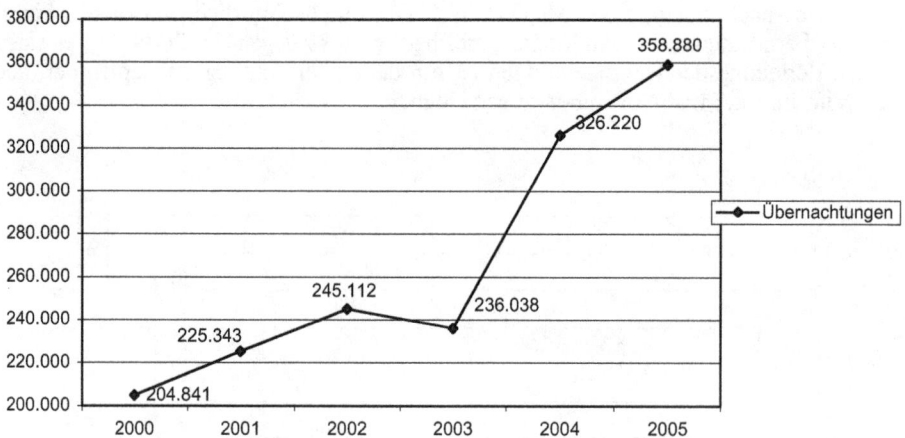

Abb. B.4-2 Entwicklung der Übernachtungen aus China (inkl. Hong Kong) in den Magic Cities 2000-2005 (Quelle: eigene Darstellung; STATISTISCHES BUNDESAMT 2001–2006)

Durch das Inkrafttreten eines weiteren ADS-Abkommens zwischen der Europäischen Union und China am 1. Mai 2004 wurde der Zuwachs an Reisen nach Deutschland weiter verstärkt, gleichzeitig ist der Wettbewerb um chinesische Touristen mit anderen europäischen Ländern seitdem verschärft worden. Diese Tatsache spielte eine maßgebliche Rolle bei der Neuausrichtung der Magic Cities auf dem Quellmarkt China ab 2004. Ziel der Magic Cities ist es, das Übernachtungsvolumen aus Asien innerhalb von drei Jahren um weitere 50 % zu steigern.

4.4 Das chinesische Marktpotenzial für die Magic Cities

Nach Angaben der DZT hatten Reisen von Chinesen nach Deutschland im Jahr 2004 eine durchschnittliche Gesamtreisedauer von 12 Nächten. Dies entspricht im Übrigen dem durchschnittlichen Urlaubsanspruch chinesischer Angestellter von 10-12 Tagen pro Jahr (GILBRICH 2003: 1). Da ADS-Reisen in der Regel Rundreisen durch mehrere europäische Länder – meist per Reisebus – sind, beträgt die Verweildauer in Deutschland in der Regel ein bis zwei Nächte (DZT 2006a: 17). Reine Deutschlandreisen sind die Ausnahme. Da chinesische Touristen naturgemäß in 98% der Fälle mit dem Flugzeug nach Europa reisen, profitieren vor allem die Städte Frankfurt und München von den direkten Flugverbindungen aus China, was sich in den Besucherzahlen deutlich widerspiegelt. Die verkehrstechnische Erreichbarkeit bzw. geographische Lage ist daher mit entscheidend für die Auswahl. So stehen München, aber auch Heidelberg und Freiburg nicht zuletzt wegen der stark auf Südeuropa ausgerichteten Programme chinesischer Reiseveranstalter an der Spitze der besuchten deutschen Städte. Ein weiteres interessantes Beispiel ist Dresden: Einerseits ist die Stadt verkehrsgünstig gut über die Autobahn zwischen München und Berlin angebunden. Andererseits scheidet die interessante Kombination mit Prag jedoch wegen der Visumsbeschränkung für die Chinesen bislang aus (GILBRICH 2003: 2).

Für die Magic Cities ergeben sich aus dem chinesischen Reiseverhalten weitere Vorteile: Aufgrund der Tatsache, dass chinesische Touristen bevorzugt fünf bis neun Städte bereisen, lassen sich die Magic Cities gut im Verbund bewerben. Bei der Konzeption der Imagebroschüre der Magic Cities wurden deshalb thematische Routenvorschläge (Magic Cities Routes) mit jeweils drei Städten und weiteren Optionen erarbeitet, z.B. eine „Magic Music Route". Neben Musikgeschichte und -kultur zählen Architektur, Museen, Weihnachten, berühmte deutsche Marken und deutsches Bier bzw. Getränke zu den Themen.

Diese Themen sind besonders gut geeignet, um die kulturelle Vielfalt der einzelnen Städte zu transportieren, und dienen letztendlich auch dazu, Deutschland bzw. die Magic Cities in China stärker als Kulturland und Destination für Urlaubsreisen bekannt zu machen. Die Betrachtung des Reisezwecks zeigt nämlich eine recht ungewöhnliche Verteilung:

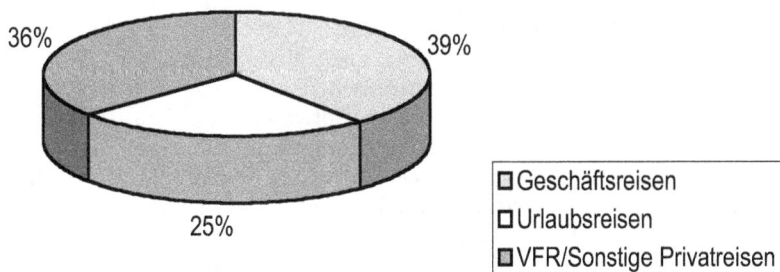

Abb. B.4-3 Reisezweck der Deutschlandreisen der Chinesen 2004
(Quelle: eigene Darstellung; DZT 2006a: 16)

So nimmt Deutschland im Geschäftsreisebereich mit 39% sowie bei VFR-[1] und sonstigen Privatreisen mit 36% „eine überdurchschnittliche Position im weltweiten Vergleich der chinesischen Auslandsreiseziele" ein, während es als reines Urlaubs- und Reiseland mit nur 25% Urlaubsreisen noch relativ unbekannt ist (DZT 2006a: 16ff.). Im Vorjahr 2003 betrug der Anteil der Urlaubsreisen sogar nur 16% (vgl. GROßMANN 2005: 20). Dabei wurde die Rundreise als häufigste Art der Urlaubsreise

---

[1] VFR = Visiting Friends & Relatives

genannt (vgl. DZT 2006a: 16). Den Hauptanteil der sonstigen Privatreisen machen Bildungsreisen, d.h. Studien- und Informationsreisen aus. Diese Verteilung reflektiert auch „die Notwendigkeit, spezielle Produkte für diese Gruppe zu entwickeln" (GROßMANN 2005: 20). Darüber hinaus ist anzunehmen, dass die Magic Cities, die allesamt Universitätsstädte sind, durch einen hohen Anteil chinesischer Studenten wesentlich zur Generierung von VFR-Reisen beitragen. Allein in Dresden studieren etwa 1.000 chinesische Studenten und Studentinnen – eine Zahl, die häufig unterschätzt wird (Vgl. GILBRICH 2003: 3).

Ebenfalls wesentlich für die Magic Cities ist der hohe Anteil an Geschäftsreisen. Deutschland ist nicht nur Chinas sechstgrößter Handelspartner, mit dem vielseitige Handelsbeziehungen existieren, die zu einem hohen Geschäftsreiseaufkommen führen, sondern verfügt in China auch über „über ein ausgezeichnetes Image als Messe- und Kongressdestination" (DZT 2006a: 18). Diese Ansicht stimmt mit dem dominierenden Deutschlandbild der Chinesen überein, wonach Deutschland als hoch entwickelte und zuverlässige Industrienation gilt, „deren hohe Reputation auf Grund der qualitativ hochwertigen Produkte besteht" (ebd.).

Daraus lässt sich ein erhebliches Potenzial für die Magic Cities ableiten, sowohl was die Platzierung von Angeboten im MICE-Markt als auch im Shopping-Bereich betrifft. So verfügen alle Mitgliedsstädte über eine gut entwickelte Kongressinfrastruktur und renommierte Wirtschaftsunternehmen vor Ort. Viele der Weltleitmessen werden hier bereits ausgerichtet – man denke nur an die Frankfurter Buchmesse, die ITB in Berlin, die Computerfachmesse CEBIT in Hannover oder die International Supercomputer Conference, die bislang in Heidelberg und 2006 erstmalig in Dresden stattfand. Die Vielfalt an Kultur und Sehenswürdigkeiten gilt als weiteres Plus, insbesondere bei der Gestaltung von Rahmenprogrammen, und trägt maßgeblich zur Positionierung der Städte unter dem Aspekt eines attraktiven Ambientes bei. Das Potenzial für Tagungen und Kongresse im internationalen Markt im Allgemeinen und im chinesischen Markt im Besonderen ist jedoch noch nicht ausgeschöpft: Während Frankfurt, Düsseldorf und München mit einem Anteil ausländischer Übernachtungen zwischen 40 und 50% sehr viel Internationalität aufweisen, bestehen vor allem für Dresden (15%), aber auch Hamburg (20%), Hannover (27%) und Stuttgart (28,5%) noch deutliche Steigerungsmöglichkeiten. Der MICE-Markt bildet dabei ein entscheidendes Handlungsfeld. Als wichtige Maßnahme zur Steigerung der Präsenz im chinesischen Markt haben die Messe Düsseldorf und die Messe München im November 2002 ein gemeinsames Büro in Shanghai eröffnet. Für Hamburg entscheidend ist sicher die seit gut 20 Jahren existierende Städtepartnerschaft mit Shanghai sowie die Kooperation der Häfen beider Städte (vgl. GILBRICH 2003: 2f.).

Im Bereich der Privat- und Gruppenreisen profitieren die Magic Cities vor allem vom guten Ruf deutscher Markenartikel in China. So genannte „brands" wie BOSS oder Zwilling bürgen für deutsche Qualität und besitzen einen hohen Stellenwert als Statussymbole. Überdies sind die Originale in Deutschland häufig billiger als in China. Durch die Möglichkeit der Mehrwertsteuerrückerstattung gewinnt das Einkaufen zusätzlich an Attraktivität. Laut Global Refund ist China inkl. Hong Kong mit 53,6 Mio. Euro Umsatz hinter Russland der umsatzstärkste Quellmarkt beim Tax-Free-Shopping in Deutschland – vor den USA, Japan und der Schweiz. Ein Chinese gibt im Schnitt 189 Euro pro Einkauf aus, ein Hong-Kong-Chinese sogar 600 Euro – von Bekleidung, Uhren, Schmuck und Lederwaren über Wein und Parfüm bis hin zu Elektronikartikeln. So verwundert es nicht, dass viele Gruppenreisen häufig durch Factory

Outlets querfinanziert werden. Ebenso wichtig sind Bekanntheitsgrad und Image deutscher Automobilmarken wie VW, Mercedes oder BMW. So lassen sich München und Stuttgart in China sehr gut als Fertigungsstätten bzw. -städte von BMW und Mercedes vermarkten, Hannover ist durch die Nähe zur VW-Autostadt Wolfsburg bekannt und auch Dresden verfügt seit 2001 mit der „Gläsernen Manufaktur" über eine Fertigungsstätte der Oberklassenlimousine Phaeton von Volkswagen, die überdies auch architektonisch interessant ist.

Generell lässt sich feststellen, dass Chinesen lieber zugunsten des Shoppings bei der Übernachtung sparen. Dies bedeutet für die Verhandlungen mit Reiseveranstaltern etc., dass der Preis ein wichtiges Kriterium bei der Hotelauswahl darstellt (vgl. ebd.). Hier lässt sich jedoch zum Vorteil der Magic Cities konstatieren, dass selbst Metropolen wie Berlin und München im Vergleich mit anderen europäischen Großstädten, z.B. London, Paris oder Rom, verhältnismäßig günstige Übernachtungspreise in den jeweiligen Unterkunftssegmenten bieten. So übernachteten Chinesen auf Deutschlandreisen vorrangig in Hotels, vor allem First Class, aber auch Mittelklasse, während es im ADS-Bereich vor allem 3-4 Sterne sind (DZT 2006a: 17). Dies ist einerseits auf den hohen Geschäftsreiseanteil, andererseits auch auf das gehobene Einkommens- und Bildungsniveau des klassischen chinesischen Deutschlandbesuchers zurückzuführen.

Diese Überlegungen vorangestellt, soll im Folgenden am Beispiel des Jahres 2006 die gezielte Marketing- und Vertriebsstrategie der Magic Cities mit den einzelnen Maßnahmen der Presse- und Öffentlichkeitsarbeit und Verkaufsförderung dargestellt werden.

4.5 Die Marketing- und Vertriebsstrategie der Magic Cities

Wie bereits eingangs erwähnt, verfügt der Marketingverbund der neun Städte seit März 2004 über eine Repräsentanz in Peking. Mit Zhaohui Li als Sales-Repräsentantin haben die Magic Cities damit eine eigene Ansprechpartnerin für Reiseveranstalter, Journalisten und die Mitgliedsstädte selbst zur Vorbereitung von Marketing-Aktionen im chinesischen Markt. Dieser direkte Kontakt und der gebündelte Marktauftritt gegenüber dem Trade ist nachfrageorientierter, schafft Produktinnovationen sowie langfristige B2B-Bindungen. Aufgrund der Unübersichtlichkeit des Marktes ist ein chinesischer Vertreter vor Ort nahezu unverzichtbar. Mit einer langjährigen Berufserfahrung für die führenden chinesischen Reiseveranstalter China Travel Service (CTS) und China Youth Travel Service (CYTS), bei denen sie unter anderem für den deutschsprachigen Markt und den MICE-Markt verantwortlich war, sowie einem Abschluss in Germanistik und einem MBA-Studium in Großbritannien erfüllt Frau Li die hohen Anforderungen an diese markt- und kulturübergreifende Position.

In Bezug auf den Zugang zum chinesischen Markt soll an dieser Stelle ergänzt werden, dass aufgrund der besonderen Bedeutung der China National Tourism Administration (CNTA) und der Lizenzregelung für Reiseveranstalter dieser von den vier großen Reiseveranstaltern CTS, China International Travel Service (CITS), CYTS und China Air Service (CAS) geprägt ist (GROßMANN 2005: 15). Nach Angaben der DZT gibt es für den Bereich der ADS-Reisen derzeit 672 lizenzierte Veranstalter (DZT

2006a: 18), wobei sich ausländische Unternehmen nur im Rahmen von Joint Ventures mit chinesischer Mehrheitsbeteiligung im chinesischen Markt betätigen können. In Hong Kong, das von dieser Regelung ausgenommen ist, sind jedoch auch ausländische Unternehmen wie GTA, Kuoni, Miki und Trafalgar aktiv (GROßMANN 2005: 15). Für den Gruppenreisebereich und den Zielmarkt Deutschland sind neben CTS vor allem Caissa, FTS und Gebeco als wichtigste Multiplikatoren und Vorreiter im Markt relevant (GILBRICH 2003: 2). Caissa mit Sitz in Hamburg führte im Februar 2003 die erste ADS-Reise durch, die 90 Chinesen, darunter 10 Journalisten, per Reisebus von Frankfurt über München Dresden, Berlin, Hamburg und Köln zurück nach Frankfurt führte (vgl. ebd.). Ziel der Magic Cities muss es sein, in den Touren dieser Reiseveranstalter dauerhaft und prominent gelistet zu sein. Im Bereich der Einzelreisenden gewinnen Internetbuchungen über Travelwebsites oder Hotelreservierungssysteme zunehmend an Bedeutung.

Auf Basis der Marktsituation und des analysierten Angebotsspektrums wurden für das Jahr 2006 folgende übergeordnete **Ziele** gesetzt (vgl. LI 2006: 1):

- Weitere Profilierung der neun Städte als attraktive Reisedestinationen, insbesondere anlässlich der FIFA Weltmeisterschaft in Deutschland 2006

- Stärkung und Flexibilisierung der Vertriebs- und Informationswege für den Trade über:

  - ein regelmäßiges Informationssystem

  - Schulung der Reiseveranstalter

  - gemeinsame Werbeaktion mit dem Trade in den chinesischen Medien

- Gezielte Bearbeitung wichtiger bestehender Märkte (Massenprodukte, Gruppenreisen) sowie attraktiver Zukunftsmärkte wie MICE und Einzelreisende

- Vertrieb: Förderung des Produktverkaufs über die Reiseveranstalter und Produktentwicklung zur Gestaltung zielgruppenaffiner Angebote

- Schwerpunktmäßige Bearbeitung der lokalen Märkte Peking, Shanghai, Guangzhou (Kanton) und Hong Kong sowie Ausbau der Aktivitäten in Shenzhen (nahe Guangzhou) und Chengdu

Die aufgelisteten Punkte bedürfen zweier wesentlicher Erläuterungen:

Erstens bot sich durch die Ausrichtung der Fußballweltmeisterschaft 2006 selbstverständlich eine einzigartige Chance der Steigerung des Bekanntheitsgrades und der nachhaltigen Imagebildung für die Magic Cities unter dem übergreifenden Motto „Die Welt zu Gast bei Freunden". Bis auf Düsseldorf und Dresden zählten alle Mitgliedsstädte zu den Austragungsorten, doch auch diese beiden Städte wurden in chinesische Journalistenreisen anlässlich der Fußball-WM integriert. So profitierte Düsseldorf von der unmittelbaren Nähe zu Köln, während Dresden durch kulturelle Höhepunkte wie die seit 2005 wiedereröffnete Frauenkirche und das 800-jährige Stadtjubiläum einen interessanten Kontrastpunkt als Kunst- und Kulturmetropole setzen konnte. In Zusammenarbeit mit dem chinesischen Fernsehsender CCTV5 entstand beispielsweise ein 14-stündiges Programm „German Action" zur FIFA 2006, in dem alle Mitgliedsstädte präsentiert wurden. Das Programm wurde 14 Tage im Vorfeld der WM in ganz China vor ca. 100 Millionen Zuschauern ausgestrahlt. Die statistische Auswertung der Gästezahlen für Juni und Juli 2006 lag zum Zeitpunkt der Erstellung dieses

Beitrages noch nicht vor, weswegen eine endgültige Bewertung der Auswirkungen der WM an dieser Stelle nicht möglich ist.

Zweitens ist bei den definierten lokalen chinesischen Zielmärkten Peking, Shanghai, Guangzhou und Hong Kong darauf hinzuweisen, dass es sich hier um die vier wichtigsten Outbound-Gateways Chinas handelt. Im Einzugsgebiet dieser Quellstädte leben insgesamt 591 Millionen Menschen, von denen derzeit lediglich 2 % ins Ausland reisen, was eine Kapazität von 11,82 Mio. inländischen Passagieren für die vier ansässigen Flughäfen bedeutet (GROßMANN 2005: 12; siehe auch IPK World Travel Monitor 2003). Die vier Städte unterscheiden sich sowohl in Bezug auf die Angebots- und Anbieterstruktur als auch in Bezug auf die Abwicklung der Visumsanträge vor Ort, welche nach wie vor ein kritischer Faktor für die Entwicklung der chinesischen Outbound-Reisen nach Europa bleibt. Hong Kong ist von der Visumsproblematik aufgrund eigener Regelungen für die ehemalige britische Kolonie nicht betroffen und nimmt von daher eine Ausnahmestellung ein. Darüber hinaus sind die Bewohner Hong Kongs und Guangzhous tendenziell wohlhabender als in anderen Gebieten Chinas, und der Anteil jüngerer Auslandsreisender (26–35 Jahre) ist höher als in Peking und Shanghai.

Die **Presse- und Öffentlichkeitsarbeit** der Magic Cities im chinesischen Markt spielt als Kommunikationsinstrument zur Umsetzung der Marketingstrategie in den Bereichen Imagebildung, Unternehmenskommunikation und Produkt-PR eine entscheidende Rolle. Die PR-Arbeit basiert auf der laufenden Information der Medien über die neun Städte, auf einer intensiven Kontaktpflege zu den Redaktionen und umfangreichem Service für Journalisten. Dies beinhaltet folgende Einzelmaßnahmen:

- Basisinformationen für die Medien: Thementexte, Bildmaterial/Fotoarchiv

- Monatlicher Versand von Pressemitteilungen (an jeweils 220 Adressen)

- Hintergrundgespräche mit den wichtigsten Multiplikatoren im Medienbereich: 3-4mal monatlich in Beijing mit jeweils etwa 1-3 Journalisten; einmal in Shanghai und dreimal in Guangzhou mit insgesamt 10 Journalisten

- Koordinieren von Pressereisen nach Deutschland, unter anderem in Zusammenarbeit mit diversen chinesischen Print- und TV-Medien und Air China

- Verstärkte Zusammenarbeit mit deutschen Unternehmen in China, insbesondere Automobilunternehmen, zum Vertrieb der Magic Cities über deren Verkaufskanäle an Endkunden

- Versand von Presseclippings (Print und Internet) an die Partner als Instrument der Erfolgskontrolle

Die Maßnahmen der **Verkaufsförderung** konzentrieren sich auf die Beteiligung an den wichtigsten nationalen und internationalen Tourismusmessen für den chinesischen Markt, sowohl im Gruppen- und Einzelreisenbereich als auch im MICE-Geschäft, sowie die Gestaltung der Beziehungen zu den Reiseveranstaltern zwecks Produktschulung und Entwicklung zielgruppenspezifischer Angebote. Dies beinhaltet im Einzelnen:

- Akquisitionsreisen der Sales-Repräsentantin

- Sales Calls (ca. 5 pro Monat) als wichtiges Kommunikationsinstrument für die aktuelle Marktinformation zu Produkten, Visaproblemen, Preisen, Kundeninteresse und -nachfrage sowie die Marktentwicklung insgesamt. Dies geschieht in der Regel persönlich vor Ort, ansonsten per intensivem Austausch über Telefon und Email

- Messen: 1. GITF Guangzhou
             2. ITB Berlin
             3. GTM Düsseldorf
             4. IMEX Frankfurt
             5. ITE Hong Kong
             6. BITE Peking
             7. CITM Shanghai

- Verhandlungen mit Fluglinien (Air China) bzgl. eines möglichen Direktflugs Berlin – Peking

- Beteiligung an einer DZT Roadshow in Hong Kong, Guangzhou, Peking und Shanghai

- Werbung/Anzeigenschaltung, u.a. in den Produktbroschüren der Reiseveranstalter CAISSA und UTS

- Produktvermarktung
  - Einbindung in Europaprogramme der Reiseveranstalter (z.B. BRD, Österreich, Schweiz)
  - über das Thema FIFA 2006 in Deutschland on- und offline

- Vorbereitung von Präsentationen der Mitgliedsstädte in China

4.6   Fazit

Abschließend lässt sich zusammenfassen, dass der hohe Geschäftsreiseanteil bei den chinesischen Deutschlandreisen, das positive Image und die steigende Nachfrage nach dem deutschen Messe- und Kongressbereich sowie die Bekanntheit deutscher Markenartikel in China wesentliche Faktoren sind, von denen die Magic Cities profitieren. Aus dem Marketingverbund der neun großen deutschen Städte ergeben sich Synergien bei der Platzierung von Angeboten für Rundreisen. Hier ist neben der bestehenden nationalen Vernetzung auch eine internationale Vernetzung mit anderen europäischen Städten bzw. die Integration in die Europaprogramme der Reiseveranstalter wichtig, da ADS-Reisen in der Regel durch mehrere europäische Länder führen. Ebenso entscheidend ist die verkehrstechnische Anbindung – hier profitieren vor allem Städte mit direkten Flugverbindungen aus China. Im Falle einer Lockerung der Visumsbestimmungen für die osteuropäischen Staaten könnten die Magic Cities aufgrund der zentraleuropäischen Lage auch als Zugangsportal für Osteuropa fungieren. Weiteres Potenzial besteht im Kunst- und Kulturbereich, der bislang aufgrund der Schwerpunkte Shopping, Business, Landschaft und Unterhaltung eine verhältnismäßig untergeordnete Rolle spielt. Dies ist vor allem für die Reisen zweiter Generation von Bedeutung. Mittelfristig wird ein beschränkter Zuwachs der chinesischen Ankünfte und Übernachtungen für alle Mitgliedsstädte prognostiziert.

Insgesamt besteht aus Sicht der Magic Cities erheblicher Forschungsbedarf in Bezug auf das Zustandekommen chinesischer Reiseentscheidungen. Dazu liegen bislang kaum Daten vor. So wird zwar die Kundenansprache über die Angebote der Reiseveranstalter und über die Medien durch die Maßnahmen der Presse- und Öffentlichkeitsarbeit der Magic Cities forciert und dadurch das Interesse an den Städten geweckt, zu den konkreten Auswirkungen ist jedoch wenig bekannt. Es ist anzunehmen, dass die Bedeutung des Internets als Buchungs- und Informationsplattform für Chinesen im Individualbereich deutlich steigen wird, weshalb die regelmäßige Bereitstellung und Erneuerung von Informationen über die Mitgliedsstädte in chinesischer Sprache von Vorteil ist.

5 Die deutschen Inbound-Veranstalter und ihre Einschätzung der Marktentwicklung

Alexander Schuler M. A., Dresden

5.1 Einleitung

Seit der Unterzeichnung des Approved-Destination-Status[1] (ADS) zwischen der deutschen und chinesischen Regierung 2003 verzeichnet Deutschland bei den Ankünften und Übernachtungen chinesischer Reisender zweistellige Zuwachsraten. Zahlreiche Akteure versuchen sich seit dem auf dem Markt des chinesischen Inbound-Tourismus zu positionieren, aber nur wenigen gelingt dies aufgrund des kulturell von Deutschland sehr unterschiedlichen Marktes erfolgreich.

Sowohl fundierte Sprach- und Marktkenntnisse als auch gute Geschäftsbeziehungen zum Quellmarkt sind dabei von Vorteil. Erfolgreiche Agenturen sind aufgrund ihrer Erfahrungswerte mit dem chinesischen Reisenden deshalb geeignete Ansprechpartner für eine Einschätzung der Marktentwicklung. Nach drei Jahren ADS-Abkommen erscheint es deshalb angemessen, ausgewählte Inbound-Agenturen nach den ersten Erfahrungen ihrer Kunden und ihrer Einschätzung der Marktlage und Entwicklung zu befragen.

Grundlage für eine im Frühjahr 2005 stattgefundene Untersuchung bildete eine Expertenbefragung von 21 in Deutschland operierender Inbound-Agenturen. Befragt wurden dabei ausschließlich leitende Mitarbeiter oder Geschäftsführer.

5.2 Methodik und Inhalt der Leitfadengespräche

Eine qualitative Befragung sollte einen Überblick geben über die Erfahrungen und Erwartungen von chinesischen Staatsbürgern bei einer Reise nach Deutschland bzw. Europa und ferner mögliche Entwicklungstendenzen des Marktes identifizieren.

Grundlage bildet eine Liste von Reisebüros und Reiseveranstaltern mit Interesse an der Durchführung von Gruppenreisen chinesischer Staatsbürger nach Deutschland, die vom Deutschen Industrie und Handelskammertag (DIHK) herausgegeben wurde (vgl. DIHK 2004). Von diesen 809 Kontaktadressen wurden 103 als wahrscheinliche

---

[1] Chinesischen Touristen ist es offiziell nur erlaubt in solche Länder zu reisen, welche mit der VR China ein „Approved Destination Status (ADS) Agreement" (Genehmigter Zielstatus) unterzeichnet haben.

Inbound-Spezialisten identifiziert. Ausgeschlossen wurden Beherbergungsbetriebe, Handelsunternehmen, Omnibusunternehmen, Destinations- Marketingorganisationen und Reisebüros. Nach telefonischen Rückfragen bearbeiten aber nur ca. 50 Unternehmen aktiv den Markt.

Der Fragebogen wurde strukturiert, um spezifische Informationen der Inbound-Reiseveranstalter zu erhalten. Zielsetzung dieser Untersuchung waren folgende Schwerpunkte:

- Generelle Kritikpunkte chinesischer Touristen in Deutschland
- Kulturen in Kontakt: Risiko für Probleme und Missverständnisse
- Motive für und Erwartungen an eine Reise nach Deutschland
- Entwicklung der Marktsegmente
- Zukünftige Themenorientierung der Reiseveranstalter
- Die Reise erfahrenen Wiederkehrer
- Chancen für eine individuelle Reiseplanung

5.3 Ergebnisse der Befragung

5.3.1 Generelle Kritikpunkte chinesischer Touristen in Deutschland

In den Leitfadeninterviews wurden die Experten zunächst danach gefragt, was chinesische Touristen generell an Deutschland kritisieren. Bei den Nennungen wurde überwiegend die schlechte Hotelausstattung aber auch das „schlechte" Essen in Deutschland kritisiert. Eine fehlende Dienstleistungsmentalität, teure Preise und auch die nicht bestätigte Erwartung eines „modernen" Deutschlands waren weitere häufige Nennungen.

Darüber hinausgehend wurde erläuternd angemerkt, dass die Kritik hinsichtlich der „schlechten Hotelausstattung" auf den Ansprüchen und Erfahrungen mit chinesischen Hotels basiert. Die Unterschiede in der Klassifizierung[2] der Hotels führen nach Angaben der Veranstalter dazu, dass Chinesen grundsätzlich enttäuscht sind, weil sich die Hotelkategorie oftmals nicht mit dem vorgefundenen Angebot deckt. Als sich modernisierende Gesellschaft ist für Chinesen eine Deutschlandreise gleichbedeutend mit einer Reise in ein Vorzeigeland der Moderne. Bei der Ausstattung der Hotels werden deshalb technisch moderne Einrichtungen erwartet (gläserne Fahrstühle, große Empfangshallen, vor allem auch die Größe des Zimmers und der Hotelbetten sind entscheidend etc.) sowie ein besonderer Service. In diesem Zusammenhang wurde auch die fehlende Servicebereitschaft in den Beherbergungsbetrieben kritisiert.

---

[2]   Die Hotelklassifizierungen von Hotels in China und Deutschland werden national geregelt. In der BRD zulande werden die Kriterien vom Deutschen Hotel- und Gaststättenverband (DEHOGA) festgelegt. Grundlage bildet ein Kriterienkatalog des DEHOGA. In China wurde erstmals 1988 eine Klassifizierung auf Basis von Sterne-Kategorien eingeführt. Die Standards unterscheiden sich jedoch in Umfang und Qualität, sind in China umfangreicher und würden im internationalen Vergleich zu unterschiedlichen Eingruppierungen der Betriebe führen.

Exemplarisch ist an dieser Stelle die fehlende Besetzung des Empfangs nach 20:00/22:00 Uhr zu nennen. Im Vergleich werden jedoch deutsche Hotels sehr viel besser beurteilt als z.B. italienische, spanische oder französische. Erläuternd wurde jedoch angemerkt, dass in China andere Ansprüche an Service und Dienstleistung bestehen und durch die geringen Lohnkosten natürlich auch mehr Personal zur Verfügung gestellt werden kann.

Hinsichtlich der unzureichenden Dienstleistung ist weiterhin die mehrfache Nennung von Kritik an zu frühen Ladenschlusszeiten, sowohl in der Woche als auch die durch gesetzliche Regelungen bedingte gänzlich fehlende Möglichkeit des Einkaufens an Sonntagen, zu betonen.

5.3.2 Kulturen in Kontakt: Risiko für Probleme und Missverständnisse

Einmal angenommen, dass die hohe Anzahl japanischer Touristen (2004: 715 Tsd. Ankünfte; vgl. STATISTISCHES BUNDESAMT 2004), die jedes Jahr Deutschland besuchen, durch ihre historisch gewachsene Nähe zum Westen sehr viel stärker mit der europäischen Kultur vertraut sind, als die Chinesen, so repräsentieren diese erstmals eine zahlenmäßig große Gruppe von Inbound-Touristen eines kulturell sehr fremden Kulturkreises. Bisher waren es meist die Deutschen als weltweit reisefreudigste Outbound-Nation, die fremde Kulturen für sich zu entdecken suchten. Nun scheinen die Deutschen zu den Bereisten zu werden. Die Möglichkeit für die Chinesen, das Fremde aus erster Hand zu erfahren „bietet ein ideales Terrain für interkulturelle Kommunikationsforschung, in der die Massenmedien eine wichtige Rolle in der Produktion von Erwartungshaltungen, von Leitbildern oder von Erwartungshaltungen und Klischees spielen" (HERDIL/LUGER 2001: 1). Im kulturellen Kontakt zwischen Deutschen und Chinesen bestehen bisher nur eingeschränkt Berührungspunkte zwischen den Kulturen, die eine limitierte Forschung zulassen. Die Organisationsstruktur der mehrheitlich durch Stadt- oder Rundreisen geprägten Gruppen, die auch durch ihre fehlenden sprachlichen Möglichkeiten in der Kommunikation von ihrem Reiseleiter[3] abhängig sind, lässt nur wenige Situationen entstehen, in denen es zu kulturellen Problemen oder Missverständnissen kommen kann. Diese sind:

- Im Hotel: Lobby, Speisesaal

- Besuch von Sehenswürdigkeiten: Museen, Kirchen, etc.

- Beim Einkaufen

Chinesische Reisegruppen essen in der Regel fast ausschließlich in chinesischen Restaurants, die auf chinesische Bedürfnisse spezialisiert sind.

Einen ersten Ansatz sollte deshalb die Fragestellung bieten, inwieweit der Inbound- Tourismus der Chinesen bisher zu Problemen oder Missverständnissen interpersoneller Kommunikation bei den verbleibenden Kontaktmöglichkeiten geführt hat oder in Zukunft führen könnte (vgl. Abb. B.5-1).

---

[3]   Die Rolle eines Reiseleiters ist oftmals die eines Vermittlers zwischen den Kulturen. Aufgabe: Ausgleich oder Aufklärung von Missverständnissen (vgl. WU 2004; ARLT 2005)

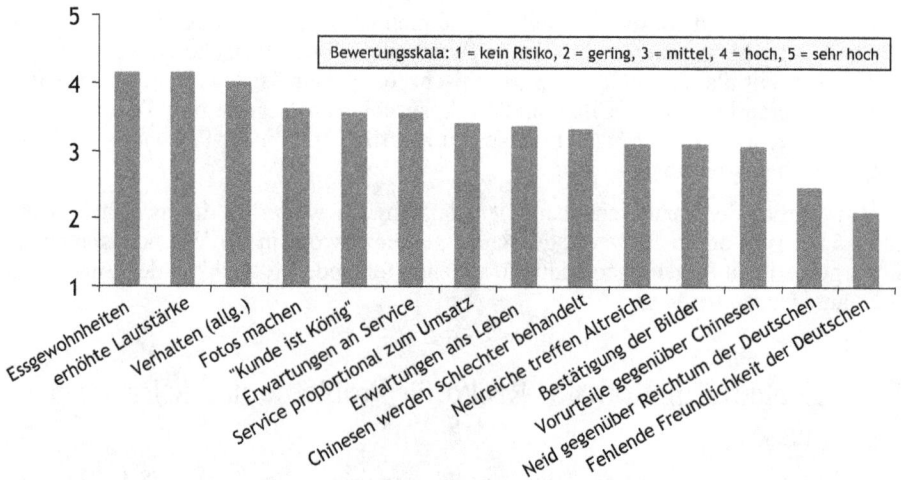

Abb. B.5-1   Bewertung des Risikos für Probleme und Missverständnisse

Kulturelle Unterschiede, die bei den deutschen Gastgebern zu Irritation und Missverständnissen führen können, bestehen zumeist hinsichtlich des Verhaltens der Chinesen und hier insbesondere hinsichtlich der Lautstärke bei Gesprächen, der Essgewohnheiten und des Stellenwertes einer Reise. Während deutsche Touristen nach China reisen, um Land und Leute sowie die Kultur kennen zu lernen und dabei auch jedes „Risiko" der einheimischen Esskultur bereitwillig eingehen, gestaltet sich das Reiseverhalten der Chinesen im Vergleich dazu sehr verschieden. Für Chinesen bedeutet eine Reise zunächst Reichtum, Prestige und Ansehen. Sie symbolisiert das bisher Erreichte. Während Europäer lieber individuell verreisen, bevorzugen die Chinesen die Geborgenheit einer Gruppenreise und das Gruppengefühl. Dabei steht ein grober Überblick über Europa als „Ganzes" im Vordergrund und weniger ein detailliertes und authentisches Erfahren der fremden Kultur. Dies zeigt sich nicht zuletzt an den besonderen Essenswünschen und Essgewohnheiten. Ein einheimisches Lokal wird nur dann aufgesucht, wenn es ein besonderes Highlight als „kulinarische Sehenswürdigkeit" (wie z.B. Münchener Hofbräuhaus) darstellt. Ansonsten bevorzugen chinesische Reisegruppen die schnelle Versorgung in chinesischen Restaurants, die sehr gut auf die Bedürfnisse ihrer Landsleute vorbereitet sind. Lautes Gestikulieren und „Umherwandern" während des Wartens auf die Mahlzeit verstören zumeist deutsche Restaurantbesucher, die die individuelle Privatsphäre eines romantischen Restaurantbesuches bevorzugen.

Die Struktur und Organisation chinesischer Gruppenreisen ermöglichte es bisher selten, längere Zeit an einem Ort zu verbleiben. Aus diesem Grund entsteht der Eindruck einer gehetzten Kultur, die „schnell ein paar Fotos macht und dann weiter muss". Tatsächlich erscheinen chinesischen Reisenden die vermittelten Informationen über Geschichte und Kultur der Gastgeberländer als ausreichend. Darüber hinausgehende Fragen werden, wenn überhaupt, von gebildeten oder gut informierten Bevölkerungsteilen, vor allem jungen Menschen, gestellt. Dabei erfolgt jedoch kein emotionales Erfahren der Sehenswürdigkeit. Aufgrund des zeitlich sehr engen Programms erfolgt der schönste Moment der Reise deshalb zumeist nicht während der Tour, sondern nach dieser, wenn die Reisenden im Anschluss zu Hause die Fotos oder Videos Freunden und Verwandten präsentieren. Dies führt nach Angaben der Experten auf Seiten der Deutschen zu Irritation und könnte mit einem mangelnden Interesse der Chinesen an der bereisten Kultur gedeutet werden. Dass diese Vorurteile keine Bestätigung finden, zeigten die Antworten hinsichtlich der Erwartungen an eine Reise (vgl. Kap. 5.3.3).

In den vergangenen Jahren haben viele Chinesen sehr schnell einen gewissen Reichtum erlangt. Um diesen ausleben und demonstrieren zu können, bietet sich eine Europareise an. Nun treffen „neureiche" Chinesen auf einer Reise auf die „altreichen" Europäer, was die Annahme zulässt, dass dies zu Problemen und Missverständnissen führen kann. Dieser Vermutung zu Grunde gelegt wird wiederum die Annahme, dass bestehende Werthaltungen in China und auch die mangelnde Erfahrung mit dem Umgang des Geldes, ursächlich in der Geschwindigkeit des Modernisierungsprozesses zu suchen sind (vgl. SCHULER 2005).

Wie in Kapitel A.1 dargestellt, vollzieht sich der Modernisierungsprozess in einer beachtlichen Geschwindigkeit (vgl. ferner SCHULER 2005). Im Zuge dieser Entwicklung haben einige Bevölkerungsteile in sehr kurzer Zeit einen gewissen Wohlstand erlangt. Eine Europareise ist für viele deshalb ein Novum aber auch ein Ziel für das sie lange sparen mussten. Verständlich ist deshalb, wenn sie nun die Ersparnisse auch gerne während ihrer wohl verdienten Reise ausgeben möchten.

In Deutschland als Vergleich vollzieht sich bereits seit längerem ein Prozess, in dem postmaterialistische Werte die materialistischen ablösen (vgl. INGLEHART in THIEM 2000: 266ff.; GRÜMER 1993: 226). In China hingegen ist der in der Entwicklung sehr junge (neue) Reichtumserwerb[4] als Werteinstellung zur obersten Maxime geworden, dessen Implementierung in der Gesellschaft erwartet wird. Aus diesem Grund ist der chinesische Reisende überrascht, wenn er beim Servicepersonal in der Destination keinen Neid ob seines Reichtums auslöst. Reichtumserwerb und Reichtum bedeuten auch, diesen während einer Reise ausleben zu können, wobei der Umgang der Chinesen mit dem Reichtum zu Missverständnissen auf Seiten der Deutschen führen kann. „Oftmals können chinesische Reisende die Preise nicht einschätzen und kaufen blind" (Zitat eines befragten Experten). Entsprechend wird bei dem sehr beliebten touristischen Highlight des Einkaufens eine proportional zur umgesetzten Summe steigende Servicebereitschaft des Servicepersonals erwartet. Irritation stellt sich dann ein, wenn alle Kunden eine gleiche Behandlung erfahren. Bedenken gegenüber einer bevorzugten Behandlung deutscher Kunden müssen deshalb durch die Arbeit der Reiseleiter oftmals ausgeräumt werden.

5.3.3 Motive für und Erwartungen an eine Reise nach Deutschland

Wie aus der Auswertung der Antworten hervorgeht (vgl. Abb. B.5-2), sind die Motive Erholung und Regeneration eher zweitrangige Motive für eine Europareise. Auch konnten Erwartungen an Spaß und Unterhaltung, unter anderem an das Nachtleben, nicht erfüllt werden. Chinesische Touristen wollen grundsätzlich die europäische Kultur kennen lernen, sind jedoch weniger an der kulinarischen Vielfalt oder an einem

---

4   Vgl. bzgl. der neuen Werteinstellung des Reichtumserwerbs XU 1997: 58ff. und vgl. SEITZ 2003: 447, GRANSOW/LI 1995: 15f bzgl. eines „moralischem Vakuums" in China.

wirklichen Kulturkontakt interessiert. Letzterer scheitert zumeist an den Sprachbarrieren und den fehlenden Gelegenheiten. Vielmehr erscheint eine Reise nach Europa als wichtiges Statussymbol und Möglichkeit, seinen Horizont zu erweitern.

Während die hohen Erwartungen der chinesischen Reisenden an den vorzufindenden Lebensstil und die kulturellen und geschichtlichen Highlights durch die Reise bestätigt wurden, konnten auf der anderen Seite die Erwartungen an die Fortschrittlichkeit der Städte, an einen sehr hohen technologischen Standard und allgemein an Deutschland als Land der Moderne jedoch nicht erfüllt werden. Der Vergleich zwischen dem Heimatland und der westlichen Reisedestination erscheint deshalb für viele Reisende als ein wichtiges Kriterium für eine Reise. Die Chinesen möchten erfahren, wie weit sie in ihren Modernisierungsbestrebungen schon vorangekommen sind. Als modern und fortschrittlich werden dabei oftmals Städte mit einer großen Anzahl an prestigeträchtigen Hochhausbauten eingeschätzt. Die Reise wird somit zu einem internationalen Vergleich mit der Bewertung, wer in der Welt einen Benchmark an Modernität setzt. Modernität scheint für die Chinesen auf den ersten Blick gleichzusetzen mit prestigeträchtigen Bauten und moderner Technik.

Obwohl die Erwartungen an Deutschland als Land der Moderne nicht erfüllt werden konnten, es aber dennoch einen wichtigen Stellenwert als Vorbild innehat, liegt weniger an den „äußeren" als vielmehr an der „inneren" strukturellen Modernität. Als vielfach positiv werden von den Touristen die gesetzlichen Regelungen bzgl. des Sozialversicherungssystems, der EU-Erweiterung und des Umweltschutzes hervorgehoben. Um diesem wachsenden Interesse der Reisenden und eventuellen Fragen zu begegnen, werden deshalb Reiseleiter auf Schulungen entsprechend vorbereitet (vgl. WU 2004).

Die Möglichkeit, den erarbeiteten Wohlstand auf einer Reise in Form von Einkaufstouren auch genießen und ausleben zu können, ist ein wichtiger Anreiz für Chinesen, eine Reise nach Deutschland und Europa zu unternehmen. Viele der angestrebten Waren sind mittlerweile auch in Asien und China erhältlich, jedoch verlangt die Kultur das Mitbringen von Andenken und Geschenken aus dem Reisegebiet. Für Global Refund, das Unternehmen, welches für die Rückerstattung der Mehrwertsteuer an Nicht-EU-Kunden zuständig ist, stellen die chinesischen Reisenden, nach den Besuchern aus Russland, die zweitwichtigste Gruppe dar. Von ihnen werden vor allem hochqualitative Markenartikel nachgefragt, die mit 15% Anteil vor allem Schmuck und Uhren ausmachen (vgl. GLOBAL REFUND 2004 in: ARLT 2005: 7).

Die Natur in Deutschland erfreut sich bei den chinesischen Reisenden großer Beliebtheit. Das „viele Grün" und die Ruhe und Stille stehen im klaren Gegensatz zu der Hektik in den Metropolen Chinas. Solche Charakteristika werden z.B. in Shanghai mittlerweile vermisst. Mit 29.000 Einwohnern pro Quadratkilometer (vgl. Hamburg ca. 2.250) ist die Stadt, aus der neben der Provinz Guangdong die meisten Outbound-Touristen stammen (vgl. WTO 2003), zu einem Ort der Rastlosigkeit geworden, an dem Regeneration nur schwer möglich erscheint (vgl. SUSSEBACH 2004: 45). Die Natur bietet deshalb für die Zukunft ein vielfältiges Potenzial für touristische Angebote.

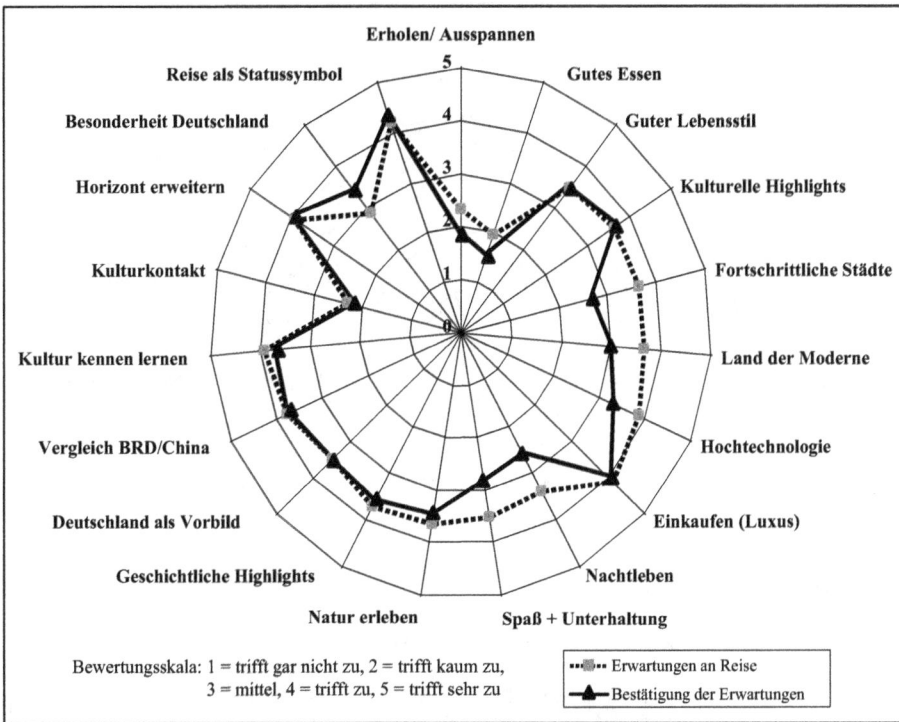

Abb. B.5-2 Motive für und Erwartungen an eine Reise nach Deutschland

Grundsätzlich sind Gruppenreisen für Chinesen bisher so organisiert, dass mehre-re Länder auf einer Tour „abgearbeitet" werden. Häufig können chinesische Reisende vor ihrem Urlaub in Europa zwischen den Ländern nicht differenzieren. Vor diesem Hintergrund verwundert es nicht, dass die Besonderheit Deutschlands ein eher unbe-deutendes Reisemotiv darstellt. Umso erfreulicher ist das Ergebnis, dass Reisende nach ihrer Rundreise sehr wohl Deutschland von den Nachbarländern unterscheiden können.

5.3.4 Entwicklung der Marktsegmente

Die bereits bekannten Erkenntnisse bezüglich des hohen Stellenwertes der Städte- und Rundreise konnten durch die empirischen Ergebnisse dieser Untersuchung bestätigt werden. Vor dem Hintergrund des gesellschaftlichen Wandels in China und den aus eigener Erfahrung der Experten hervorgehenden Einschätzungen der sich verändernden Bedürfnisse und Ansprüche der Reisenden, ist jedoch interessant zu erfahren, wie sich der Markt in der Zukunft entwickeln könnte. Hinsichtlich dieser Fragestellung konnten die Antworten der Experten interessante Aspekte liefern (vgl. Abb. B.5-3).

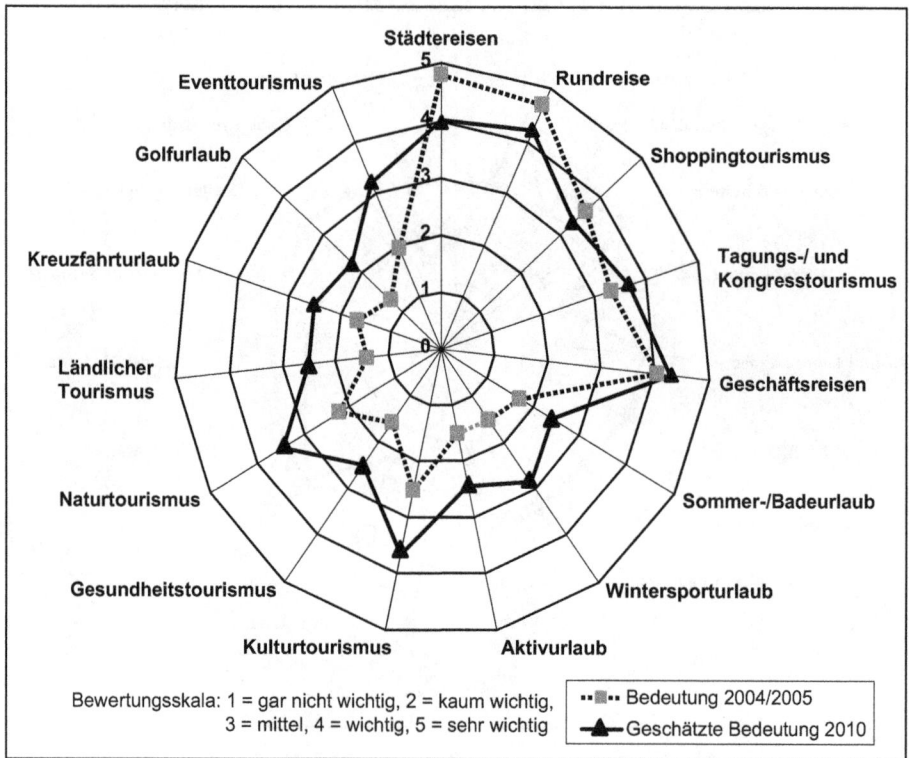

Abb. B.5-3   Bedeutung der Marktsegmente heute und in der Zukunft

Die Auswertung der Ergebnisse im Hinblick auf die Marktsegmente erbrachte eine klare Zweiteilung: Während die Bedeutung von Städte-, Rund- und Shoppingreisen sowie Geschäfts- und Tagungstourismus als sehr hoch eingeschätzt werden kann, wird die bisherige Bedeutung der übrigen Marktsegmente für den chinesischen Outbound-Tourismus als sehr gering bewertet.

Es wird angenommen, dass sich der Stellenwert der Business-Reisen in den nächsten Jahren sogar noch erhöhen wird, während für die bisher vorherrschenden Reiseformen in der Zukunft eine leichte Abnahme an Bedeutung erwartet wird. Nichtsdestotrotz wird aufgrund der hohen Bevölkerungszahl des Quellmarktes und des daraus resultierenden Potenzials die Städte- und Rundreise auch in fünf Jahren das wichtigste Segment bleiben.

Bei den bisher vernachlässigten Marktsegmenten könnten sich die Experten in der Zukunft eine Bedeutungszunahme vorstellen. Besonders hervorzuheben sind dabei die Bereiche des Event-, Natur-, und Kulturtourismus. Auf die Bedeutung der Natur in Deutschland wurde bereits in Kapitel 5.3.3 eingegangen. Die wachsende Bedeutung des Eventtourismus steht im Zusammenhang mit Großereignissen, wie z.B. der Fußballweltmeisterschaft 2006.

Der europäischen und speziell auch der deutschen Kultur mit deren Kulturgütern wird mit einem wachsenden Interesse begegnet. Schon heute sind es vor allem kulturelle Themen auf den Städtereisen (historische Innenstädte, Schlösser und Burgen, etc.), mit denen für die Destination Deutschland geworben wird. „Europe is fascinating most Chinese because of its long history, splendid buildings, its many countries with different cultures and its beautiful nature" (SUN 2004 in ARLT 2005).

5.3.5 Zukünftige Themenorientierung der Reiseveranstalter

Bei der zukünftigen Themenwahl lässt sich grundsätzlich zwischen zwei Zielgruppen unterscheiden:

(1) die Erstreisenden...

Auch in der näheren Zukunft wird die Mehrzahl der nach Deutschland reisenden Inbound-Touristen der Gruppe der Erstreisenden angehören. Dafür spricht allein die Größe des bevölkerungsreichsten Landes der Erde. Sollte auch weiterhin die Mittelschicht der Gesellschaft in China wachsen, werden zukünftig immer mehr Menschen in der Lage sein, auch nach Europa zu reisen. Um einen ersten Eindruck von Europa und auch Deutschland zu erhalten, werden deshalb heute wie auch zukünftig die Städte- und Rundreisen die bevorzugte Reiseform darstellen.

Für die wachsende Zahl der Reise erfahrenen Wiederkehrer wird sich das Angebotsspektrum zukünftig verändern müssen, um der Nachfrage gerecht zu werden.

(2) ... und die reiseerfahrenen Wiederkehrer

Bei Chinesen, die wiederholt Deutschland und Europa besuchen wollen, können sich die Experten andere Schwerpunktsetzungen und Themen vorstellen, mit denen für eine Reise geworben wird. Während ein geringerer Anteil der Experten auch bei den Wiederkehrern vergleichbar zeitintensive Städtetouren wie bei den Erstreisenden vorschlägt, die sich im Angebot lediglich auf andere als die bisherigen Regionen und Städte beschränken, ist es nach Einschätzung der Mehrzahl der Reiseveranstalter vor allem die Konzentration auf nur einige Regionen oder Länder, die in Zukunft attraktiv sein werden. Beispielhaft genannt wurden dabei die Alpenregion, Südfrankreich oder auch der Norden Deutschlands, mit einer Kombination der Städte Berlin, Hamburg, Bremen. Wichtig erscheint eine Abkehr von den zeitintensiven Ländertouren, bei denen in 14 Tagen zehn Länder in Europa besucht werden. Wünschenswert sei eher ein höherer Freizeitanteil des Einzelnen auf der Reise. Weitere Nennungen im Themenspektrum sind die Kombination von Städte- und Musiktouren mit speziellen Events, wie z.B. Autobahnfahren. Ferner die Kombinationen von z.B. Events als Kern um eine Europa-Rundreise oder Kultur mit Shopping. Stärker betont werden sollte auf jeden Fall die Kultur als USP (Unique Selling Proposition) in Deutschland und Europa. Damit unterscheidet sich Europa vor allem von zukünftigen Märkten, wie den USA (bisher kein ADS-Land).

Bei der speziellen Themenwahl ist es vor allem der Ski- und Golfurlaub, der sich im exklusiven Inbound-Tourismus als für den Markt zukünftig interessant abzeichnet. Bestehende erste Angebote sollen weiter ausgebaut werden. Ein Anbieter setzt diesbezüglich auf Kleingruppen von 6 Personen à 3 x 2 Paare. Auf diese Weise kann die bisherige Gruppenverpflichtung umgangen und eine stärkere Nachfrage nach einer individuellen Gestaltung des Urlaubs befriedigt werden. Überraschend wirkt die

Mehrfachnennung des Urlaubs auf dem Bauernhof. So bietet ein Veranstalter seinen Reisenden z.B. bei Kombination von Geschäfts- und Privatreise die Übernachtung nach dem beruflichen Termin im Münchener Umland an, mit entspanntem Frühstück und „frischen Eiern".

5.3.6   Chancen für eine individuelle Reiseplanung

Die überwiegende Mehrheit der Befragten (74%) ist der Auffassung, dass zukünftig auch mehr Individualreisende nach Deutschland kommen werden. Notwendige Voraussetzungen dafür sind neben der anhaltenden positiven wirtschaftlichen Entwicklung und mehr Flugverbindungen, vor allem entsprechende Visa-Regelungen, die es neben den ADS-Reisenden auch Einzelpersonen ermöglichen, ins Ausland zu reisen. Als ein Grund für die bisher schwierige individuelle Reiseplanung wurden fehlende Sprachkenntnisse sowohl von denjenigen genannt, die in näherer Zukunft keinen Individualtourismus für den deutschen Inbound-Markt vorhersagen als auch von denjenigen die gegensätzlicher Meinung sind. Vor allem viele junge wohlhabende Chinesen mit besseren Sprachkenntnissen gehören heute und verstärkt in der Zukunft zu der Zielgruppe potenzieller Individualreisender. Entscheidend sei ferner die Reiseerfahrung der Touristen. Bei Reisenden, die wiederholt den europäischen Kontinent besuchen, sei eine Unzufriedenheit mit den pauschalen Gruppenreisen erkennbar. So beschreiben die Experten eine Entwicklung, bei der im anhaltenden Konkurrenzkampf der Service proportional zum Preis immer weiter abnimmt. Wer es sich leisten kann, ist deshalb immer öfter bereit, für besseren Service auch mehr zu bezahlen. Der Anspruch an Qualität steigt demnach mit dem Einkommen.

Das Gruppengefühl der Chinesen ist weiterhin ein wichtiges Interesse bei Urlaubsreisen, weshalb einige Experten auch in näherer Zukunft weniger Chancen für Individualreisen sehen. Dennoch steigt das Bedürfnis, diesen Gruppenzwang zu durchbrechen. Bei der individuellen Reiseplanung des Jahresurlaubes ist der Reisende bei den Gruppenreisen jedoch bisher sehr an die Befriedigung aller, anstatt nur seiner eigenen Bedürfnisse gebunden. Nach Auffassung von MOK/DEFRANCO ändert sich die Bevorzugung der Gruppenreise gegenüber der Individualreise auch nicht nach entsprechender Reiseerfahrenheit. Dies wurde anhand von Untersuchungen von Hong Kong- und Taiwan- Chinesen analysiert (vgl. MOK/DEFRANCO 1999).

Gut informierte Teilnehmer äußern auf den Gruppentouren zunehmend den Wunsch, neben dem bestehenden Programm, wenn möglich, noch einen kleinen „Abstecher" zu unternehmen. Die Reiseleiter würden, wenn es der Zeitplan erlaubt, natürlich darauf eingehen. Zu den Individualisierungstendenzen trägt des Weiteren zum einen die immer häufiger erhältlichen Reiseführer in China bei, die zwar bisher nur aus dem Japanischen, Englischen oder Deutschen übersetzt sind, aber dennoch sehr spezielle Informationen bezüglich Kultur und Landeskunde bereitstellen, und zum anderen die steigende Nutzung des Internets als globales Informationsmedium.

5.4 Fazit

Zusammenfassend lassen sich folgende Erkenntnisse festhalten:

- Chinesen reisen bisher in einer kulturellen „Blase", die die kulturellen Kontakte und damit Verständnisprobleme und Unsicherheitsfaktoren minimiert bei gleichzeitiger Maximierung des Sicherheitsgefühls in der fremden Kultur durch die Struktur und Organisation der Gruppenreisen.

- Fehlende Reiseerfahrung auf chinesischer Seite und Unkenntnis der kulturellen Unterschiede auf Seiten der Chinesen und Deutschen führen zu Problemen und Missverständnissen unterschiedlicher Art.

- Die Reiseleiter dienen aufgrund der sprachlichen und kulturellen Verständnisprobleme als Mediatoren zwischen den Kulturen.

- Chinesische Reisende werden u. a. durch ihr hohes Ausgabeverhalten charakterisiert, welches im Widerspruch steht zum relativ geringen Wohlstand der Bevölkerung. Gründe dafür sind unter Anderem, das chinesische Privatpersonen sehr lange auf die Möglichkeit eines zumindest temporär (auf der Reise) luxuriösen Lebensstils gewartet haben sowie in der Mentalität und der mit dem Kauf von Markenartikeln verbundenen Prestigegewinn.

- Bislang eingeschränkte finanzielle Spielräume, fehlende diversifizierte Angebote im Niedrigpreissegment der Europareise und Ansprüche hinsichtlich eines bisher bevorzugten groben Überblicks und oberflächlichen Kennenlernens der Welt, machen die pauschale Städte- und Rundreise zur bevorzugten Urlaubsform.

- Zukünftig wird sich durch sich verbessernde gesellschaftliche Grundvoraussetzungen für eine touristische Nachfrage (wachsendes Pro-Kopf- und frei verfügbares Einkommen, bezahlter Urlaub etc.) und die wachsende Reiseerfahrung auch die Nachfrage hinsichtlich diversifizierter touristischer Produkte verändern. Somit besteht eine direkte Korrelation zwischen wachsendem Einkommen, der Reiseerfahrung und dem Bedürfnis nach Qualität und Vielfalt der angebotenen Themen im Tourismus.

- Zunehmende Liberalisierung der gesetzlichen Reisebestimmungen, wachsende Reiseerfahrung, sich verbessernde Sprachkenntnisse und die wachsende Nachfrage nach qualitativ hochwertigen Reiseprodukten werden zukünftig den Bedarf nach einer individuellen Reiseplanung verstärken. Die Kultur bedingte Besonderheit des Erfahrens einer Reise in einer Gruppe wird jedoch eher den Trend zu kleinen, in sich homogenen Gruppen entstehen lassen, die der großen, an Gruppenmitgliedern heterogenen Gruppe, entgegenstehen.

- Bisher vorwiegend für Erstreisende interessante Angebote im Segment des Städtetourismus werden zukünftig durch die auf die wachsende Zielgruppe der Wiederkehrer abgestimmten Themen ergänzt. Diese könnten sein: Natur, Kultur, Exklusiv, Winter und Golf.

6 Internationales Destinationsmarketing im Chinatourismus am Beispiel von TV-Werbung in China

Prof. Dr. Monika Echtermeyer, Bad Honnef

> *„Half of my marketing budget is waisted each year*
> *but unfortunately I don't know which half ..."*
> (John WANAMAKER 2003)

6.1 Einleitung

Das „Reich der Mitte" entwickelt sich in Folge seines starken Wirtschaftswachstums zu einem der interessantesten touristischen Quellgebiete weltweit. Steigende Einkommen der chinesischen Mittel- und Oberschicht, großzügigere Urlaubsregelungen, Fünftagewoche, Wirtschaftsöffnungsabkommen und gelockerte Ausreisebestimmungen – verbunden mit einem jahrelang aufgestauten „Reisenachholbedürfnis" – lösen seit einigen Jahren einen wahren Reiseboom in China aus. Viele Länder Europas haben mittlerweile das Potenzial des neuen Quellmarktes China für die Tourismusindustrie entdeckt und nationale sowie lokale Tourismusorganisationen erarbeiten mit viel Eifer und mehr oder weniger großem Budget und Erfolg Marketingpläne zur Eroberung der finanzkräftigen[1] neuen Klientel aus dem Reich der Mitte.

Vorliegende Untersuchung behandelt folgende Fragen:

* Was ist eine Destination?

* Welches sind die Schlüsselfaktoren der Reiseentscheidung und der Reisezielwahl unter chinesischen Touristen?

* Wie empfinden chinesische Touristen ihre Reisedestinationen in Europa und welche Vorlieben haben sie?

* Mit welchen Marketingmitteln können Destinationsmanager generell ihre Zielgruppen erreichen?

* Welche Instrumente werden von europäischen Destinations-Marketing-Organisationen (DMO's) bisher überwiegend eingesetzt im chinesischen Markt?

---

[1] "During the Spring Festival of 2002, about 75,000 Chinese tourists went to Thailand and brought US$ 16 million into the country in two days. According to the Hong Kong Tourist Association, about 400,000 mainland travelers visited Hong Kong during the Spring Festival of 2002, bringing HK$ 2 billion to Hong Kong." (WTO 2003: Marketing on Chinese outbound tourism)

- Wie ist das Informationsverhalten chinesischer Freizeit- und Geschäftstouristen hinsichtlich der Vorbereitung ihrer Auslandsreisen?

- Welchen Stellenwert haben die Informationskanäle Broschüren, Faltblätter, Werbung in Geschäften sowie Empfehlungen durch Freunde/Verwandte im Vergleich zu Radio/Film/TV bei unterschiedlichen Berufsgruppen in China?

- Wie können Tourismus-Manager das Marketingmedium TV und Film im Destinationsmarketing in China optimal einsetzen (Praxisbeispiele)?

Zur Beantwortung dieser Fragen wurden sowohl Primär- als auch Sekundärforschung betrieben. Die Primärforschung (Expertengespräche mit europäischen Tourismusvertretern und Interviews mit chinesischen Touristen) stützt sich auf mehrere China-Incoming-Tourismuspojekte an der Internationalen Fachhochschule Bad Honnef.Bonn, die von der Autorin in den Jahren 2004/2005/2006 initiiert und betreut wurden.

6.2   Was ist eine Destination?

Das Wort Destination stammt aus dem Lateinischen und kann mit *Bestimmung* übersetzt werden. In Zusammenhang mit einer Reise lässt sich das Wort als *Bestimmungsziel* der Reise interpretieren. Eine Destination kann ganz allgemein definiert werden als geographischer Raum, den der jeweilige Gast als Reiseziel auswählt. Nach einer Definition von BIEGER (2002) enthält eine Destination sämtliche für einen Aufenthalt notwendigen Einrichtungen für Beherbergung, Verpflegung, Unterhaltung und Beschäftigung. Nach Auffassung der Autorin ist dies zwar oft der Fall, muss aber nicht sein (z.B. bei allen mehrtägigen Trekking-, Rad-, Kanu-, Wüsten-, Bergtouren und sonstigen Extremtouren mit Selbstversorgercharakter). Wie groß dieser Raum (die Destination) ist, der aus der Sicht des Gastes abgegrenzt wird, hängt stark von der Reiseerfahrung des Touristen ab.

Im Falle des hier zu behandelnden Incomingtourismus aus China nach Europa erfolgt die Abgrenzung nicht zwangsweise anhand geographischer und politisch administrativer Merkmale einzelner Länder, sondern die meisten noch reiseunerfahrenen Gäste empfinden *Europa* als ihre Destination.

6.3   Welches sind die Schlüsselfaktoren der Reiseentscheidung und der Reisezielwahl unter chinesischen Touristen?

Als *Schlüsselfaktor der Reiseentscheidung* wird der *Informationsprozess* angesehen. Dazu können generell viele, einige, eine oder auch keine Informationsquellen herangezogen werden. Das einer Reise(ziel-)entscheidung vorgeschaltete Informationsverhalten kann kategorisiert werden in „*internes*" und „*externes*" Suchverhalten. Interne Informationssuche ist ein kognitiver Prozess, ein „Stöbern" im Gedächtnis, basierend auf eigener Erfahrung oder bereits vorhandenem Wissen. Externes Suchverhalten bzw. externe Quellen können kategorisiert werden in persönliche (Familie, Freunde, Nachbarn, Kollegen), kommerzielle (Werbung, Reisebüroagenten, Internet) und öffentliche Quellen (Massenmedien, Regierungen). Nicht nur die bereits vorhandene *Reiseerfahrung* sondern auch das *Image* eines Landes spielen bei der Reiseentscheidung eine große Rolle.

Viele Mainland-Chinesen[2] träumen davon, wenigstens einmal im Leben nach Westeuropa zu reisen, um andere Kulturen, Kunst, Architektur und Landschaften kennen zu lernen. Eine Reise ins Ausland zu machen rangiert an dritter Stelle der persönlichen Konsumziele von Chinas Elite, gleich hinter dem Wunsch nach einem Eigenheim und einem Auto (vgl. SOMMER 2003: 15). Die WTO-Statistiken zum Chinesischen Outbound Tourismus der letzten fünf Jahre zeigen, dass eine wachsende Anzahl Touristen sich diesen Wunsch erfüllt. Da immer mehr Destinationen weltweit den ADS-Status (vgl. ECHTERMEYER 2004) erhalten und der Marketingkampf um die begehrte Zielgruppe chinesischer Touristen immer härter wird, ist es für touristische Entscheidungsträger wichtig zu wissen, welches die *Schlüsselfaktoren der Reisezielwahl* sind.

Chinesische Gäste wählen ihre Destination nach folgenden Kriterien aus (vgl. ECHTERMEYER 2004) (Abb. 6.1):

---

1. Marketing und Bekanntheitsgrad der Region in China

2. Preis-Leistungs-Verhältnis

3. Berühmte Sehenswürdigkeiten (historische Kulturgüter oder Sehenswürdigkeiten mit einer wahren oder fiktiven Geschichte dahinter)

4. Leicht zu erreichen auf einer Busrundfahrt

5. Grenzüberschreitende Kombinationsmöglichkeiten verschiedener Sehenswürdigkeiten innerhalb der Destination

6. Qualität der angebotenen Tourismusprodukte

7. Sicherheit, Sauberkeit, freundliche Servicementalität

8. Romantische Szenerie und gutes Wetter

Abb. B.6-1 Schlüsselfaktoren der Reisezielwahl bei Mainland-Chinesen

Im Sommer 2005 wurden in vier Städten Chinas (Shanghai, Nanjing, Beijing, Shenyang) insgesamt 1058 Personen in persönlich-mündlichen Interviews nach ihrem Reiseverhalten und Reiseentscheidungsprozess befragt. Als Grundgesamtheit wurden zwei Zielgruppen definiert (vgl. MAYRHUBER 2005):

- **Gruppe 1:** „Der reisende Chinese", der mindestens schon einmal im Ausland war bzw. gerade auf dem Weg dorthin ist.

- **Gruppe 2:** „Der Chinese auf der Strasse", der in der Stadt wohnt und sich in den nächsten fünf bis zehn Jahren eine Auslandsreise leisten kann bzw. noch keine unternommen hat.

---

[2] Bewohner der Volksrepublik China

Von der gesamten Stichprobe (n = 1058) waren 53% Männer und 47% Frauen. Das Informationsverhalten wurde in der Frage: „Wo informieren Sie sich vor einer Auslandsreise?" abgetestet, wobei Mehrfachnennungen möglich waren und führte zu dem in Abb. 6.2 vorliegenden Ergebnis (MAYRHUBER 2005: 165): 54% der Befragten nutzen das Internet als Informationsquelle, 50% informieren sich in Reiseberichten von Zeitungen und Zeitschriften und **46% holen sich ihre Reiseanregungen aus Reportagen und Dokumentationen im Fernsehen**. Nur gut ein Viertel informiert sich im Reisebüro.

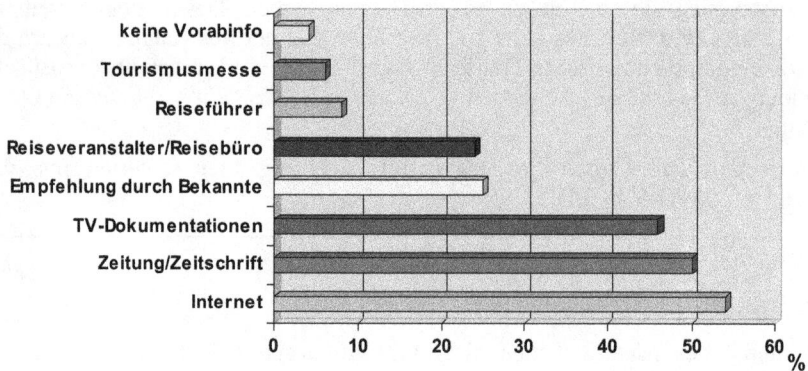

Abb. B.6-2   Informationskanäle für eine Reiseinformation (n = 1058)
                 (Quelle: MAYRHUBER 2005)

6.4   Wie empfinden chinesische Touristen ihre Reisedestinationen in Europa und welche Vorlieben haben sie?

Eine Reise nach Europa ist für viele chinesische Touristen mehr als nur eine Reise. Es ist eine Art Statussymbol, die einem in der Heimat ein Stück „Gesicht" gibt, d.h. eine Reise verbunden mit sozialer Anerkennung (vgl. ECHTERMEYER 2006). Wie bereits erwähnt, empfinden insbesondere chinesischen Touristen, die auf Erstbesuch in Europa sind, nicht Deutschland oder Frankreich per se, sondern vielmehr Europa (inklusive Deutschland, Frankreich u.v.m.) als ihre Destination. Sie eilen durch möglichst viele Länder innerhalb eines kurzen Zeitraumes von 10–15 Tagen, in denen mindestens 4-5 Länder bereist werden. Chinesische Reiseveranstalter haben sich auf die Destinationswünsche ihrer Gäste eingestellt und bieten ihnen so viele Länder wie nur möglich zu einem „Gesamtreisepaket Europa" mit wechselnden Inhalten an (z.B. 5 Länder in 10 Tagen). Lediglich die erfahreneren Chinesen auf Wiederholungsbesuch in Europa, wählen eine entspanntere Form des Reisens mit mehr Zeit in den einzelnen Ländern und weniger Zielen in der gleichen Zeit.

(Groß-)Städtetourismus dominiert noch: z.B. Frankfurt, Köln, Paris, Rom. Mittel-oder Kleinstädte werden nur dann besucht, wenn sie berühmte Touristenattraktionen bieten, wie z.B. in Deutschland das Karl Marx Haus in Trier, Hugo Boss Factory Outlet in Metzingen oder wenn sie Stätten der auch in China bekannten Märchen- und Sagenwelt sind (z.B. Handlungsorte der Gebrüder Grimm Märchen).

Innerhalb Europas sind Reiseziele in West- und Südeuropa am beliebtesten, Nord-europa ist weniger gut bekannt in China (Ausnahme: die Märchen von Hans Christian Andersen sind berühmt in China und damit verbunden ein noch brach liegendes großes Potenzial in Nordeuropa (vgl. ECHTERMEYER 2006)). Der Bus ist das beliebteste Transportmittel auf der Reise durch Europa, denn chinesische Touristen sparen lieber am Transport, um mehr Geld für (Souvenir- und Markenwaren-) Einkäufe übrig zu haben.

Nun stellt sich die Frage: Welches Image haben die Länder Europas in den Augen chinesischer Touristen?

Hierzu gibt die bereits erwähnte Studie zum chinesischen Incomingmarkt von MAYRHUBER (2005) interessante Einsichten (vgl. ebd.). Die Befragten wurden aufge-fordert:

„Bitte nennen Sie mir spontan alle Länder Europas, die Ihnen einfallen, egal ob Sie in diesen Ländern schon einmal waren oder nicht." Die Top-vier bekanntesten und spontan genannten Länder waren Frankreich, England, Deutschland und Italien, ge-folgt von der Schweiz und Österreich.

Auf die Frage: „In welche dieser Länder würden Sie am liebsten reisen und wa-rum?" wurden folgende Antworten gegeben. Die Top-drei Länder sind Frankreich mit 32%, Großbritannien und die Schweiz mit jeweils 13%, gefolgt von Italien mit 12%, Deutschland mit 8% und Spanien, Österreich, Russland und Norwegen.

Der meistgenannte Grund für einen Besuch in **Frankreich** im Rahmen einer Euro-pareise ist: Romantik (37%), Mode, Kultur. Schöne Landschaft und Sehenswürdig-keiten sind nur für je 6% ausschlaggebend. **England** zieht mit Sehenswürdigkeiten die meisten Chinesen an. Lange Geschichte, Fußball, die Queen und die schöne Land-schaft sind weitere Gründe. Das Image von **Deutschland** als sehr guter Industrie-standort bestätigt sich auch im meistgenannten Grund für einen Deutschlandbesuch innerhalb ihrer Europareise; ca. 16% reisen wegen der „guten Industrie und des KnowHow" nach Deutschland.

Bei der Nennung **Italiens** dominiert der Fußball als Reisegrund, gefolgt von Se-henswürdigkeiten, Leder und Mode als Top-Reisegründe. Die **Schweiz** steht für Wintersport, schöne Berge, schöne Landschaft, die Schweizer Uhren und Neutralität als meistgenannte Reisegründe. Das Image **Österreichs** als Land der Musik wird eindeutig wiedergegeben. Dahinter folgen schöne Landschaften, gute Umwelt, Kultur und das Neujahrskonzert.

Zusammenfassend bestätigen sich in vielerlei Hinsicht die Images der einzelnen Länder, wie etwa das Image Frankreichs als romantisches Land, Österreichs als Land der Musik und Deutschland als Industrie- und Technikstandort mit sehr gutem Know How. Das Image Deutschlands weniger als beliebtes Reiseland, vielmehr als Ziel für Geschäftstourismus, stellt große Anforderungen an die Marketingbemühungen der deutschen Tourismusindustrie.

6.5 Mit welchen Marketingmitteln können Destinationsmanager generell ihre Zielgruppen erreichen?

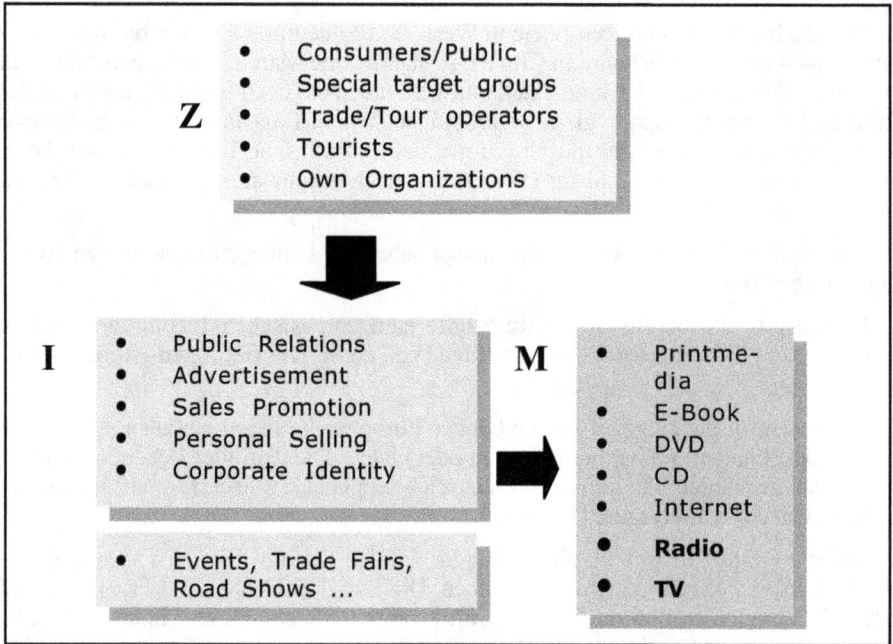

```
        Z     • Consumers/Public
              • Special target groups
              • Trade/Tour operators
              • Tourists
              • Own Organizations
```

```
  I     • Public Relations         M    • Printme-
        • Advertisement                   dia
        • Sales Promotion              • E-Book
        • Personal Selling             • DVD
        • Corporate Identity           • CD
                                       • Internet

        • Events, Trade Fairs,         • Radio
          Road Shows ...               • TV
```

Abb. B.6-3   Zielgruppen (Z), Destinations-Marketinginstrumente (I), Medien (M)
(Quelle: ECHTERMEYER 2006)

Zur marketingtechnischen „Eroberung" des chinesischen Marktes stehen Destinationsmanagern heutzutage generell eine Vielzahl von zielgruppenspezifischen Instrumenten zur Verfügung. Folgende Abbildung (Abb. 6.3) zeigt eine Zusammenstellung möglicher Marketing-Instrumente, von denen in Realität jedoch nicht immer in dieser Fülle Gebrauch gemacht wird. Grund dafür ist nicht nur das zur Verfügung stehende begrenzte Budget sondern auch z.T. „Macht der Gewohnheit", die allerdings in einem Quellmarkt von 1,3 Milliarden Menschen ein Umdenken erfordert, um (breiten-) wirksam zu sein.

6.6 Welche Instrumente werden von europäischen Destinations-Marketing-Organisationen bisher überwiegend eingesetzt im chinesischen Markt?

Insbesondere die DMO's der Länder Süd- und Westeuropas setzen folgende kommunikationspolitischen Instrumente im Marketing ihrer Destinationen in China ein:

(1) Ziel: Marktpenetration

a) Messen in China (z.B. China Intl. Travel Mart)

b) Workshops

c) Roadshows (z.B. in Peking, Shanghai, Guangzhou, Hong Kong)

d) Studienreisen, Familiarization trips

e) Pressereisen, Presse Events

f) Public Relations Programme

g) **andere Marketing Maßnahmen** (z.B. Mailings, Gala-Dinner, Geschenke/Werbegeschenke, z.B. Spanien verloste im Jahre 2006 medienwirksam all-inclusive Flitterwochenreisen an 11 chinesische Ehepaare nach Mallorca, Ziel: Förderung des „Honeymoon-Tourismus" aus China nach Mallorca)

(2) Ziel: Medienwerbung und Medienkooperationen

a) Printmedia: Publikationen für den Verkauf und Publikationen für den Endverbraucher (z.B. Imagebroschüren, Direct Mailings, Magazine, Zeitungen, Reiseführer)

b) Bücher

c) **Radio** (wird nur selten oder gar nicht eingesetzt)

d) Internet

e) **TV** (wird nur von wenigen DMO's bislang eingesetzt, selten oder gar nicht)

Das Mediennutzungsverhalten chinesischer Outbound Touristen und der Medieneinsatz europäischer Destinationen im chinesischen Outbound Markt sind noch nicht optimal aufeinander abgestimmt. Ein verstärkter Einsatz von TV und Radio im Tourismusmarketing wäre sinnvoll.

6.7 Wie ist das Informationsverhalten chinesischer Freizeit- und Geschäftstouristen hinsichtlich der Vorbereitung ihrer Auslandsreisen?

Bislang gibt es nur sehr wenige Studien zum Informationsverhalten und zu den Kriterien der Reisezielwahl chinesischer Touristen. Um den Entscheidungsprozess hinsichtlich Reiseziel, Transportmittel, Hotel etc. möglichst positiv beeinflussen zu können, sollten Tourismusmanager wissen, welches die entscheidenden Faktoren des Reiseentscheidungsprozesses chinesischer Touristen sind.

China ist ein riesiges Land mit 1,3 Mrd. Menschen, deren lokale Kultur, Industriestruktur und Konsumgewohnheiten von Provinz zu Provinz recht unterschiedlich sind. Deshalb sollten europäische Tourismusmanager im Marketing nicht von „den chinesischen Touristen" generell sprechen, sondern ein Verständnis für die unterschiedlichen Interessen und Wünsche der Touristen aus den jeweiligen Provinzen entwickeln. Die Quellmärkte Peking, Shanghai und Guangzhou sind die drei Städte mit den treffendsten Charakteristiken des chinesischen Outboundmarktes.

Näheres hierzu findet man in einer Studie der WORLD TOURISM ORGANIZATION 2003, zum Thema: Marketing on Chinese outbound tourism.[3]

Nicht nur hinsichtlich der Quellmärkte, sondern auch bei chinesischen Freizeit- und Geschäftstouristen gibt es nach einer Untersuchung von LO/CHEUNG/LAW (2004) Unterschiede in der Wahl der Informationskanäle und in der zeitlichen Vorausplanung einer Auslandsreise. Wie folgende Tabelle (Abb. B.6-4) zeigt, beginnen Freizeitreisende durchschnittlich 43 Tage vor Antritt ihrer Reise mit der Planung, Geschäftreisende hingegen planen eine Auslandsreise 27 Tage vorher. Freizeitreisende verwenden überwiegend drei Informationsquellen, Geschäftsreisende lediglich zwei. Interessanterweise ergab sich in der Studie kein signifikanter Unterschied zwischen Erstbesucher und Wiederholungsbesucher - sowohl in der Anzahl verwendeter Informationsquellen als auch in der zeitlichen Vorausplanung einer Reise.

Die Einwohner Pekings und Shanghais zeigen unterschiedliches Informationsverhalten im Rahmen ihrer Reiseplanung (vgl. Abb. B.6-5). Für die Einwohner **Pekings** ist die wichtigste und verlässlichste Quelle der Touristeninformation die Mund-zu-Mund-Propaganda (d.h. Empfehlungen von Familie, Freunden, Bekannten), gefolgt von Fernsehprogrammen und Werbung im Fernsehen. Werbung in Printmedien wie z.B. Zeitungen steht an dritter Stelle, eigene Reiseerfahrung an vierter Stelle.

---

[3] "People from Beijing stress experience in life and cultural taste as well as personal participation. Shanghai people are very practical. They will calculate how much they spend and how many attractions they will see. People in Guangdong pay much attention to enjoyment, such as good food and entertainment. When a new destination is opened, the market in Beijing and Guangdong will immediately get moving. But people in Shanghai will wait and see before they take any action. People in the three cities have different degree of fondness for the same destination. For instance, passengers from Guangdong like Japan more than passengers from Beijing and Shanghai do. Winter tours to Korea sell much better in South China than in North China. Such differences also apply to a city. For example, passengers from Beijing and Guangdong love Cairns, Australia, much more than the people in Shanghai do." (WTO 2003: 130)

Chinese Tourists	Leisure Tourism	Business Tourism
No. of info sources used	3	2
Pre-trip planning time	43 days	27 days

Abb. B.6-4   Anzahl Informationskanäle und zeitliche Vorausplanung einer Reise
(Quelle LO/CHEUNG/LAW 2004 und EUROPEAN TRAVEL COMMISSION 2001)

Für die Einwohner **Shanghais** hingegen sind weniger Freunde und Verwandte als vielmehr die Destinationswerbung im Fernsehen der wichtigste Entscheidungsfaktor, gefolgt von Tourismusinformationen aus Zeitungen und Zeitschriften sowie an letzter Stelle der Empfehlung von Freunden und Bekannten. Broschüren spielen eine weniger wichtige Rolle.

Channels to get tourist information for people in Beijing (%)

Channels	Recommendation	TV	Newspapers	Expirience
Proportion	59.3	38.2	28.9	24.5

Source: "Survey on Holiday Tourism of Beijing Residents"

Channels to get tourist information für people in Shanghai (%)

	Leading officials	Clerks	Professionals	Commerce	Workers, peasants, Service trade
Brochures, leaflets	6.5	4.5	3.4	2.6	4.3
Ads on media	43.5	50.3	52.3	47.9	53.9
Recommendation	15.2	20.9	19.3	23.2	19.2
Shop promotion	4.3	9.2	8.0	8.4	7.1

Source: "Report on Shanghai Society 2001"

Abb. B.6-5   Bedeutung unterschiedlicher Informationsquellen bei der Reiseplanung
(Quelle: REPORT ON SHANGHAI SOCIETY 2001)

6.8   Welchen Stellenwert haben die Informationskanäle Broschüren, Faltblätter, Werbung in Geschäften sowie Empfehlungen durch Freunde/Verwandte im Vergleich zu Radio/Film/TV („ads on media") bei unterschiedlichen Berufsgruppen in China?

Wie folgende Abbildung 6.6 zeigt, überwiegt bei allen drei Zielgruppen (Professionals, Commerce, Workers) der Informationskanal „ads on media", d.h. Radio und TV.

Destinationsbroschüren und Faltblätter spielen die geringste Rolle. Diese Tatsache steht völlig konträr zum Medieneinsatzverhalten europäischer Destinationsmanager.

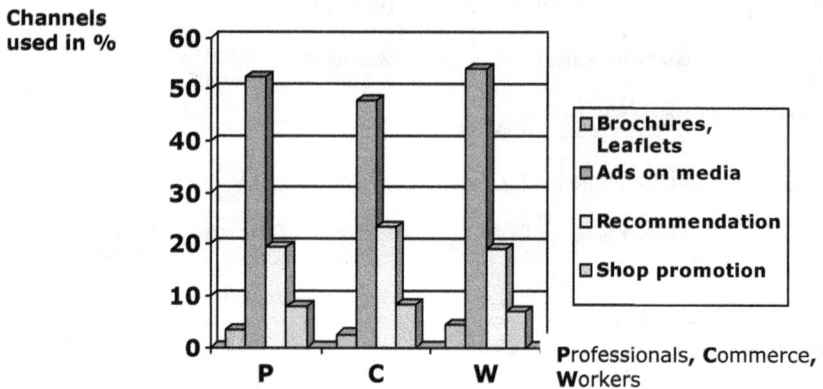

Abb. B.6-6   Bedeutung unterschiedlicher Informationsquellen bei der Reiseplanung
(Quelle: ECHTERMEYER 2006; Daten von EUROPEAN TRAVEL COMMISSION 2001)

6.9   Wie können Tourismus-Manager das Marketingmedium TV und Film im Destinationsmarketing optimal einsetzen (Praxisbeispiele)?

Neben einer Vielzahl von Radiostationen gibt es 360 TV-Stationen in China, von denen lediglich eine (CCTV) landesweit ausstrahlt und 13 untergeordnete TV-Kanäle hat. Darüber hinaus gibt es 31 TV-Provinzsender und 328 lokale TV-Stationen (mit 2058 Kanälen).

Auch wenn der Medienbereich vom WTO-Beitritt Chinas nicht direkt tangiert wird, deuten einige Entscheidungen der chinesischen Regierung in jüngster Zeit aus der Sicht des Wall Street Journal darauf hin, dass Film und Fernsehen, welche lange

Zeit als die empfindlichsten Teile im Mediensektor galten, sich allmählich zu norma-
len Industriezweigen wandeln. Was noch vor kurzem als Propagandamittel gesehen
wurde, erfährt eine zunehmende Kommerzialisierung, deren Fernziel die Wettbe-
werbsfähigkeit gegenüber internationalen Herausforderern zu sein scheint (vgl.
www.chinaprojekt.de). Die aufsehenerregendste Entwicklung Ende 2001 im Medienbereich war die Öffnung des chinesischen Fernsehmarktes für ausländische TV-
Sender. Im Oktober erteilte die chinesische Radio-, Film und Fernsehbehörde SARFT
zum ersten Mal Senderechte an nichtchinesische Fernsehanstalten, beschränkte das
Sendegebiet jedoch auf die Provinz Guangdong.

Phoenix Satellite Television, an der die Star Group, ein Unternehmen der Rupert
Murdochs News CORP., einen Anteil von 37,6% hält, sowie AOL Time Warner
erhielten die Erlaubnis, ihre Programme über lokale Kabelnetze zu vertreiben. Im Dezember wurde auch Star TV dieses Recht zugesprochen. Phoenix TV wird sein Pu-
tonghua-Programm einspeisen, das schon seit 1997 - allerdings ohne Genehmigung der
SARFT - über das Kabelfernsehen der Provinz Guangdong empfangen werden kann,
während AOL seinen chinesischsprachigen Unterhaltungskanal China Entertainment
Television (CETV) ausstrahlen wird. Im Gegenzug für die sogenannten "Landerechte"
in Guangdong verpflichteten sich alle drei Konzerne, die englischsprachigen Kanäle
des chinesischen Zentralfernsehens CCTV in den USA über Kabel oder Satellit aus-
zustrahlen. Darüber hinaus gründete Phoenix mit CCTV eine Vereinbarung mit dem
Ziel, Produkte beider Sender auf den chinesischsprachigen Märkten in Übersee, in
erster Linie in den USA, abzusetzen.

Ausländische Medienkonzerne, allen voran die Murdochs News Corp., hatten sich
teilweise jahrzehntelang vergebens um einen Zugang zum chinesischen Fernsehmarkt
bemüht. Nichtchinesische Satellitenprogramme waren bis dato nur in besseren Hotels
und Wohnkomplexen für Ausländer erlaubt. Trotzdem hatte eine stattliche Anzahl
von einheimischen Fernsehkonsumenten durch illegal aufgestellte Satellitenschüsseln
Zugang zu ihnen. Phoenix TV gab seine Reichweite auf dem Festland mit 42 Mio.
Haushalten an, das sind 13%. 16 Mio. davon waren in Guangdong, einer der reichsten
Provinzen Chinas. Der Sender erreicht gegenwärtig 60% seines Zielpublikums in der
Stadt Guangzhou. Mehr als die Hälfte des Guangdonger Publikums bevorzugt Sen-
dungen auf Kantonesisch (ebenda).

Mit der Beschränkung der Sendeerlaubnis für ausländische Fernsehprogramme auf
die Provinz Guangdong entsteht ein Versuchslabor, in dem sich einheimische Fernsehanstalten an internationalen Standards messen können, während der Marktanteil
der ausländischen Stationen reguliert bleibt. Bereits im Juli 2001 wurde in Guangdong
mit Southern Television Guangdong (TVS) eine neue Fernsehstation explizit mit dem
Ziel aufgebaut, den staatlichen Anstalten im kommenden Konkurrenzkampf mit den
ausländischen Sendern den Rücken zu stärken (vgl. www.chinaprojekt.de).

Der chinesische Fernsehsender PHOENIX mit Sitz in Hong Kong bietet europäischen Destinationen seit 2006 eine Werbeplattform in den chinesischen Medien an.

Deutschland (u.a. mit TVS), Frankreich und Österreich können bereits einige sehr
erfolgreiche Initiativen der **TV**-Vermarktung von Destinationen in China aufweisen.
Bleibt zu hoffen, dass diese Beispiele Schule machen.

In Deutschland haben bisher lediglich die Bundesländer Bayern, Rheinland Pfalz,
Hessen und Sachsen den Sprung ins chinesische TV geschafft:

- Bayerns Präsenz im chinesischen Fernsehen: ein chinesisches Filmteam des staatliches chinesischen Fernsehens reiste durch 17 bayerische Städte in 18 Tagen. Organisiert wurde die Tour von der Bayern Tourismus Marketing GmbH. Eine achtteilige TV-Serie entstand, eine DVD und ein Bayern Bildband in Chinesisch.

- Southern TV (Guangzhou, Provinz Guangdong) in Zusammenarbeit mit der Deutschen Welle (Dr. Burkhard Nowotny) und der Autorin dieses Artikels sowie mittels Unterstützung durch Lufthansa und der DZT konnten bereits mehrere Filmprojekte in deutschen Ferienregionen realisieren. Alle TV-Produktionen wurden von einem fünfköpfigen Filmteam (in Begleitung eines Übersetzers) in Rheinland Pfalz, Hessen und Sachsen durchgeführt. Die Kosten dieser Drehs beliefen sich auf Organisation, Kost und Logis für das chinesische Team und den Begleiter der Deutschen Welle, sowie für Visaformalitäten. Die Kosten wurden unter den beteiligten Städten und Regionen aufgeteilt. Mittels Sponsoring konnten ein Kleinbus und die fünf Flugtickets für das Filmteam und die jeweils fünf Filmproduktionen pro Jahr (dank DZT und Deutsche Lufthansa AG) realisiert werden. Es wurden jeweils eine Serie für die Zielgruppe Kinder und eine Version für die Zielgruppe Erwachsene produziert und dies sowohl in Kantonesisch als auch in Mandarin zur besten Sendezeit abends um 20 Uhr ausgestrahlt. Diese Sendungen hatte eine Reichweite von ca. 90 Millionen Zuschauern. Passend zu den TV-Sendungen wurden Reisequiz im TV veranstaltet und als Gewinn eine 10-tägige Reise nach Europa ausgelobt. Darüber hinaus wurden Bücher und DVD's zu den Sendungen hergestellt. Die Sendungen wurden nach Ausstrahlung in der Provinz Guangdong auch an andere Provinzsender Chinas zwecks Ausstrahlung weiter verkauft. Ein Paradebeispiel für kostengünstiges effizientes und effektives Tourismus-Marketing in China. Denn ein grosser Anteil der chinesischen Outbound-Touristen kommt aus der reichen Provinz Guangdong, im entwickelten Osten Chinas.

Die **Vermarktung** europäischer Destinationen über chinesische **Radiosender** steckt noch weitgehend in den Kinderschuhen. Lediglich Österreich ist führend und verbreitet touristische Landesinformationen und die Musik Mozarts über einen chinesischen Radiosender. Radiowerbung ist in China stark im Kommen. Wenn Chinesen Radio hören, sind es vor allem Nachrichten. Unterhaltungs- und Kulturprogramme sind nur in reicheren Regionen populär. Konkrete Zahlen über den Radiokonsum in China gibt es jedoch kaum, was viele Unternehmen noch davon abhält, im Radio zu werben. Das Marktforschungsunternehmen CSM tätigt seit dem Jahr 2002 drei Mal jährlich in vier Städten Umfragen zum Thema Radio. CSM kam zu dem Ergebnis, dass der durchschnittliche Hörer täglich mehr als eine Stunde Radio hört und dies vor allem zu Hause während der Hausaufgaben oder Hausarbeit tut (www.pressetext.at). Einer der größten chinesischen Reiseveranstalter China International Travel Service (CITS) nutzt dieses Medium bereits sehr intensiv und strahlt wöchentlich ein Programm namens "CITS 's Wonderful World" im 7. Kanal der Pekinger TV-Station aus. Auch Reiseveranstalter in Shanghai betreiben Radio- und TV-Werbung. Die Radiowerbung wird zielgerichtet im sogenannten Traffic Channel während der Hauptverkehrszeiten ("Rush Hour") gesendet und erreicht somit auch eine finanzkräftige Klientel.

6.10 Fazit

Die World Tourism Organisation prophezeit, dass China der viertgrößte Outbound Markt weltweit bis zum Jahr 2020 sein wird. Die beiden wichtigsten Empfängerregionen dieser Touristenströme werden Europa (717 Mio. Touristen) und Ostasien-Pazifik (397 Mio. Touristen) sein.

China bietet europäischen Destinationsmanagern mittlerweile sehr gute Möglichkeiten für den effektiven Einsatz von Radio- und TV-Werbung. Der Kampf europäischer Märkte um die finanzkräftige Klientel aus Fernost lässt sich nicht alleine mit herkömmlichen Marketingmethoden und Medien erobern, die im europäischen Markt Erfolg versprechend sein mögen. Ein Umdenken in Richtung Medien mit höherer Reichweite und größerem Multiplikatorenpotenzial ist notwendig in diesem riesigen Reich von 1,3 Mrd. Menschen.

Teil C

Erwartungen und Verhalten chinesischer Touristen in Deutschland

1 Bier, Berliner Mauer und Fußball: Das Deutschlandbild chinesischer Tourismusstudierender im Vergleich zu anderen europäischen Ländern[1]

Prof. Dr. Gerd Schwandner, Oldenburg/Prof. Dr. Huimin Gu, Beijing

1.1 Einleitung

Seit dem Ende des 20. Jahrhunderts gilt China als schlafender Riese im weltweiten Tourismus, jedoch haben manche Autoren frühzeitig das Potenzial des chinesischen Marktes vorhergesehen. (LI/BAI/MCCLEARY 1996; ZHANG/CHONG/AP 1999; ARLT 2004; ARLT 2006a). Die World Tourism Organisation (WTO) schätzte in ihrer Vorhersage im Jahr 2000, dass China im Jahr 2020 der viertgrößte Quellmarkt für Auslandsreisen auf der Welt sein wird. Die Anzahl der Chinesen, die sich dann eine Auslandsreise leisten können, wird auf 100 Millionen geschätzt. Angesichts der Gesamtzahl von 1,3 Milliarden Chinesen ist dies immer noch ein geringer Prozentsatz, der weiteres Wachstum verspricht. Die WTO schätzt, dass der Quellmarkt China, der am schnellsten wachsende Markt von allen ostasiatischen Ländern sein wird mit jährlichen Wachstumsraten von durchschnittlich 12,3% (WTO 2000).

In den Jahren 1994-2002 haben sich die Reisen aus China nach Deutschland fast verdoppelt und wuchsen auch am schnellsten von allen asiatischen Märkten. Die Wachstumszahlen für 2005 mit einer Wachstumsrate von nur 8 Prozent zeigen jedoch bereits eine deutliche Verlangsamung.[2] Südkorea verzeichnete ein Plus von 8,8% und Japan der, gemessen am Gesamtvolumen, immer noch bedeutendste asiatische Markt legte von lediglich 2,1% zu. Als Zielgröße will die Deutsche Tourismuszentrale im Jahr 2015 2,5 Millionen Übernachtungen chinesischer Touristen erreichen[3] (GNTB 2005). Deutschland ist nach wie vor der bedeutendste europäische Markt für chinesische Geschäftsreisende (DAVIDSON/HERTRICH/SCHWANDNER 2004). Trotz der großen Anstrengungen anderer europäischer Länder profitiert Deutschland derzeit noch am meisten von der aufblühenden chinesischen Reiselust. Hier wirkt sicherlich die Tatsache nach, dass Deutschland als erstes europäisches Reiseland den begehrten ADS-Status erhielt.

---

[1] Der Text ist eine überarbeitete und ergänzte Fassung zweier Studien. (SCHWANDNER/GU 2005; SCHWANDNER/ARLT/GU 2006)

[2] Pressemitteilung der DTZ vom 8. März 2006. Die Gesamtwachstumsrate der ausländischen Besucher betrug im Jahr 2005 im Vergleich zum Vorjahr 6,4 %.

[3] Pressemitteilung der DTZ vom 15. Dezember 2005.

Für BALOGLU/MCCLEARY (1999) hat das Image eines Reiselandes einen wichtigen Einfluß bei der Auswahl. Dabei ist das Image sowohl von den zugeschriebenen Eigenheiten des Landes als auch von den Vorstellungen der Touristen abhängig. BONN/JOSEPH/DAI (2005) untersuchten die verschiedenen Eigenschaften (im Sinne von Kriterien), um die Bewertung und mögliche Differenzen in der Gewichtung dieser Kriterien durch nationale und internationale Besucher erfassen zu können. Dabei fanden sie in Florida klare Unterschiede zwischen einheimischen und internationalen Touristen in der Bewertung von Kriterien wie guter Service oder Umweltaspekte. Ausländische Besucher in Florida hatten höhere Erwartungen und verlangten einen höheren Standard an Service und Umweltaspekten, als einheimische Besucher.

Der kulturelle und nationale Hintergrund kann dabei zu unterschiedlichen Einschätzungen, ästhetischen Vorlieben oder Prioritäten führen. Diese Unterschiede verändern sich trotz der Globalisierung, einer noch nie da gewesenen größeren Reiseerfahrungen von Touristen und des weltweiten Gebrauchs des Internets als Informationsmedium im Tourismus zunehmend eines der wichtigsten Buchungswege nicht. Zudem nimmt die Kenntnis anderer Kulturen und der jeweiligen Unterschiede zu und möglicherweise die Ignoranz gegenüber anderen Kulturen ab.

Chinesische Konsumenten unterscheiden sich deutlich von anderen asiatischen Konsumenten. Dieses hat GALLUP erst in einer 2006 veröffentlichten Langzeitstudie beschrieben.

„Unlike other survey, the Gallup effort looked at the habits, hopes, and plans of all Chinese adults, from rural farmers to city dwellers. Following the baseline survey in 1994, Gallup completed three additional countrywide surveys, each garnering more than 3,000 responses. The data culled from the surveys represent not just a snapshot but a moving picture of the Chinese people´s changing tastes and desires during a decade of explosive development." (MCEWEN/FANG/ZHANG/BURKHOLDER 2006: 71f.)

Entsprechend dieser Ergebnisse entwickeln chinesische Arbeiter einen zunehmenden Wunsch, ihre Individualität auszudrücken – ein Trend der ein Entstehen einer chinesischen Ich-Generation bedeuten könnte. Obwohl in dieser Studie nur die Wichtigkeit in der Anschaffung von Konsumgütern wie Automobile, Computer, Stereoanlagen, Fernsehgeräte, digitale Kameras Magazine, Zeitschriften und ähnliches untersucht wurde, kann dieser Trend auch für Reiseaktivitäten gelten.

Für SAKAKIDA/COLE/CARD (2004) bestehen unterschiedliche kulturelle Bewertungen und Reisepräferenzen zwischen japanischen und amerikanischen Touristen. LITVIN/CROTTS/HEFNER (2004) fanden ebenfalls deutliche Verhaltensunterschiede wie die Genauigkeit der Reiseplanung (in welchem Umfange bereits vor Antritt der Reise Flüge, Hotels, Rundreise, Mietwagen usw gebucht werden) oder bei der jeweiligen Präferenz für Gruppen- oder Einzelreisen bei japanischen und deutschen Amerikatouristen, die sie auf unterschiedliche Ausprägungen im Sinne der Hofstedes[4] kulturellen Dimension „Unsicherheitsvermeidung" in Verbindung brachten.

KIM und YOON haben zeigen können, dass die affektive Konstruktion eines Images einen größeren Einfluss hat als die Kognitive (KIM/YOON 2003). Für ARMSTRONG und

---

[4]   GEERT HOFSTEDE unterscheidet insgesamt fünf kulturelle Dimensionen: Power Distance, Uncertainty Avoidance, Masculinitiy, Individualism und Longterm Orientation (=Confucian Dynamism). Vgl. im Einzelnen in HOFSTEDE 1980.

MOK (1995) bestimmt die kulturelle Wahrnehmung einer Destination auch ihre Wahl der Destination. Einige Studien haben die Erwartungshaltung und Motivation von Festlandchinesen, die nach Hong Kong (WANG/SHELDON, 1995; ZHANG/LAM 1999; HUANG/HSU 2005), Australien (YU/WEILER 2001), und Hawaii (UNIVERSITY OF HAWAII 2003) reisen, untersucht. Dabei kommen die chinesischen Touristen nach ZHANG und HEUNG (2001) vor allem aus den drei großen Städten: Beijing, Shanghai und Guangzhou (Kanton). Auch wenn dieser Trend noch eine Weile anhalten wird, werden zunehmend Chinesen auch anderer Städte und Regionen die finanziellen und immer noch bestehenden bürokratischen Regelungen überwindenden Möglichkeiten haben ins Ausland zu reisen. Die Kenntnis chinesischer Vorstellungen und Erwartungen von europäischen Ländern kann den nationalen Fremdenverkehrorganisationen helfen, entsprechende Marketingstrategien zu entwickeln.

Bisher gibt es nur zwei Studien, die sich mit den Assoziationen und Erwartungen von Europa als Reisedestination chinesischer Tourismusstudenten beschäftigt haben (SCHWANDNER/GU 2005; SCHWANDNER/ARLT/GU 2006). Das ist verständlich angesichts der Tatsache, dass Europa (mit der Ausnahme von Russland) nicht unter den ersten zehn Destination chinesischer Touristen erscheint (ARLT 2006), und Chinesen ohnehin erst seit kurzem nach Europa reisen dürfen und können. Sicher ist auch der Kostenfaktor verantwortlich für das Reiseverhalten von Chinesen. Sie bevorzugen deshalb immer noch leicht erreichbare, nahe Ziele, an erster Stelle Hong Kong und Macau. Aber dies wird sich ändern, wenn einerseits Fernreisen für eine größer werdende Mittelschicht erschwinglich werden und andererseits infolge einer zunehmenden Reiseerfahrung der Chinesen auch europäische oder amerikanische Ziele an Attraktivität gewinnen werden.

Leicht satirisch schreibt TOM MILLER in der in Hong Kong erscheinenden South China Morning Post im November 2005 „eine typische Reise nach Europa kostet zwischen 10,000 und 20,000 Yuan (zwischen 1 000 bis 2000 Euro), deshalb ist das Ziel, so viele Länder wie möglich in die Reise zu packen. Eine Reise, organisiert von einem Pekinger Reisebüro, kostet gerade 11,900 Yuan (etwa 1 200 Euro) für eine 15-tägige Tour durch 11 Länder. An Tag vier des straffen Reiseplans wird das Frühstück in Innsbruck eingenommen, das Mittagessen in Venedig und der Kollaps erfolgt dann nach dem Abendessen in Bologna. Die Übernachtung erfolgt in billigen Massenunterkünften, das Essen ist strikt chinesisch mit Durchschnittskosten pro Kopf von lediglich sieben oder acht Euro für die Verpflegung."(MILLER 2005).

Eine siebentägige Reise für junge Leute mit Vollverpflegung nach Deutschland wird von einer Pekinger Reiseagentur für bereits 980 € angeboten (ALDENRATH 2006). Diese Art von „Schnäppchenreisen" und die ansteigende Zahl vom oberen Mittelschichtschinesen mit einer zunehmenden Reiseerfahrung in asiatischen Ländern als erste ausländische Tourismusdestination macht es wahrscheinlicher, dass Europa von der rasch wachsen Reiselust profitieren wird.

Gleichzeitig haben sich die chinesischen Touristen inzwischen einen Ruf als ausgabenfreudige Reisende erworben. Das Markforschungsunternehmen AC Nielsen fand, dass Festlandchinesen die größten Reiseausgabetätigen mit durchschnittlichen Pro-Kopf-Ausgaben von US $ 987 – das ist mehr als die für ihre Kaufwut, vor allem für Luxuswaren bekannten Japaner. Bei Reisen nach Europa gibt der einzelne Chinese im Durchschnitt sogar noch mehr aus, nämlich rund US $ 1,781 (MILLER 2005). Interne Zahlen von Global Refund Co. zeigen, dass die Durchschnittsausgaben bei einem Tax-Free Einkauf in Deutschland bei 196 Euro liegen. Chinesische Touristen geben in erster Linie ihr Geld für Shoppen aus und sparen beim Standard der Unterkunft. Dieses Verhalten entspricht der chinesischen Kultur und Tradition die Reise-Souvenirs mit eindeutiger Herkunft für Freunde und Verwandte eine hohe Bedeutung beimisst. Vor allem der Kauf von berühmten Marken des Ursprungslands ist ein bedeutender Imagefaktor (GLOBAL REFUND 2006).So ist heute bereits jeder achte Tax-Free Umsatzeuro in Deutschland durch Einkäufe von Chinesen verursacht. Für 2005 bedeutet dies einen Umsatz von 54 Mio. Euro.[5]

1.2   Methode der Studie

Mit Hilfe eines Fragebogens wurden im ersten Teil in ungestützten Fragen (ohne Vorgabe von Eigenschaften oder Begriffen) die Assoziationen pauschal zu Europa und im speziellen zu fünf europäischen Ländern - Deutschland, Frankreich, Italien, Großbritannien, Spanien - gefragt. In einer weiteren Frage wurde nach Kenntnis anderer Länder in Europa und die Assoziationen zu diesen Ländern gefragt. In Abgrenzung hierzu wurde nach den pauschalen Assoziationen zu den USA und zu Asien gefragt. Im zweiten Teil des Fragebogens wurden mit Multiple Choice Fragen speziell die Erwartungen und Interessen und der Studierenden zu einem fiktiven Deutschlandbesuch erhoben.

Die Studie umfasst zwei verschiedene Gruppen von Tourismusstudierenden in China. Die erste Gruppe besteht aus 40 Studierenden der School of Tourism, Beijing International Studies University, die zweite aus 45 Studierenden der Sun Yat-sen University, Zhuhai Campus.[6] Die Gesamtzahl der Fragebögen beträgt 85.

Die Studierenden füllten die Fragebögen im Oktober 2004 (Beijing) beziehungsweise im Dezember 2005 (Zhuhai) während des Unterrichts aus. Der Fragebogen war in englischer Sprache. Ein Pilottest zeigte, dass die Studierenden in Beijing über ausreichende Sprachkenntnisse verfügten. Dies galt ebenso für die Studierenden in Zhuhai. Hier wurde der Unterricht ohnehin in englischer Sprache gehalten.

Die Ergebnisse des ersten Teils werden in einer qualitativen Analyse dargestellt. Eine statistische Analyse erfolgte noch nicht, da es im ersten Schritt darum ging, Assoziationen, Stereotype und Vorurteile zu erfassen. Im zweiten Teil werden die Vorstellungen von Chinesen über ihre Interessen und Bedürfnisse bei einer Reise nach Deutschland dargestellt. Auf Grund unserer Ergebnisse können in einem weiteren Schritt die unterschiedlichen Images im Sinne von Kriterien von europäischen Tourismusdestinationen formuliert und mit statistischen Methoden auf ihre Signifikanz hin exploriert werden.

---

[5]   Pressemitteilung vom 3. Mai 2006, http://www.china-outbound.com/press.htm

[6]   An dieser Stelle nochmals herzlichen Dank an Wolfgang Georg ARLT, der die Daten der Zhuhai-Gruppe erhoben hat

1.3 Die Untersuchungsergebnisse im Einzelnen

1.3.1 Das Bild von Europa

Chinesische Tourismusstudierende halten Europa im Allgemeinen für „romantisch mit einer fantastischen Bevölkerung".[7] Europäische Länder werden als sehr unterschiedlich wahrgenommen mit einer vielfältigen Kultur. Europa wird als modern eingeschätzt, wenn auch nicht als so modern wie die USA. Zu ihren Stärken zählen sie die lange Geschichte, wenn auch die chinesische natürlich als viel länger eingestuft wird. Als weitere Stärken werden die Schlösser und Burgen und dabei vor allem die mittelalterliche Architektur aufgeführt. Europa wird als „demokratisch" bezeichnet mit „warmherzigen" Menschen.

1.3.2 Das Bild der USA

In deutlichem Kontrast dazu steht die Wahrnehmung der USA. Zwar haben die USA ein deutlich moderneres Image und werden auch als fortschrittlicher eingeschätzt, auf der negativen Seite wird aber vermerkt, dass die USA auf „Geld und Diskriminierung" basieren. Typische Zitate sind dabei:

- „There are more modern things in the USA than in Europe."
- „Europe is a safer place than USA."
- „The U.S. is considered ‚less safe.'"
- „richer, unsafe, black"
- „high technology, high efficiency"

Einig sind sich die chinesischen Tourismusstudierenden, dass die USA weniger Kultur als Europa haben („Less culture than Europe!") und, dass die USA „too modern, too crowded, too individualistic" sind. Wenn Studierende „want to enjoy the old western countries culture," dann reisen sie nach Europa, wenn sie jedoch neue Dinge erleben wollen, dann würden sie die USA als Reiseziel wählen.

Kurz gefasst, die USA werden mit „business, economics, democracy und Wall Street" assoziiert.[8]

---

[7] Zitate von Studierenden sind in Anführungszeichen, die Rechtschreibung wurde nicht korrigiert

[8] Ausführlich zu dem USA-Bild der Chinesen auch CAROLA MCGIFFERT: 2005

1.3.3   Das Bild anderer asiatischer Länder:

Andere asiatische Länder sind den chinesischen Studierenden vertraut, auch wenn sie noch nie dort waren. Diese Vertrautheit macht sich vor allem an der ähnlichen Hautfarbe fest und der Tatsache, dass Chinesen zu Recht davon ausgehen, dass es in allen asiatischen Ländern eine starke ethnische Präsenz von Chinesen gibt. Typische Zitate sind:

- „similar color of skin and may see many Chinese",

- „do not have a sense of dealing with an alien culture",

- „we know much more about them than Europe because of the (closer) distance."

Auf der anderen Seite sind „European countries more developed", aber Asien ist „more polite, more humour". Ungewöhnlich offen wird die Einstellung zu Japan geäußert wie „I hate Japanese", eine Aussage, die man sicherlich in dieser Krassheit in einer ähnlichen Untersuchung weder in Europa und noch weniger in den USA finden würde. Damit soll nicht gesagt werden, dass es auch in diesen Ländern nicht solche Einstellungen gibt, sie werden jedoch, wenn überhaupt, nur „privat" geäußert. Diese Äußerungen - in erster Linie zu Japan- mögen auch ein Spiegel des wachsenden Nationalismus in China sein. Vor allem nach 1989, wo sich die zunehmende Differenz zwischen der sozialistischen Ideologie und der marktwirtschaftlichen Realität zeigte, reagierten Regierung und Partei mit einem verstärkten Spielen nationalistischer Töne (sichtbar zum Beispiel bei der Randale anlässlich des Fußball WM Qualifikationsspiel China gegen Japan im Worker's Stadium in Beijing 2004).

„One problem for China is that its most active nationalists are drawn from the very middle class upon whose support the party depends. Peter Gries of the University of Colorado says that many of those who took part in last year's protests were ‚savvy urban yuppies' rather than the losers from economic reform. Mr Gries describes them as ‚computer-literate cyber-nationalists', well educated and exposed to world politics" (The Economist 2006).

1.3.4   Assoziationen und Stereotypes zu fünf Europäischen Ländern

(1)   Das Bild von Deutschland

In einer Studie von TNS Emnid im Auftrag des Bundespresseamts, die im November 2004 veröffentlicht wurde, gelten die Deutschen im Ausland nach wie vor als fleißig, ernst und wohlhabend. Dagegen zählen die „zwischenmenschlichen, emotionalen Züge" wie Gastfreundlichkeit, Toleranz und Fröhlichkeit nach einer in elf Staaten Europas, Amerikas und Afrikas durchgeführten Studie von TNS Emnid nicht zu den Stärken der Bundesbürger. Am meisten beeindruckt ist das Ausland von der Wirtschaftskraft sowie den sportlichen Leistungen der Deutschen (Spiegel, 2004). In einer anderen Studie vom September 2004 der Boston Consulting Group mit dem Titel „Deutschland – ein Perspektivenwechsel" wurden die Eigenschaften Deutschlands in der Wahrnehmung ausländischer Wirtschaftsmanager und Wissenschaftler mit den Tugenden Zuverlässigkeit, Beständigkeit, Leistungsbereitschaft und Disziplin beschrieben. Auf der anderen Seite stehen aber auch Beschreibungen wie streng, rigide, unflexibel und konservativ (BCG 2004: 7).

Chinesische Tourismusstudierende assoziieren mit Deutschland am häufigsten Bier. In der Beijing-Gruppe war die zweithäufigste Nennung die MICE-Industrie, was verständlich ist, da die Studierenden auch einen Kurs in Convention & Event Management belegen und die Befragung im Anschluss an einer Vorlesung über die MICE Industrie erfolgte. Neben allgemeinen Erwähnungen von Landschaftsbegriffen wie den Alpen, Bergen und dem Rhein wurden mehrfach in beiden Gruppen auch die (mittel)alte Architektur und Schlösser genannt. Deutschland hat saubere Straßen viel Kultur (culture, heritage) mit Museen und Traditionen. Die Berliner Mauer und Berlin wurden mehrfach in der Zhuhai-Gruppe erwähnt, ebenso Fußball. Die Berliner Assoziationen sind in dieser Gruppe möglicherweise ein Artefakt, da der Fragebogen im Unterricht eines aus Berlin stammenden Kollegen ausgefüllt wurde. Interessanterweise wird der Komplex MICE Industrie in der Zhuhai-Gruppe nicht ein einziges Mal erwähnt. Das Stichwort Berlin wurde dafür in der Beijing-Gruppe nicht erwähnt.

Das Persönlichkeitsprofil der Deutschen aus der Sicht von Chinesen ist in beiden Gruppen ziemlich übereinstimmend. Deutsche gelten als hart arbeitend, strikt, pünktlich und präzise. In einigen Nennungen kamen auch Eigenschaften wie Freundlichkeit und „enjoy themselves" vor.

Begriffe	Anzahl der Nennungen	(weitere) Beispiele
Bier	18	good beer
Fußball	7	
Berlin	6	Berlin, Berlin Wall
MICE Industrie	10	convention, exhibition, MICE
Weltkrieg (World War)	5	WW1, WW2, KZ, face up to WW2, WW 2
Landschaft, Architektur	12	alps, mountains, Rhine,
Eigenschaften Land	10	clean streets, advanced technology
Eigenschaften Menschen	11	friendly, always on time, do work strictly, logic
Kultur	8	museums, heritage, culture
Produkte (außer Bier)	9	cars, chocolate, cosmetics, wine

Abb. C.1-1 Tabelle der am häufigsten genannten Assoziation zu Deutschland durch Studierende (beide Gruppen)

Zum Vergleich unserer empirischen Ergebnisse ein Überblick von PETRA ALDENRATH zum Deutschlandbild in chinesischen Reiseführern. Die in ihrer Buchauswahl angesprochenen Themen und Deutschen zugeschriebenen Eigenschaften sind in hohem Maße deckungsgleich mit unseren Ergebnissen.

So werden in YAN JINGQIANS Reiseführer mit dem Titel „Eindrücke über Deutschland" das Heidelberger Schloß, Neuschwanstein oder Städte wie Berlin, München, Köln und Frankfurt am Main als „Geheimtips" des Autors vorgestellt.

„Die Schönheit des Landes wird ausgiebig gelobt. Ansonsten aber läßt Yan Jingqian kaum ein gutes Haar an Deutschland. So habe er weder leckeres Essen noch begehrenswerte Mädchen vorgefunden. Auch Warmherzigkeit und Romantik vermißt YAN JINGQIAN. „Die Deutschen sind wie eine Gruppe von Maschinen mit quadratischen

Kinnladen, die nur Gehorsamkeit und Disziplin kennen. Ganz Deutschland gleicht einem feingeschliffenen Metall. Es ist kalt, hart und nur mit sehr heißem Feuer zu schmelzen", so sein Fazit. Ebenfalls neu auf dem chinesischen Markt ist ‚Deutschland', ein Buch aus der ‚Insight Guide'-Reiseführer-Reihe, das viele nützliche Verhaltenstips für Chinesen enthält, wie etwa den, nicht mit dem Schlafanzug auf die Straße zu gehen. Was in chinesischen Städten üblich sei, könne in Deutschland für Ärger sorgen. Chinesische Deutschlandbesucher werden außerdem ermahnt, nicht wie gewohnt in voller Lautstärke beim Museums- oder Kirchenbesuch zu plaudern oder die Bänke für eine Zwischenmahlzeit zu mißbrauchen. Und weil viele Chinesen noch nie mit einer Wassertoilette in Berührung kamen, gibt es auch eine kleine Einführung in die sanitären Anlagen Westeuropas." (ALDENRATH 2006: 100)

(2)   Das Bild von Frankreich

Frankreich gibt für chinesische Studierende im Vergleich zu den Vorstellungen zu allen anderen europäischen Ländern ein ziemlich eindeutiges Bild ab. Das zentrale Stichwort ist dabei Romantik. Diese Assoziation wird bei mehr als der Hälfte der Antworten aufgeführt. Aber auch die weiteren Assoziationen zeigen, dass Frankreich als das Land mit viel Kultur, Lebensart und schönen Frauen bei Chinesen gilt. So werden auch die Mode, Parfum, Festivals und gutes Leben mit Frankreich verknüpft. Paris ist die bekannte Stadt in Frankreich. Kein Wunder, dass Frankreich als das mit Abstand populärste europäische Land gilt. Li Zi, schreibt in der Beijing Review, dass „surveys show that France is the first option Chinese citizens choose when it comes to European tours" (BEIJING REVIEW 2004).

In unserer Frage nach der Rangfolge des Wunsches europäische Länder zu besuchen, wurde Frankreich von fast der Hälfte der Befragten an Nummer eins gesetzt. An zweiter Stelle kommt Großbritannien, danach Deutschland. Spanien als das unbekannteste europäische Land kommt mit Abstand auf den fünften Platz. Zwischen den beiden Gruppen (Zhuhai und Beijing) gibt es hier nur kleine Unterschiede auf den Plätzen zwei bis vier.

(3)   Das Bild von Großbritannien

Die Wahrnehmung von Großbritannien ist vielfältiger, aber auch weniger eindeutig: Häufige Assoziationen sind „gentle, gentlemen, and friendliness". Aber auch Fußball, das Erziehungswesen und schlechtes Wetter, sprich Regen, Regen, Regen. Außerdem die Feststellung, dass Großbritannien anders als Kontinentaleuropa sei., Diese Ergebnisse stimmen mit den Untersuchungen von Visit Britain überein, in denen als Stärken „history and heritage," und „English as the desired language to learn," gefunden wurden, als Schwächen jedoch das „staid conservative image, poor weather and unfamiliar food" (VISIT BRITAIN 2003). Ingesamt überwiegt jedoch ein deutlich positives Bild, vor allem der Wahrnehmung von „freundlichen Menschen".

Die Tatsache, dass das Bildungswesen nur bei Großbritannien angegeben wurde, spiegelt sich auch in den chinesischen Studierenden zahlen wider. Im Jahr 2004 studierten rund 60 000 Chinesen in Großbritannien, verglichen mit 25 000 Studierenden in Deutschland (rund 40 000 in Frankreich und lediglich rund 600 in Italien (RAMPINI 2005: 328[9])).

(4)   Das Bild von Italien

In Italien überlebt der Mythos des Latin lover trotz der Beschreibung seines Niedergangs durch GORDON ALLPORTS klassischer Studie in der ersten Hälfte des 20. Jahrhunderts (ALLPORT 1954).

„Der künstlerische und heißblütige Italiener, eine Mischung aus dem temperamentvollen Künstler und dem fröhlichen Leierkastenmann, ist immer noch unter uns, aber … er ist nur noch ein verblaßtes Image seines früheren Selbst."[10]

Für chinesische Studentinnen gibt es in Italien viele „handsome guys".[11] Eine der Stärken Italiens ist sein Image als Modezentrum mit seinen Luxusmarken, seinem gutem Essen, seien es Spaghetti oder Pizza, und wiederum Fußball. Weitere häufig genannte Assoziationen sind die mittelalterliche Architektur und seine „famous artists", auch wenn dann kein einziger namentlich genannt wird. Als Städte tauchen Venedig und Mailand auf. Italien gilt als „not so rich, but heritage" und „too old country, not so good as France."

Im Spätjahr 2005 begann die Universität von Siena in Zusammenarbeit mit der Regionalverwaltung der Toskana und der regionalen Tourismus Agentur eine Strategie zu entwickeln, um auf der Grundlage der Stärken der Region, Küche und Wein, Kultur (archäologische Stätten der Etrusker) und Mode (Florenz mit der Marke Gucci und andere bekannte Luxusmarken) chinesische Touristen anzuziehen.

Als ein erstes Resultat gewann auch die Agenzia per il Turismo di Firenze mit ihrem neuen Reiseführer auf Chinesisch den ECTW[12] Silver Award in Marketing, der während der ITB im März 2006 verliehen wurde (COP 2006).

---

[9]   Die bei RAMPINI angegebenen Zahlen für Frankreich mit 40 000 und Irland mit 35 000 scheinen deutlich zu hoch zu sein. Wir gehen aber davon aus, dass die Zahl für Italien relativ genau sein dürfte. Für Deutschland wird die falsche Zahl von 50 000 angeben, die letzen verfügbaren Zahlen gehen von rund 25 000 chinesischen Studierenden in Deutschland aus. Quelle: CHINESISCHE BOTSCHAFT IN BERLIN, Rede des Botschafters Ma vom 19.10.2005 http://www.china-botschaft.de/det/jj/t217824.htm

[10] Zitat aus der deutschen Ausgabe von GORDON ALLPORT: Die Natur des Vorurteils, 1971 Kiepenheuer & Witsch Seite 211. ALLPORT verglich u.a. die Einstellungen amerikanischer Studenten zu den Eigenschaften, die Italienern 1932 und 1950 zugeschrieben wurden.

[11] Einer der Autoren (GS) erntete bei der Erwähnung dieser Ergebnisse vor italienischen Studierenden an drei Universitäten in der Toskana jeweils große Lacherfolge.

[12] Der European Chinese Tourists Welcoming ECTW Award wird organisiert vom China Outbound Tourism Research Project und den Partner World Tourism Organisation, Asia-Pacific Representative und dem Sponsorship von Global Refund Co. Der ECTW Award ist 2006 zum dritten Mal vergeben worden mit 15 Gewinnern aus 8 Europäischen Ländern. Gold Medals gingen an London, Austria, die deutsche Märchenstrasse, Galeries Lafayette in Paris und Gassan Diamonds in Amsterdam.

(5)   Das Bild von Spanien

Spanien ist das unbekannteste Land nach dem wir fragten („don't know much") und es scheint „that this country is not so developed as other European countries". Die dominanten Associationen sind Stierkampf und Fußball (REAL MADRID, Barcelona). Die Menschen werden als lebenslustig eingeschätzt „couples dance in the street" mit „beautiful women". In der Zhuhai-Gruppe wurde die Schweiz gleichwertig mit Spanien als Reiseziel angeben, wobei die Schweiz ungestützt genannt wurde.

Die Vermarktung Spaniens, immerhin das Land mit den zweitmeisten internationalen Ankünften, ist derzeit noch ein schwieriges Unterfangen und dafür ist neben der Tatsache, dass Chinesen wenig über Spanien wissen, die schlechte Erreichbarkeit durch fehlende Direktflüge.[13] Die spanische Tourismuswirtschaft verstärkt jedoch in den letzten Jahren ihre Bemühungen, erfolgreich auf dem chinesischen Reisemarkt zu sein. So gewann die Stadt Torremolinos im März 2006 den ECTW Silver Award in Human Resources Development mit einem interkulturellen Trainigsprogramm und Progestur Espana gewann den ECTW Bronze Award. 2005 hatte die Stadt Madrid einen spanischen –chinesischen Reiseführer für den ECTW Award eingereicht.

(6)   Das Bild anderer Länder in Europa

Lediglich zwei weitere europäische Länder finden in der Beijing-Gruppe Erwähnung. Es sind dies Norwegen (kalt und sauber) und die Schweiz, letztere wurde dreimal erwähnt. Die Schweiz gilt als reich mit einer geschützten Umwelt. In der Zhuhai-Gruppe wurde dagegen eine Vielzahl europäischer Länder erwähnt. Die Schweiz wird so häufig erwähnt, dass sie in unserer Punktebewertung mit Spanien gleich zieht. Falls es sich hierbei ebenfalls nicht um ein Artefakt handelt (ein chinesischer Hochschullehrer der Klasse kehrte kurz zuvor von einem Schweizaufenthalt zurück), kann dies auch Ausdruck einer erfolgreichen Marketingstrategie der Schweiz sein, die als erstes europäisches Land im Jahr 1998 eine Tourismusvertretung in Beijing eröffnete und ohnehin seit Jahren ein sehr differenziertes Programm zur Attraktivitätssteigerung der Schweiz für chinesische Touristen unterhält.[14]

---

[13] Im März 2006 gab es keine Non-Stop Flüge von Madrid oder Barcelona, als den beiden Hauptflughäfen Spaniens, nach China.

[14] Dies zeigt sich auch in der Anzahl der ECTW Awards der letzten Jahre, die Schweizer Institutionen gewonnen haben.

Länder-präferenz	1. Platz	2. Platz	3. Platz	4. Platz	5. Platz	Ge-samt
Frankreich	20	13	5	1	2	171
Deutschland	6	12	13	6	3	132
Großbritannien	10	8	6	3	4	110
Italien	2	3	12	11	6	86
Spanien	1	1	2	8	7	38
Schweiz	2	2	4	3	2	38
Griechenland	1	1	0	1	2	13
Finnland	1	2	0	1	2	17
Niederlande	0	1	0	1	3	9
Schweden	1	0	0	1	2	9
Norwegen	0	1	0	1	3	9
Österreich	0	0	1	0	0	3
Dänemark	0	0	0	1	1	3
Russland	0	0	0	1	0	2
Polen	0	0	0	0	1	1

Abb. C.1-2 Rangliste der Länderpräferenz (Zhuhai Gruppe)

Wenn beide Gruppen (Beijing und Zhuhai) berücksichtigt werden ist der Vorsprung Frankreichs bei der Reisepräferenz sogar noch größer. Hier kommt Frankreich auf eine Punktzahl von 299, Großbritannien auf 225, Deutschland auf 209, Italien auf 183 und Spanien weiterhin abgeschlagen auf 98. Auch wenn diese Ergebnisse nicht überinterpretiert werden sollten, zeigen sie sicherlich, dass Frankreich mit deutlichem Abstand die gewünschte Reisedestination für junge Chinesen ist. Interessant ist der ungestützte Bekanntheitsgrad der Schweiz, was möglicherweise auch mit den seit Jahren bestehenden Aktivitäten der schweizerischen Tourismuswirtschaft auf und für den chinesischen Markt zu tun haben könnte.

1.3.5 Deutschland als Reiseziel

Chinesische Reisende bevorzugen eine chinesische Fluggesellschaft. Alternativ kommt eine europäische Fluggesellschaft, in unserem Fall die Lufthansa, in Frage.

Während die meisten eine Gruppenreise vorziehen, wünschen sich bereits ein Drittel der Befragten das Reisen alleine oder zusammen mit einem Freund oder einer Freundin. Dieser Wunsch nach selbständigem Reisen, der mit zunehmender Reiseerfahrung auch wachsen, wird dürfte ein guter Ausgangspunkt für individuell zusammenstellbare Angebote sein. Vor allem in der Zhuhai-Gruppe wollten mehr als die Hälfte aller Befragten lieber mit einem „boy/girl friend" unterwegs sein (23 von 45).

Flug (beide Gruppen):
Chinesische Fluggesellschaft 62.5%
Deutsche/Europäische Fluggesellschaft 30 %
Organisation (BJ Gruppe):
alleine 35%
Gruppenreise 65%

Abb. C.1-3   Flug und Organisation

Bei Reisen innerhalb Deutschlands nennen 40% der Befragten den Zug als bevorzugtes Bewegungsmittel, der Bus rangiert knapp dahinter mit 35%. Immerhin ein Viertel kann sich bereits vorstellen, mit einem eigenen (Leih)wagen zu reisen. Bei dieser Frage gab es auch keine Unterschiede zwischen den beiden Gruppen in Beijing und Zhuhai.

die fünf wichtigsten Aktivitäten
1.   Kultur (65%)
2.   Essen und Trinken (55%)
3.   Shopping (47.5%)
4.   Health (spa, wellness, medical treatment) (15%)
5.   Sport (Golf) (5%)
die fünf wichtigsten Interessen
1.   Strand (47.5%)
2.   Berge (Alpen) (42.5%)
3.   mittelalterliche Städte (40%)
4.   Landschaft allgemein (22.5%)
5.   Großstädte (deutscher Standard) (12.5%)

Abb. C.1-4   Deutschland als Reiseziel (nur Beijing Gruppe): Aktivitäten und Interessen

Bei unserer Untersuchung setzten Chinesen Kultur an die erste Stelle bei der Frage nach ihren Interessen in Deutschland gefolgt von Essen, Trinken und Shopping. Allerdings sollten diese Ergebnisse nicht überinterpretiert werden. Für Chinesen ist Deutschland (noch) kein Reiseland, um sich medizinisch behandeln zu lassen, wie dies ja bereits für eine wachsende Klientel vor allem aus dem Nahen Osten gilt. Auch als aktive Sportdestination, wie z.B. Golf, ist Deutschland für Chinesen kein Reiseziel.

Obwohl es nur in Bayern einen alpinen Tourismus gibt, wird dieser von fast der Hälfte der Beijinger Gruppe erwähnt. Überraschenderweise werden auch häufig Strände erwähnt, was entweder auf eine gute Kenntnis der Geographie (Nordsee, Ostsee, Friesische Inseln) schließen lässt oder auch das Gegenteil, die schlichte Vermutung, dass ja irgendwo auch Strände sein müssen. Als typisch romantische, mittelalterliche Städte sind Destinationen wie Heidelberg bekannt.

Bei den persönlichen Reiseausgaben machen die allgemeinen Reisekosten mit 50% den Hauptanteil aus, Ausgaben für Essen, Trinken und Eintrittskarten für Events kommen mit 35% an zweiter Stelle. Ausgaben für Unterkunft wurden von 22.5% und Shopping mit 15% nachrangig genannt. Vor allem die geringe Bedeutung der Ausgaben von Shopping widerspricht allen Erfahrungen mit Chinesen, in unserem Falle kann dies aber auch darauf zurückgeführt werden, dass die befragte Gruppe aus Studierenden ohne Einkommen bestand.

Essen und Trinken
Deutsche Küche 68,75%
Chinesische Küche 25 %
Internationale Küche 18,75%
Bier 30%
Wein 12.5%
Kommunikation (Sprachpräferenz)
auf Chinesisch durch
1. Reiseleiter aus China 13%
2. chinesischen Studenten in Deutschland 18%
3. Reiseagentur 9%
auf Englisch 38%
auf Deutsch mit Übersetzung ins Chinesische 7%
Chinesische Erläuterungen in Museen, öffentliche Plätze, touristisch interessante Orte 15 %

Abb. C.1-5 Infrastruktur in Deutschland für Chinesische Touristen (beide Gruppen)

Einer Untersuchung der University of Hawaii nach wünschten 94.9% „dining in Chinese restaurants" (UNIVERSITY OF HAWAII 2003), diese Einschätzung entspricht der Alltagserfahrung, dass Chinesen nur chinesisch essen wollen, wenn sie reisen, auch wenn sie die Qualität des chinesischen Essens im Ausland eher gering schätzen dürften. In unserer Untersuchung kamen wir jedoch zu etwas anderen Ergebnissen. Hier wurde deutsche Küche mit 68,75% noch deutlich vor chinesischer Küche (25%) angegeben. Möglicherweise gibt der Prozentsatz auch nur lediglich das Interesse an deutscher Küche wieder, was nicht unbedingt bedeuten muss, dieses in die Tat umzusetzen. Bier wird gegenüber Wein deutlich bevorzugt. Dies entspricht auch dem üblichen Konsumentenverhalten von Chinesen in China, liegt hier der durchschnittliche Bierkonsum pro Jahr und Kopf bei etwa 15 Litern,[16] der von westlichem Wein lediglich bei 0,3 Litern Jahresverbrauch.[17]

---

[16] Ohnehin ist China mittlerweile der größte Biermarkt der Welt mit zweistelligen Wachstumsraten.

[17] Quelle: ROBERT LÜCKE „Drachenauge Spätlese" in Frankfurter Allgemeine Sonntagszeitung, 18. September 2005, Nr. 37, S. 64. Die Zahl dürfte sich auf das Jahr 2002 beziehen.

„Chinese react highly positively towards information in their own language, even if they have a working knowledge of English. This is an example of different cultural values: German tourists flee restaurants that advertise ‚Deutsche Speisekarte' and are proud of their foreign language abilities, while Chinese people feel honored if their culture and language is used and flock to Chinese restaurants when travelling" (ARLT 2005).

Die bevorzugte Kommunikationssprache während der Reise ist entweder Englisch oder Chinesisch. Immerhin konnte sich fast jeder Fünfte vorstellen, von einem/r in Deutschland studierenden Landsmann oder -frau geführt zu werden. Da chinesische Studierende mittlerweile die mit Abstand größte Gruppe internationaler Studierenden in Deutschland ausmachen, dürfte dies auch „technisch" kein Problem darstellen. Meistens sind diese Studierenden ohnehin mehrsprachig sowie vertraut mit deutschen Gewohnheiten und daher in der Lage, interkulturelle Unterschiede und Missverständnisse überwinden helfen. Allerdings sollten diese „Touristguides" trotzdem eine spezielle Ausbildung haben, damit die Informationen, die sie weitergeben, faktisch korrekt sind. Die große Zahl und einfache Verfügbarkeit chinesischer Studierender als „cross-cultural mediators" in jeder deutschen Hochschule könnte ein gutes Verkaufsargument für Reiseagenturen in Deutschland sein.

1.4   Schlussfolgerung

Die beiden Gruppen unserer Untersuchung vermitteln einen guten Einblick in die Stereotypen und Assoziationen junger chinesischer Tourismusstudierender bei europäischen Reisezielen, vor allem Deutschland. Ein zielgruppenorientiertes Marketing für den chinesischen Markt zu entwickeln, ist diese Kenntnis unabdingbar, stellen Tourismusstudierende doch diejenige Gruppe dar, die auf der chinesischen Seite den Markt zukünftig prägen werden. Tourismus Professionals sind Meinungsbildner und beeinflussen die touristische Infrastruktur auf der Angebotsseite aber auch auf der Nachfrageseite. Dies trifft vor allem solange zu wie Gruppenreisen das bevorzugte Reiseverhalten von Chinesen bei Europareisen sind.

Eines der überraschenden Resultate unserer Untersuchung war, dass bereits ein Drittel der Studierenden alleine oder mit einem Freund/einer Freundin reisen will. Dies sollte zukünftig von Reiseveranstaltern entsprechend berücksichtigt werden. Als primäres Reiseziel gilt Frankreich mit seinem Image als romantische Destination sowie als Mode- und kulinarisches Zentrum. Ein genereller Trend ist heute, dass Fernreisen als Multidestinationsreise gewünscht werden. In eine solche Reise muss Frankreich dann als gesetzte Wunschdestination auf jeden Fall eingebaut werden. Marketingstrategien für den chinesischen Markt sollten diese Assoziationen, Vorurteile und Einstellungen unserer Ergebnisse berücksichtigen.

Derzeit kann niemand in Deutschland mit dem Deutschlandbild von Chinesen zufrieden sein.[18] Hoffentlich ändert sich dieses Bild, wenn mehr Chinesen Deutschland und Deutsche aus eigener Anschauung kennen lernen. Ein gezieltes *cross-cultural* Trainingsprogramm in den Zielländern, wie dies vorbildlich die Schweiz, aber auch andere Länder vormachen, muss dafür erst die Voraussetzungen schaffen. Beim Rei-

---

[18] Auch wenn die uneingeschränkt positive Einstellung der Chinesen zu deutschem Bier der Expansion von Paulaner mit dem Bräuhaus-Konzept in China helfen wird

sen haben Chinesen andere Ansprüche und Erwartungen und deshalb kann man sie nicht mit Japanern vor 20 Jahren vergleichen.

Anhang

Abb. C.1-6   Chinesische Touristen auf der Piazza della Signoria, Florenz, Mai 2005 (Foto G.S.)

Abb. C.1-7   Chinesische Touristen vor dem Kölner Dom, Januar 2006 (Foto G.S.)

Abb. C.1-8   Chinesische Touristen in der Parfümabteilung für Frauen der Galeries Lafayette in Paris (in der Hand eine detailllierte Einkaufsliste) März 2006 (Foto G.S.)

Abb. C.1-9   Chinesische Dienstleistung vor der Kirche Saint Antoni Abat, Palma de Mallorca, April 2006 (Foto G.S.)

2 Zufriedenheit chinesischer Touristen mit den Bedingungen ihrer Europarundreisen: Ergebnisse einer Befragung von vier Reisegruppen

Björn Weyhreter/Kezhu Yang, Heilbronn

2.1 Einleitung

Der chinesische Outbound-Tourismus ist eine relativ junge Erscheinung. Chinesen ist es offiziell erst seit Februar 2003 erlaubt eine Urlaubsreise nach Deutschland zu unternehmen und seit September 2004 in die restlichen Länder der EU zu verreisen.

Europa wird von vielen chinesischen Reisenden als eine einzige Destination wahrgenommen, die man sehen möchte nachdem man schon innerhalb Asiens verreist ist. Bei Europarundreisen liegt der Vorteil aus chinesischer Sicht in einer Besuchsmöglichkeit mehrerer Länder in kurzer Zeit. Europa wird als traditionelle und kulturreiche Destination wahrgenommen. Maßgeblich für einen Besuch sind vor allem die Landschaften, die sich vom Heimatort des Gastes stark unterscheiden. Frankreich kommt hierbei eine Sonderstellung zu und ist für Chinesen beliebtestes Reiseziel in Europa (CHINA OUTBOUND TRAVEL SNAPSHOT 2004: 3)

Deutschland genießt in China ein ausgezeichnetes Image als Messe- und Kongressdestination und gilt als hervorragendes Geschäftsreiseziel. Es wird von den Chinesen vor allem als Zentrum für Produkte mit hoher Qualität geschätzt. An der Spitze der meist erwähnten positiven Punkte Deutschlands stehen: Automarken wie VW/Audi, Mercedes, BMW und Porsche; Deutsches Bier; Sport (Fußball, Tennis, Formel-1); Musikland; Schlösser, Burgen wie in Märchen; Sauberkeit (DZT PEKING 2002: 33) Ausschließlich bekannte Orte werden besucht. München, Füssen, Heidelberg, Frankfurt, Trier (Karl-Marx Geburtshaus), der Rhein, Köln, Bonn, Berlin und Hamburg sind die Hauptdestinationen. Der Besuch von in China bisher eher unbekannter Regionen wird, nach Auffassung der Autoren, für viele Chinesen erst in einigen Jahren zur Debatte stehen, wenn ihre Reiseerfahrenheit steigt. Solange von Urlaubern aus Finanz- und Zeitgründen vorwiegend 10- bis 12-tägige Europarundreisen nachgefragt werden, ist nicht mit einer erfolgreichen Vermarktung von in China eher unbekannten Destinationen in Deutschland zu rechnen. Es wird Aufgabe der Reiseveranstalter sein, Produkte zu entwerfen, die den Wünschen der neuen Gäste entsprechen.

2.2   Fragestellung

Hinsichtlich der Erwartungen chinesischer Gäste an und Zufriedenheit mit solchen Reisen waren die verfügbaren Informationen bisher eher mangelhaft. Die Autoren beabsichtigten deshalb diese Lücke an deutschsprachiger Literatur zu schließen. Sie führten zu diesem Zweck eine Umfrage an vier einem Reiseveranstalter zugehörigen Busgruppen auf Europarundreise durch.

Folgende Fragestellungen wurden bearbeitet:

* Soziodemographisches Profil der Reisenden (Alter, Geschlecht, Bildung, Beruf)

* Kenntnisstand bezüglich der Destination und Erwartungen an die Reise

* Zufriedenheit mit Einzelaspekten der unternommenen Reise

* Abhängigkeit der Zufriedenheit von verschiedenen Faktoren

Aus diesen Erkenntnissen wurden Handlungsempfehlungen für Reiseveranstalter und Hotels entwickelt, die zu mehr Kundenzufriedenheit führen sollen.

2.3   Methodik

Zur Messung der Zufriedenheit der chinesischen Gäste entwickelten die Autoren einen Fragebogen, der Aufschluss über die Gästestruktur, die Reisemotivation sowie die Zufriedenheit mit der unternommenen Reise geben sollte. Der Fragebogen besteht aus 24 Items, die folgenden Aspekten der unternommenen Reise entsprechen:

---

1) Sehen wie andere Menschen leben 2) Einen neuen Ort besuchen 3) Schöne Landschaft sehen 4) Preis-Leistungsverhältnis 5) Mal was anderes erleben 6) Über meinen Urlaub sprechen wenn ich nach Hause komme 7) Einen neuen Ort besichtigen, an dem meine Freunde und Verwandte noch nicht gewesen sind 8) Informationen über die jeweiligen Sitten und Gebräuche erhalten 9) Informationen über das Bildungssystem in Europa 10) Reiseverlauf 11) Materielle Qualität des Hotels 11) Service des Hotels 12) Qualität des Bus 13) Freundlichkeit des Guide 14) Wissen des Guide 15) Historische Sehenswürdigkeiten besuchen 16) Historische Sehenswürdigkeiten besuchen 17) Casinos und Nightclubs besuchen 18) In westlichen Restaurants speisen 19) In chinesischen Restaurants speisen 20) Museen und Galerien besuchen 21) Shoppen gehen 22) Parks und Gärten besuchen 23) Theater und Special Events besuchen 24) Freie Zeit zur eigenen Verfügung

---

Zufriedenheit wurde als gewichtete Zufriedenheit erfasst. Das bedeutet, dass die Touristen zunächst bei jeder Aussage Angaben über die subjektive Wichtigkeit und dann über ihre Zufriedenheit bezüglich der einzelnen Aspekte der Reise machen sollten. Das Konzept der gewichteten Zufriedenheit orientiert sich an Arbeiten von Henrich und Herrschbach (in SCHWARZ ET AL. 1995: 77ff.) zur Lebenszufriedenheit. Die Skala der Items reicht von 1 bis 5, das heißt von „nicht wichtig" bis „extrem wichtig", bzw. von „unzufrieden" bis „sehr zufrieden".

Die gewichtete Zufriedenheit (GZ) lässt sich mit folgender Formel berechnen:

GZ = (W-1) * (2*Z-5)

Die GZ ist folglich ein Produkt aus Wichtigkeit (W) und Zufriedenheit (Z). Beispiel: Ist jemandem ein Aspekt sehr wichtig (W=5) und er ist damit auch sehr zufrieden (Z=5), so ergibt sich eine GZ von +20 (4*5=20). Ist jemandem dagegen etwas sehr wichtig (W=5) und ist damit aber sehr unzufrieden (Z=1), dann ergibt sich eine GZ von -12 [4*(-3)=(-12)]. Somit ergibt sich eine Skalenweite von -12 bis +20 bei einer Skalenmitte von +4.

Die interne Konsistenz des Messinstrumentes war sehr hoch (Cronbach's alpha = 0,95), was für die Eindimensionalität des Fragebogens spricht.

2.4 Datenerhebung

Nach Ablauf der Reise wurden die Fragebögen in chinesischer Sprache vom Reiseleiter an die Gäste ausgeteilt. Insgesamt wurden vier Busreisegruppen befragt, die eine Tour durch Europa gebucht hatten. An 174 Personen wurden Fragebögen ausgeteilt, 154 gaben den Fragebogen zurück. Die Rücklaufquote betrug somit 88,5%.

2.5 Datenauswertung

Die Daten wurden mit SAS 6.12 (Statistical Analysis System) ausgewertet. Die Auswertung erfolgte überwiegend deskriptiv. Zur Prüfung von Mittelwertsunterschieden wurden Wilcoxon Two-Sample Tests durchgeführt. Ein signifikanter Unterschied wurde bei $p \leq 0,05$ angenommen (= Irrtumswahrscheinlichkeit $\leq$ 5%).

2.6 Ergebnisse

2.6.1 Soziodemographisches Profil

Die Antwortenden waren zwischen 18 und 65+ Jahren alt (Abb. 1). 76% der Befragten waren im Alter von 25-54 Jahren. Ein Großteil der Gäste war männlich (60,1%) mit mittlerer bis guter Schulbildung (2 Jahre College 40,8%, 4 Jahre Universität 8,6% und Master und darüber 2,6% / 52% insgesamt). 19,5% der Antwortenden waren über 55 Jahre alt und gehörten somit der „verlorenen Generation" Chinas ohne gute Schulbildung an. 13,9% der Gäste besuchten die Schule nach eigenen Angaben nur bis zur 9. Klasse. Die Mehrheit, über 55% der Reisenden, übte Bürotätigkeiten aus; 23,4% waren Manager.

	Anzahl der Gäste (N)	In Prozent
Alter		
18-24	6	3,9
25-34	28	18,2
35-44	51	33,1
45-54	38	24,7
55-64	22	14,3
65+	8	5,2
Geschlecht		
Männlich	92	60,1
Weiblich	61	39,9
Bildung		
Bis 9. Klasse	21	13,9
Ausbildung und Abitur	52	34,2
2 Jahre College	62	40,8
4 Jahre Universität	13	8,6
Master und höher	4	2,6
Beruf		
Beamter	6	3,9
Verwaltung	11	7,1
Manager	36	23,4
Techniker	29	18,8
Lehrer/Professoren/Forscher	6	3,9
Sachbearbeiter	27	17,5
Arbeiter	1	0,6
Anderes	38	24,7

Abb. C.2-1   Soziodemographisches Profil der Befragten

2.6.2   Reiseerfahrenheit in Europa

118 Personen (76,6%) gaben an, zum ersten mal in Europa gewesen zu sein. 32 Reisende (20,8%) waren bereits einmal in Europa und 4 Reisende (2,6%) mehr als einmal.

2.6.3 Zeitpunkt der Reiseentscheidung

Etwa 80% der Reisenden (126 Personen) gaben an, sich 6 bis 1 Monat vor Reiseantritt zur Europareise zu entscheiden. 11 Personen, oder 7% entschlossen sich kurzfristig. Sie trafen die Reiseentscheidung ein Monat bis 2 Wochen vor Reiseantritt. Etwa 3% der Gäste waren sich auch 2 Wochen vor Reiseantritt noch nicht sicher ob sie an der Reise teilnehmen würden.

2.6.4 Kenntnisstand bzgl. Europa und Deutschland

Rund 2% der Befragten gaben an, vor Reiseantritt weder Informationen über Europa noch über Deutschland besessen zu haben. Rund 28% meinten nicht viel über Deutschland oder Europa zu wissen, etwa 41% schätzten ihren Kenntnisstand mittelmäßig ein und etwa 23% sagten, sie wüssten ziemlich viel. Etwa 6% der Reisenden gaben an, sie wüssten extrem viel über Europa. Was Deutschland betrifft lag dieser Wert bei 4%.

2.6.5 Zufriedenheit mit Einzelaspekten der Reise

Bezüglich der Wichtigkeit der einzelnen Aspekte (Items 1-24) gab es keine bedeutsamen Unterschiede. Deren Wichtigkeit schwankte zwischen +3,09 (Item 17) und +4,39 (Item 1). Zur Verdeutlichung der Zufriedenheit (durchschnittliche gewichtete Zufriedenheit) der Touristen mit den einzelnen Aspekten der Reise wurden diese in die Kategorien „Zufriedenheit"(Abb. C.2-2) bzw. „Unzufriedenheit" (Abb. C.2-3) eingeteilt und in eine Reiheinfolge gebracht. Am zufriedensten waren die Touristen mit der Möglichkeit zum „Shopping". Item Nr. 21 wies mit einem Wert von +7,39 den höchsten Wert auf, was einer positiven Abweichung zur Skalenmitte von +3,39 entspricht (vgl. Abb. C.2-2). Die schöne Landschaft wirkte sich ähnlich positiv auf die Gesamtzufriedenheit aus, wie der Umstand gesehen zu haben, wie Menschen in einem anderen Land leben und die Tatsache, neue Orte besucht zu haben. Etwas weniger positiv wirkte sich der Aspekt ‚Infos über lokale Kultur' aus. Weder zufrieden noch unzufrieden waren die Gäste mit dem Umstand etwas gesehen zu haben, was andere noch nicht gesehen haben.

Die größte Unzufriedenheit hingegen zeigte sich bei der ‚Freien Zeit zur eigenen Verfügung' (Abb. C.2-3), gefolgt von ‚Theater/Special Events'. Ebenfalls deutlich unzufrieden waren die Reisenden mit den Mahlzeiten, oder der Möglichkeit in Europa Mahlzeiten einzunehmen und zwar nicht nur in westlichen sondern auch in chinesischen Restaurants. In chinesischen Restaurants zu speisen war den Gästen zwar nicht ganz so wichtig wie in westlichen Restaurants einzukehren, aber in beiden Fällen war die Unzufriedenheit groß.

Die durchschnittliche gewichtete Gesamtzufriedenheit über alle Items hinweg lag mit einem Wert von +3,93 nahe bei der Skalenmitte von +4. Die Gäste waren also im Mittel weder zufrieden noch unzufrieden mit der unternommenen Reise.

Zufriedenheit			
Rang	Aspekt	Item Nr.	Positive Abweichung zur Skalenmitte
1	Shopping	21	+3,39
2	Schöne Landschaft	3	+2,82
3	Sehen wie andere Menschen leben	1	+2,81
4	Einen neuen Ort besuchen	2	+2,66
5	Infos über lokale Kultur	8	+2,00
6	Preis-Leistungsverhältnis	4	+1,68
7	Historische Sehenswürdigkeiten	16	+1,46
8	Mit Freunden über Erlebnisse sprechen	6	+1,38
9	Mal was anderes erleben	5	+1,22
10	Wissen des Guides	15	+1,11
11	Freundlichkeit des Guides	14	+0,96
12	Etwas sehen, was andere nicht gesehen haben	7	+0,06

Abb. C.2-2 Zufriedenheit

Unzufriedenheit			
Rang	Aspekt	Item Nr.	Negative Abweichung zur Skalenmitte
1	Freie Zeit zur eigenen Verfügung	24	-4,62
2	Theater/Sepcial Events	23	-4,12
3	In westlichen Restaurants essen	18	-3,62
4	In chinesischen Restaurants essen	19	-3,34
5	Parks besuchen	22	-2,80
6	Nightclubs/Casinos besuchen	17	-2,67
7	Museen/Galerien besuchen	20	-2,33
8	Informationen über Bildungssystem	9	-1,02
9	Qualität des Busses	13	-0,60
10	Erscheinungsbild/Qualität des Hotels	11	-0,53
11	Service des Hotels	12	-0,38
12	Reiseverlauf	10	-0,29

Abb. C.2-3 Unzufriedenheit

2.6.6 Gewichtete Gesamtzufriedenheit pro Tour

Vier Reisegruppen, die einem jeweils unterschiedlichen Reiseverlauf folgten, wurden befragt. Die Gesamtzufriedenheit der Gruppen war sehr unterschiedlich:

[Tour A (+0,86), Tour B (-3,67), Tour C (+0,22), Tour D (+2,82)].

2.6.7 Unterschiede zwischen Reiseerfahrenen und Reiseunerfahrenen

Betrachtet man die Gesamtzufriedenheit in Abhängigkeit zur Reiseerfahrenheit in Europa (Abb. 2-4), so lässt sich feststellen, dass die Gesamtzufriedenheit mit zunehmender Reiseerfahrenheit abnahm. Reisende, die das erste Mal in Europa verreisten, waren mit der Reise insgesamt am zufriedensten (+4,25). Personen, die Europa schon einmal bereisen durften, waren etwas unzufriedener (+3,28). Am unzufriedensten waren reiseerfahrene Gäste, die schon mehrmals vorher in Europa waren. Sie lagen mit einem Wert von +0,18 weit unter der Skalenmitte.

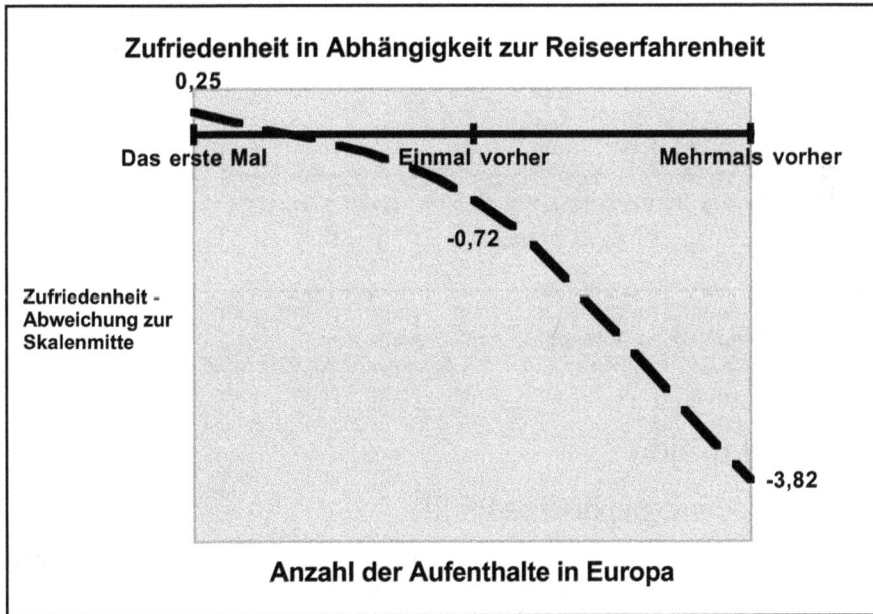

Abb. C.2-4   Zufriedenheit in Abhängigkeit zur Reiseerfahrenheit

Zwar war der dargestellte Unterschied zwischen der Gesamtzufriedenheit derjenigen, die noch nicht in Europa gewesen waren und derjenigen, die mindestens einmal vorher dorthin gereist waren nicht statistisch signifikant (p = 0,13), aber es ließen sich signifikante Unterschiede in Einzelbereichen erkennen (Abb. C.2-5).

Die reiseerfahrenen Gäste waren signifikant unzufriedener mit dem Preis-Leistungsverhältnis (Item Nr. 4) sowie mit dem Reiseverlauf (Item Nr. 10). Eine sehr signifikante Differenz bestand bei den Aspekten ‚Information über lokale Kultur' (Item Nr. 8) und ‚Informationen über Bildungssystem' (Item Nr. 9). Reiseerfahrene Gäste waren signifikant unzufriedener mit den vom Guide bereitgestellten Informationen hinsichtlich der kulturellen Gepflogenheiten und des Bildungssystems des jeweiligen Landes. Die reiseerfahrenen Chinesen waren darüber hinaus hochsignifikant unzufriedener damit, etwas erzählen zu können, wenn sie nach Hause zurückkehren (Item Nr. 6) sowie mit dem Umstand, einen Ort besucht zu haben, an dem ihre Freunde und Verwandte noch nicht gewesen sind (Item Nr. 7).

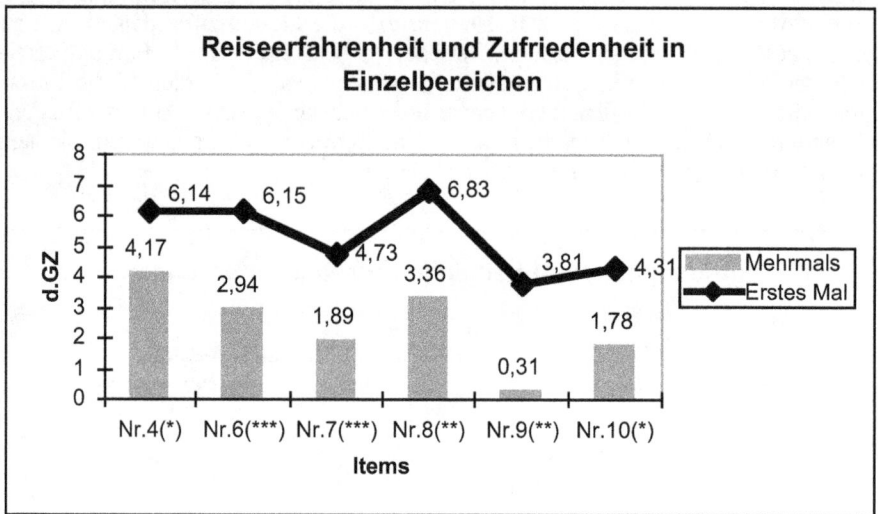

Abb. C.2-5 Zufriedenheit in Abhängigkeit zur Reiseerfahrenheit
(* p ≤ 0,05 signifikant; * *p ≤ 0,01 sehr signifikant; ***p ≤ 0,001 hochsignifikant)

2.7   Diskussion

2.7.1 Soziodemographisches Profil

Etwa drei Viertel der befragten Gäste waren zwischen 25 und 54 Jahre alt. Die meisten Reisenden verfügten über gute Bildung und übten Bürotätigkeiten aus.

Bessere Bildung hängt eng zusammen mit der finanziellen Situation einer Person und da eine Europarundreise recht teuer ist, können sie sich nur Personen mit guter Bildung und hohem Einkommen leisten. Darüber hinaus wächst mit der Bildung das Interesse am Verreisen und der Wunsch Neues zu entdecken. Nur Personen mit guter beruflicher Stellung verfügen aufgrund ihrer Arbeitsverträge über genügend Urlaubstage. Beruflich Höhergestellte können darüber hinaus eher entscheiden, wann sie Urlaub nehmen können. Die Reisenden gehören folglich zur kaufkräftigsten Schicht in China.

2.7.2 Reiseerfahrenheit in Europa

Über **drei Viertel der Gäste waren das erste Mal in Europa**. Viele chinesische Touristen haben vermutlich erste Reiseerfahrungen innerhalb Chinas gesammelt und waren wohl auch bereits in einigen anderen Ländern Asiens. Aber erst jetzt im Zuge der politischen Reformen und Öffnung zur Außenwelt ist es den meisten möglich geworden, eine Pauschalreise nach Europa zu buchen. Eine Europareise ist für viele immer noch sehr teuer. Sie müssen eventuell lange dafür sparen. Bei den 23,4% der Reisenden, die bereits mindestens einmal vorher in Europa waren handelt es sich vermutlich um Geschäftsleute, die beruflich dort zu tun hatten und nun ihren Urlaub dort verbringen wollten.

2.7.3 Buchungsverhalten

Die befragten **Chinesen buchten recht kurzfristig**. Etwa 67% der Gäste entschlossen sich 4 Monate oder weniger, die Reise zu buchen. Etwa 3% aller Gäste entschieden sich weniger als 2 Wochen vorher die Reise anzutreten. Chinesen haben kaum gesetzlichen Urlaubsanspruch, weshalb sie sich den Großteil der Urlaubstage genehmigen lassen müssen. Ein Grund mag also die Unsicherheit der Arbeitnehmer sein, die Urlaubstage vom Arbeitgeber genehmigt zu bekommen. Ein weiterer Grund für das relativ späte Buchen einer Reise mag das Fehlen eines Frühbucher-Rabatt-Systems in China sein. Man kann unter Umständen noch einen Last-Minute Rabatt erhalten, wenn man sich spät für eine Reise entscheidet und bucht. Dieser Umstand führt zu Herausforderungen. Der Reiseveranstalter benötigt den Pass nämlich bereits mindestens 2 Wochen vor Reiseantritt, um rechtzeitig ein Visum ausgestellt zu bekommen.

2.7.4 Zufriedenheit mit der unternommenen Europarundreise

Die durchschnittliche gewichtete Gesamtzufriedenheit über alle Items hinweg lag bei +3,93. Dies spricht bei einer Skalenmitte von +4 dafür, dass die Touristen im Schnitt weder zufrieden noch unzufrieden mit der unternommenen Reise waren und deutet auf Unzufriedenheit mit einigen für die Kunden wichtigen Einzelaspekten hin. Insgesamt kann man sagen, dass die Gäste zufrieden waren mit dem, was sie während der Reise zu sehen bekommen haben. Sie waren eher zufrieden mit der schönen Landschaft und waren eher zufrieden, gesehen zu haben wie andere Menschen leben. Auch das Wissen des Reiseleiters war nach Angaben der Kunden eher zufriedenstellend, auch wenn man dies kritisch bewerten sollte, weil die Fragebögen vom Reiseleiter eingesammelt wurden und die Kunden evtl. das „Gesicht" des Reiseleiters wahren wollten. Das Preis-Leistungsverhältnis wurde ebenfalls im Vergleich zu anderen Aspekten als relativ gut eingestuft.

(1)   Mit der Möglichkeit Shoppen zu gehen waren die Gäste am zufriedensten

Shopping ist eine sehr wichtige Einkommensquelle der Guides und Busfahrer. Diese waren folglich sehr darum bemüht, den Gästen gute Einkaufsmöglichkeiten zu bieten und warben für Produkte. Sie organisierten die Tour dahingehend, dass den Gästen

viel Zeit für Shopping eingeräumt wurde, damit diese viel kaufen konnten und Verkaufsprovision erwirtschafteten von der sie selbst profitierten. Mit dieser Möglichkeit zum Einkaufen, die ihnen auch wichtig war, waren die Touristen deshalb auch
sehr zufrieden. Jedoch muss man festhalten, dass diese zeitliche Organisation der
Reise wohl auch für die größte Unzufriedenheit verantwortlich war.

**(2)   Am unzufriedensten waren die Gäste mit der freien Zeit zur eigenen
Verfügung**

Zwar wussten die Gäste vor Reiseantritt, wie der Reiseverlauf aussieht und wollten
so viel wie möglich von Europa sehen, aber ihnen war offenbar nicht bewusst, wie
anstrengend es ist pro Tag mindestens 400 Kilometer im Bus zu fahren. Damit hing
wohl auch die Unzufriedenheit mit allen anderen Freizeitaktivitäten zusammen. Es
bleibt bei einem solch engen Zeitplan keine Zeit für Theateraufführungen oder Special
Events, Parkbesuche oder den Besuch von Nightclubs, Casinos oder Museen und
Galerien. Darüber hinaus wurden von den Reiseleitern Zusatzausflüge gegen Aufpreis
angeboten, die vom ursprünglich angebotenen Programm abwichen. Die Zufriedenheit
mit diesen zusätzlichen Ausflügen war wohl gegeben, aber insgesamt blieb für das
vorgesehene Grundprogramm dann weniger Zeit.

**(3)   Die Gäste waren eher unzufrieden mit den Mahlzeiten – sei es mit
chinesischer oder westlicher Küche**

Das chinesische Essen schmeckte nicht wie gewohnt. Es wurde dem westlichen Geschmack angepasst, nicht zuletzt wegen fehlender Zutaten. Darüber hinaus wird in
Europa nur eine kleine Auswahl chinesischer Gerichte angeboten. Personen aus unterschiedlichen Teilen Chinas haben jedoch unterschiedliche Erwartungen an die Küche,
die so in Europa nur schwer zu erfüllen sind. Die befragten Gäste konnten ihr Gericht
auch nicht wählen - Á La Carte Menü war nur gegen Aufpreis zu erhalten. Das Budget des Reiseveranstalters für westliche Küche war relativ niedrig. Es existieren nur
sehr wenige westliche Restaurants, die bereit sind, Gäste für diesen Preis zu verkösti-
gen. Abgesehen davon ist die Provision für die Reiseleiter in den westlichen Restaurants niedriger, weshalb sie von diesen bei der Reiseorganisation gemieden werden.
Reiseleiter, die bessere Beziehungen zum Besitzer eines chinesischen Restaurants
haben, bringen die Gäste lieber dorthin.

**(4)   Die Gäste waren auch eher unzufrieden mit der Qualität des Hotels,
dem Service im Hotel und der Qualität der Busse**

Aufgrund des niedrigen Budgets werden die Gäste meistens in Drei-Sterne-Hotels
weit außerhalb der Städte untergebracht. Die meisten Hotels sind noch nicht auf chinesische Gäste eingestellt. Nur wenige beschäftigen chinesischsprechende Servicekräfte im Hotel. Chinesisches Frühstück und chinesisches Fernsehprogramm wird nur
selten geboten. Darüber hinaus sind die Hotels in Europa architektonisch nicht mit
denen in China vergleichbar. Die statusorientierten Chinesen bevorzugen architektonisch imposante Gebäude mit großer Lobby und moderner Einrichtung. Der Service in
den Hotels wurde vermutlich als negativ eingestuft, weil in Europa bei weitem nicht
so viele Servicekräfte angestellt sind wie in China. Den Gästen fehlt vielleicht die

Aufmerksamkeit der zahlreichen Servicekräfte, die ihnen in China entgegengebracht wird. Bei den Touren wurden Busse der 3-4 Sternekategorie verwendet, die über 49 Sitze, bei einer Gruppengröße von bis zu 47 Personen, verfügen. Vermutlich rührt die Unzufriedenheit der Gäste daher, dass sie recht dichtgedrängt saßen und die Busse aus Italien oder Osteuropa nicht ausreichend gewartet wurden um Kosten zu sparen. Es kam immer wieder vor, dass Klimaanlagen, falls vorhanden, ausfielen und die Mikrophone nicht funktionierten.

(5) **Ebenfalls eher unzufrieden waren die Gäste mit den Informationen zum Bildungssystem in Europa**

Einige Gäste wünschen offenbar Informationen über ein zukünftiges Studium ihrer Kinder in Europa. Der Guide kann evtl. diese Auskünfte nicht ausreichend liefern.

(6) **Die Gesamtzufriedenheit mit der Europarundreise nahm mit zunehmender Reiseerfahrenheit ab**

Dieser Unterschied war zwar nicht statistisch signifikant, war aber in Einzelbereichen bedeutsam. Reiseerfahrene Gäste stellen oft höhere Ansprüche an eine Reise als Reiseunerfahrene und sind deshalb schwieriger zufriedenzustellen. Die reiseerfahrenen Gäste waren signifikant unzufriedener mit dem Preis-Leistungsverhältnis sowie mit dem Reiseverlauf. Reiseerfahrene Gäste können aus einer Vielzahl von Erfahrungen mit unternommenen Reisen schöpfen. Es ist anzunehmen, dass die Erwartungen der Kunden mit zunehmender Reiseerfahrenheit größer werden, da sie Vergleiche ziehen können und sich erinnern, wie viel ihnen für das gleiche Geld bei einer anderen Reise geboten wurde. Was den Reiseverlauf anbelangt, so ist davon auszugehen, dass reiseerfahrene Kunden sich möglicherweise intensiver mit der Reisedestination beschäftigen möchten und sich eingehender mit der Fahrtroute auseinandersetzen. Wahrscheinlich ist ihnen eher bewusst, welche anderen Orte von Interesse nicht besucht wurden.

Reiseerfahrene Gäste waren signifikant unzufriedener mit den vom Reiseleiter bereitgestellten Informationen hinsichtlich der kulturellen Gepflogenheiten und des Bildungssystems. Auch für diesen Umstand sind wahrscheinlich die höheren Erwartungen ausschlaggebend. Es ist davon auszugehen, dass reiseerfahrene Gäste bereits über gute Destinationskenntnisse verfügen und nur durch Informationen zufrieden zu stellen sind, die über ihr eigenes, bereits vorhandenes Wissen hinausgehen. Reiseunerfahrene, für die alles neu ist, geben sich vermutlich mit weniger Informationen zufrieden und lassen wahrscheinlich lieber die neuen Eindrücke auf sich wirken. Die reiseerfahrenen Chinesen waren hochsignifikant unzufriedener damit, etwas erzählen zu können, wenn Sie nach Hause zurückkehren und waren darüber hinaus unzufriedener mit dem Umstand, einen Ort besucht zu haben, an dem ihre Freunde und Verwandte noch nicht gewesen sind. Diese beiden Fragen betreffen die Zufriedenheit mit dem Prestige der unternommenen Europarundreise. Für das reiseerfahrene Klientel ist eher kein Statusgewinn mehr zu erwarten, wenn sie ihren Freunden nur erzählen, dass sie ihren Urlaub in Europa verbracht haben.

2.8   Zusammenfassung

Etwa drei Viertel der befragten Gäste waren zwischen 25 und 54 Jahre alt. Die Mehrheit der Reisenden war männlich, verfügte über gute Bildung und übte Bürotätigkeiten aus. Über drei Viertel der Gäste waren das erste Mal in Europa. Die Touristen buchten nach eigenen Angaben recht kurzfristig. Die Gäste waren im Schnitt weder zufrieden noch unzufrieden mit der unternommenen Europarundreise, was auf Unzufriedenheit mit für die Touristen wichtigen Einzelaspekten hindeutete. Dies wirkte sich letztendlich negativ auf die Gesamtzufriedenheit aus.

Mit der Möglichkeit zum Shoppen waren die Gäste insgesamt am zufriedensten – dieser Punkt war ihnen auch sehr wichtig. Am unzufriedensten waren die Reisenden dagegen mit der freien Zeit zur eigenen Verfügung, die ihnen ebenfalls wichtig war. Die chinesischen Gäste waren eher unzufrieden mit den gebotenen Mahlzeiten - sei es mit chinesischer oder westlicher Küche. Darüber hinaus waren sie auch eher unzufrieden mit der Qualität und dem Service der Hotels sowie der Qualität des Busses. Unzufriedenheit war ebenso erkennbar bei den Informationen zum Bildungssystem in Europa. Die Gesamtzufriedenheit mit der unternommenen Europarundreise nahm mit zunehmender Reiseerfahrenheit ab, da reiseerfahrene Chinesen anspruchsvoller zu sein scheinen.

Europa wird von den Chinesen derzeit noch als eine Destination betrachtet (Stand 2005), die man bereisen möchte. Sie sind deshalb interessiert daran, eine kombinierte Reise mit mehreren Reisezielen zu unternehmen. Dementsprechend kurz ist die durchschnittliche Anzahl der Übernachtungen eines Gastes pro Land in Europa. Es scheint, dass die Kunden vor Reiseantritt zwar den Reiseverlauf kennen, sich aber nicht vorstellen können, wie anstrengend das Programm in der Realität sein wird.

Folgender Zeitungsartikel der CHINA BUSINESS WEEKLY vom 03.10.2004 fasst die wichtigsten Herausforderungen für die Reiseveranstalter zusammen:

„Recht viele Touristen sind nicht besonders zufrieden mit Sightseeing Trips, die der Anzahl der besuchten EU-Länder mehr Bedeutung beimessen als der Qualität der Tour. Das Gefühl während einer solchen Reise ist vergleichbar mit dem Gefühl während einer Auslandsreise von Staatsmännern durch dutzende Länder. Yang Li, eine Büroangestellte eines Staatsunternehmens in Beijing und ihre zwölfjährige Tochter waren Mitglieder der ersten Reisegruppe in Europa. Yang hoffte, dass die Reise ihrer Tochter einen tiefen Einblick in Europa und seine Kultur gewähren würde. ‚Mir gefiel die entspannte Lebensweise und die ruhige Umgebung in einem kleinen Dorf in der Schweiz, aber das Reiseprogramm in Frankreich und Italien war meiner Meinung nach zu vollgepackt, um die Landschaft und die historischen Sehenswürdigkeiten genießen zu können', sagte Yang. ‚Das nächste mal werden wir versuchen einen Weg zu finden, der es uns ermöglicht, in einer entspannteren Atmosphäre das Alltagsleben der Menschen vor Ort zu verstehen und mehr Museen, Kathedralen und andere Sehenswürdigkeiten besuchen', sagte Yang. Li Ming, Direktor des Outbound-Geschäfts von CITS, des größten Reiseveranstalters in China, teilte mit, dass die chinesischen Familien nun hofften, die Reiseveranstalter verbesserten ihren Service, insbesondere die Arrangements vor Ort, die Unterbringung und die Bewirtung. Insgesamt beschwerten sich die meisten Europabesucher darüber, dass die Verpflegung schlecht sei, weil die chinesischen Restaurants in Europa nicht wüssten, wie man für chinesische Gäste kocht."

Dieser Zeitungsartikel spricht die Hauptkritikpunkte der chinesischen Europatouristen an. Die Unzufriedenheit gerade mit dem engen Zeitplan und mit dem Angebot an Speisen scheint groß zu sein. Martin BUESE (FVW Nr. 2 2005: 21ff.), CEO von TUI China, äußert sich ebenfalls kritisch zu derzeitigen Outbound-Arrangements: „'Das aktuelle Urlaubsangebot nach Europa ist langweilig, kurz, oberflächlich und billig.' ... 'Tatsächlich wird den Touristen aus dem Reich der Mitte eine wahre Tour de Force zugemutet: „Zwölf Länder in acht Tagen – und das ganze in schlechter Qualität', sagt BUESE. Die Veranstalter sparen an allen Ecken und Enden: Bei einem Durchschnittspreis von 1100 Euro liege das angebliche Stadthotel in Paris schon mal 80 Kilometer vor den Toren der Seine-Metropole. Inzwischen beklagen sich die Urlauber über die schlechte Qualität."

2.9   Handlungsempfehlungen

Derzeit, im Jahr 2005, möchten die meisten Urlauber eine kombinierte Reise mit mehreren Reisezielen unternehmen. Die Unzufriedenheit, gerade mit dem engen Zeitplan und mit dem Angebot an Speisen, scheint allerdings groß zu sein. Die Veranstalter sparen an allen Ecken und Enden, weil der Preisdruck in China enorm ist – das Budget, das die Reiseveranstalter zur Verfügung haben ist entsprechend niedrig. Es besteht die Gefahr, dass sich der Markt hin zu „Kaffeefahrten" entwickelt, die zwar sehr kostengünstig angeboten werden können, die Gäste letztendlich aber nicht zufrieden stellen. Für diese Entwicklung sind auch die rechtlichen Rahmenbedingungen in China mitverantwortlich...die Justiz ist nicht unabhängig, was dazu führt, dass Regeln oft nicht beachtet werden, so sie überhaupt existieren. Mehr Qualitätsbewusstsein der Reiseveranstalter wäre allerdings wünschenswert. Langfristig gesehen sollte eine Segmentierung des Marktes stattfinden, um auf Kundenwünsche spezifischer eingehen zu können. Längere Aufenthalte in einzelnen Destinationen werden mit zunehmender Marktreife zu Lasten der Rundreisen mit mehreren Ländern im Programm an Beliebtheit gewinnen Es wäre wichtig, den potentiellen Gästen zu verdeutlichen, was es bedeutet, so viele Länder in solch kurzer Zeit zu bereisen. Dies sollte helfen, überzogenen Erwartungen und anschließende Enttäuschungen zu vermeiden. Möglicherweise sind jedoch die Ansprüche der chinesischen Gäste nicht mit dem Preis der unternommenen Reise vereinbar. Es wird Aufgabe der jeweiligen Veranstalter sein, zu entscheiden welche Änderungen unter den genannten Umständen realisierbar und sinnvoll sind.

Die Tourleader werden nicht vom Veranstalter bezahlt und der Reiseverlauf wird vom Veranstalter in China geplant. Vorschriften der CNTA, hinsichtlich der Ausbildung des Reiseleiters, werden aus finanziellen Gründen von den Veranstaltern ignoriert. Viele Reiseleiter sind somit eher nicht professionell ausgebildet oder vorbereitet und organisieren die Reise nach ihrem persönlichen Vorteil. Die Tourleader sollten folglich vom Veranstalter bezahlt werden, um besseren Service zu bieten. Eine erfolgs- bzw. verhaltensabhängige Vergütung der chinesischen Reiseleiter könnte eine optimale Lösung für alle Beteiligten darstellen. Fünf Dinge sollten hierzu beachtet werden. Erstens wäre ein höheres Grundgehalt für Reiseleiter von guter Qualität attraktiv. Der Vorteil eines höheren Grundgehalts wäre für den Reiseleiter ein niedrigeres Verdienstrisiko als bei ausschließlich variabler Vergütung. Der erfolgsabhängige Teil durch Verkaufsprovision beim Shopping sollte vermindert werden. Zweitens sollte jedoch ein erfolgsabhängiger Teil des Verdienstes beibehalten werden, der die Qualität einer Tour sicherstellen könnte – das Trinkgeld der Gäste. Drittens sollten die Verkaufsprovisionen als Teil der Vergütung des Reiseleiters vom Veranstalter einbehalten werden. Dieser Abzug könnte jedoch durch den vierten Bestandteil des Verdienstes ausgeglichen werden – Prämien. Diese sollten je nach Anzahl der besuchten Attraktionen gezahlt werden, die innerhalb einer gewissen Zeit besucht werden müssen. Es sollte ferner darauf geachtet werden, dass höhere Prämien bei Attraktionen gezahlt werden, die weniger Aussicht auf Einkommen aus Verkaufsprovisionen bieten. Zwar wäre des für die Reiseleiter immer noch reizvoll Shopping Stops einzulegen, aber die Alternative Geld während des Besuchs von Touristenattraktionen zu verdienen wäre ebenso interessant. Der letzte Teil sollte von der Zufriedenheit der Gäste nach Abschluss der Tour abhängig gemacht werden. Nach jeder Tour sollte hierzu die Zufriedenheit der Gäste festgestellt werden. Die wäre ein weiterer Anreiz, die Gäste zufriedener zu stellen und würde der Qualitätssicherung dienen. Des Weiteren sollte der Veranstalter in China enger mit der Incoming-Stelle in Europa zusammenarbeiten und die Tourleader sollten systematischer auf die Benimmregeln im Ausland hinweisen, um Konfrontationen kultureller Art zu vermeiden oder zu vermindern.

(1)   Wünsche chinesischer Gäste

Chinesen bevorzugen eine Gruppenreise mit Rund-um-die-Uhr-Betreuung durch einen zweisprachigen Begleiter, weil die Englischkenntnisse oft nicht ausreichend sind. Sie wollen in modernen (Ketten-) Hotels untergebracht werden, die über große, repräsentative Lobbys verfügen. Reiseveranstalter, die als Unterkunft, in unseren Augen romantische, individuelle, kleine, alte Hotels reserviert, muss mit Beschwerden rechnen. Es sollte darauf geachtet werden, dass alle Urlauber in vergleichbaren Zimmer nächtigen. Sollte dies nicht möglich sein, so sollte der Ranghöchste das beste Zimmer erhalten. Zweibettzimmer sollten Standard sein.

Die Reiseausgaben müssen bei der Buchung im Voraus bezahlt werden. Genügend Zeit für Shopping sollte eingeplant werden, aber nicht auf Kosten der freien Zeit zur eigenen Verfügung. Interessenskonflikte bei der Touränderung sollten vermieden und Zusatzausflüge zu Lasten der freien Zeit zur eigenen Verfügung sollten unterlassen werden.

(2)   Speisen und Getränke

Der Incoming-Service in Europa und Deutschland sollte dahingehend verbessert werden, dass auf Bedürfnisse spezifisch eingegangen wird. Viele Outbound-Touristen möchten auf chinesisches Essen nicht verzichten. Dieses sollte aber möglichst authentisch sein und wie zu Hause schmecken. Die Gäste möchten aber auch durchaus einmal lokale Spezialitäten kosten, weshalb zumindest Proben angeboten werden sollten. Die Mahlzeiten sollten zu den in China üblichen Zeiten eingenommen werden. Kleingeschnittene, gemüsereiche Speisen werden bevorzugt. Käseprodukte sollten nicht angeboten und heißes Wasser für mitgebrachten Tee sollte bereitgestellt werden. Unerlässlich erscheint den Autoren die Einführung der Gäste in europäische Tischmanieren und zwar vor Reiseantritt.

(3)   Service im Hotel

Ein freundlicher Empfang und ein ausgezeichneter Service werden vorausgesetzt –
auch hier ist das Status-Denken vieler Reisender zu beachten. Weil Aberglaube in
China eine große Bedeutung zukommt, sollte man bei der Vergabe der Zimmernummern auf jeden Fall die Zahl 4 vermeiden, weil die Zahl 4 auf Chinesisch so klingt wie
„Tod". Idealerweise sollte ein Hotel über chinesischsprachiges Hotelpersonal verfügen, das auch einen Übersetzungsservice bieten könnte. Was das Angebot an Essen
anbelangt, so sollte zumindest chinesisches Frühstück geboten werden. Im Zimmer
sollte ein Wasserkocher zum Teekochen vorhanden sein; die Hotelbroschüre sollte in
chinesischer Sprache verfasst sein. Chinesische Zeitungen und chinesischsprachige
TV-Kanäle wären wünschenswert.

3 Chinesische Touristen in Deutschland: Kulturunterschiede im Tourismusverhalten

Prof. Dr. Wolfgang Georg Arlt, Heide/Zhou Meng M.A., Köln

3.1 Einleitung

PIZAM und SUSSMAN warnen zurecht, daß "Nationality is only one variable that should be considered in predicting variation in tourist behaviour and should never be used as a sole explanatory variable. Certainly, not all tourists of the same nationality, regardless of demographic category, motivation, and life-style, behave the same." (PIZAM/SUSSMAN 1995: 917)

Geschichtliche und kulturelle Hintergründe sind jedoch zwingender Bestandteil jeder Analyse des Reiseverhaltens von internationalen Touristen. Die Bekräftigung der eigenen kulturellen und nationalen Identität in der Begegnung mit kulturellen Differenzen sind ein wichtiger Teil aller internationalen Tourismus-Erfahrungen (EDENSOR 2002). Dies gilt umsomehr, wenn der Tourismus wie im Falle Chinas im Binnentourismus eine wichtige Rolle als Instrument der Redefinition der eigenen nationalen Identität (PALMER 1998) spielt und im Tourismus in der Fremde dazu genutzt wird, die kulturellen Unterschiede verstärkt wahrzunehmen (JAMESON 1993; ROBINSON 1998; ROBINSON 2001). Diese „kulturelle Distanz" (WILLIAMS 1998; BOWDEN 2003) ist bei den meisten Zusammentreffen zwischen Chinesen und Nicht-Chinesen deutlich erkennbar.

Das Verhalten chinesischer Touristen, das nicht auf den westlichen individuellen Werten beispielsweise von Selbstverwirklichung, individuell erfahrener Authentizität und Erholung durch Muße beruht, stellt dabei einerseits viele Verhaltenstheorien in Frage, die – üblicherweise nur implizit – die ‚klassischen' Tourismustheorien beherrschen und widersetzt sich andererseits den Erwartungen der Tourismusindustrie außerhalb der ‚Chinesischen Welt' (ARLT 2006a).

Kulturelle Differenzen sind dabei relativ und graduell. Ein nützliches analytisches Instrument kann daher für das Verstehen des Verhaltens chinesischer Touristen die Segmentierung der Destinationen in konzentrischen Ringen wachsender kultureller Differenz sein.

Bei der Betrachtung von Verhaltensmustern chinesischer Touristen ist daran zu erinnern, dass "the cultural experiences offered by tourism are consumed in terms of prior knowledge, expectations, fantasies and mythologies generated in the tourists' origin culture rather than by the cultural offerings of the destination" (CRAIK 1997: 118).

Für chinesische Outbound Reisende gibt es nur eine sehr begrenzte Anzahl von historischen Vorbildern oder Rollenmodellen, auf die sich der moderne Tourismus beziehen kann. Innerhalb Chinas endete 1982 mit dem 'National Heritage Conservation Act' die kulturrevolutionäre Verachtung und Zerstörung von Gegenstände und Gebäuden des Kulturerbes. An die Stelle der Ikonoklastie trat die nationalistisch orientierte Verarbeitung historischer Stätten und Gegenstände zu touristischen Produkten, zunächst für den Inbound Tourismus, zunehmend aber für den nationalen Tourismusmarkt. Parallel dazu entwickelten sich auch die Landschaften Chinas in konsumierbare touristische Produkte zur Stärkung der nationalen Identität auf der Grundlage des kulturellen Erbes:

„When Western tourists look at the Yangtze, they see a river; the Chinese see a poem replete with philosophical ideals. Part of the 'common knowledge' of Chineseness is to recognize representations of the picturesque hills of Guilin, the sea of clouds of Wu-shan, the Three Gorges of the Yangtze River, and the Yellow Crane Terrace pagoda. These images bring spiritual unity even if the people have never visited them; but when they do visit the importance of these images is reinforced." (SOFIELD/LI 1998: 367)

Als verhaltensmusterbildend für den Auslandstourismus können zwei gegensätzliche Destinationsformen innerhalb China gelten: einerseits die Reisen in „Minderheiten"-Regionen, -Dörfer und –Themenparks (SU, HUANG 2005) zur Bestätigung der Überlegenheit der (Han-)chinesischen Kultur (NYIRI 2005, NYRI 2006), andererseits der Besuch eines der zahllosen Themenparks, die maßstäbliche Nachbauten der berühmtesten Gebäude der Welt offerieren als Anschauungsmaterial im nationalen Streben nach Modernität.

Die Zurschaustellungen von „Minderheiten" und „Modernität" können als *Ausland im Inland* und innerster konzentrischer Ring betrachtet werden. Hong Kong und Macao, die trotz ihres Status als chinesische Sonderverwaltungsgebiete in chinesischen Statistiken bereits als Outbound-Destination gezählt werden, bilden die spatiale Grundlage liminaler Erfahrungen, *halb drinnen und halb draußen*.

Der nächste konzentrische Ring besteht aus den Ländern Ost- und Südostasiens, in denen große und teilweise sogar dominierende überseechinesische Bevölkerungsgruppen beheimatet sind, gefolgt von den noch fremderen ozeanischen Staaten, die jedoch noch über größere Chinatowns verfügen (die USA bleiben mangels ADS hier außerhalb der Betrachtung).

Die exotischsten Destinationen auf dem äußeren Ring bilden die Länder ohne größere chinesische Bevölkerungsanteile. In der traditionellen chinesischen Weltsicht würden diese Staaten an den vier Ecken der quadratischen Welt-Scheibe liegen, außerhalb der konzentrischen Ringe abnehmenden zivilisierenden Einflusses, die vom Zentrum der Welt, dem chinesischen Kaiserpalast, ausgehen.

3.2 Verhaltensmuster chinesischer Touristen in unterschiedlich „fremden" Umgebungen

Studien über das Verhalten der Mehrheit der Einwohner Chinas, der Han-Chinesen, beim Besuch der „Minderheiten" (OAKES 1998; XIE/WALL 2002; XIE 2003; LI 2004; NYIRI 2006) lassen ein ausgeprägt paternalistisches Verhalten erkennen, wie man es mit Besuchern in einem Zoo – oder Kindergarten – verbindet. Wo westliche Touristen auf den Pfaden Jean-Jacques Rousseaus den *Edlen Wilden* und seine fälschlich angenommene Authentizität sehen, bietet sich für chinesische Besucher die fröhliche und farbenfrohe Welt der primitiven Naturvölker.

Die größte Zahl an vorhandenen Studien beschäftigt sich mit den festlandschinesischen Besuchern der Sonderverwaltungsgebiete Hong Kong und Macao (ZHANG, HEUNG 2001; LAM/HSU 2004; ZHANG/CHOW 2004, HUANG/HSU 2005). „Hong Kong is still perceived as being very different from Mainland Chinese cities in its capitalist economy, cosmopolitan prosperity, colonial history, and East-meets-West culture and lifestyle." (HUANG/HSU 2005: 203)

Für chinesische Besucher ist aus verständlichen Gründen nicht der Kitzel der orientalischen *Welt der Suzie Wang* exotisch, sondern die nunmehr wieder in chinesischer Hand befindlichen Überbleibsel der britischen Herrschaft (DU CROS 2005) sowie die noch vorhandenen 'westlichen' Elemente wie zum Beispiel das Kneipenviertel Lan Kwai Fong. „Sich von festlandchinesischen Touristen fotografieren lassen" ist bereits auf der Liste der *must-do* des Lonely Planet Reiseführers für junge Backpacker angekommen.

Solches „touristisches Starren" im Sinne John Urry's (URRY 2002) auf nicht-chinesische Kulturelemente speist sich aus der Sicherheit und dem Stolz darauf, immer noch bzw. wieder auf chinesischem Boden zu sein. Gleichzeitig beschweren sich viele Festlandsbesucher, vor allem Nicht-Kantonesen darüber, in Hong Kong als leicht zu betrügende *Vettern vom Lande* angesehen und behandelt zu werden, während sich die Einwohner Hong Kongs über die unzivilisierten *Horden* beschweren, die von jenseits der Grenze z.B. im neuen Hong Kong Disneyland einfallen (ZONAEUROPA 2005).

Die Tourismuspolitik der chinesischen Regierung im Bezug auf die ‚chinesische Welt', d.h. Hong Kong, Macao, Taiwan und die Überseechinesen in Südostasien und anderswo, unterscheidet sich deutlich von der Tourismuspolitik gegenüber der ‚nicht-chinesischen Welt'. Diese Unterscheidung wird bereits bei einem ersten Blick auf die chinesische Tourismus-Praxis deutlich. Alle Inbound Tourismus-Tabellen, Einreiseformulare usw. unterscheiden sorgfältig zwischen *waiguoren*, Ausländern, wörtlich ‚Auslands-Staaten-Menschen', *tongbao*, Landsmännern, wörtlich: ‚aus-dem-selben-Uterus-kommend', und *huaqiao*, Überseechinesen, wörtlich ‚China-Brücken'. Die Grenzen der Zuständigkeit zwischen den beiden großen staatlichen Reisediensten CTS und CITS verliefen ursprünglich ebenfalls zwischen Chinesen und Nicht-Chinesen, unabhängig von Wohnort oder Pass.

Es ist daher nicht überraschend, dass der Outbound Tourismus über die Grenzen Hong Kongs und Macaos hinaus mit der Öffnung Thailand, Singapurs, Malaysias und der Philippinen für Verwandtenbesuche begann. Diese südostasiatischen Länder mit wichtigen und profilierten überseechinesischen Einwohnergruppen erlauben festlandschinesisches touristisches Verhalten, dass einerseits den Erfolg der Überseechinesen als Bestätigung für die eigene Überlegung wahrnehmen kann und andererseits eine Reise in eine nostalgisch verbrämte chinesische kulturelle Vergangenheit erlaubt, die in China in vielen Punkten der Kulturrevolution der 1960er Jahre zum Opfer gefallen ist.

Die „Chinatown" in Singapur beispielsweise, gebaut für westliche Touristen als einfache Konsumptionsmöglichkeit von *Chineseness* in einer Stadt, die zu 75% von Chinesen bewohnt wird, hat sich zu einer Sehenswürdigkeit für Festlandschinesen entwickelt. Die Re-Sinisierung des Tiger Balm (*Haw Par*) Gartens in Singapur (TEO/LI 2003; DANN 2005) oder die Feierlichkeiten für den chinesischen Seefahrer Zheng He auf Java (HANDAYANI 2005) bieten weitere Beispiele für Versuche, die reale oder imaginierte Vergangenheit Chinas auf Gebiete außerhalb Chinas auszuweiten.

Die damit einhergehenden Probleme werden manchmal sogar in den offiziellen chinesischen Medien berichtet. Die *Volkszeitung* zitiert einen Tourismus-Manager mit den Worten „Einige chinesische Touristen sehen auf unsere armen Nachbarn in Vietnam herab, was die lokalen Bewohner kränkt." (PEOPLE'S DAILY 2003). Die Touristen selbst sind sensibel für vermutete Diskriminierung gegen Chinesen. Beispielsweise fühlte sich eine Gruppe von chinesischen Gästen eines Kasino-Ressorts in Malaysia beleidigt von der Tatsache, dass ihre Hotelvoucher einen aufgestempelten Schweinekopf aufwiesen. Obwohl die Betreiber darauf hinwiesen, dass damit lediglich gekennzeichnet werden sollte, dass die Gäste keine Muslims sind, die kein Schweinefleisch essen und nicht spielen dürfen, begannen die Touristen unter Absingen der Nationalhymne einen Sitzstreik in der Lobby, aus der sie nur durch den Einsatz von Polizisten mit Hunden vertrieben werden konnten (ARNOLD 2005).

Australien und Neuseeland waren die ersten Staaten außerhalb der ‚chinesischen Welt', die den Approved Destination Status erlangten. Hier zeigen sich entsprechend die ersten klaren Unterschiede zwischen westlichem und chinesischem touristischen Verhalten. „When visiting caves in China, coloured lights and emperor-style robes make for photo opportunities deep within grottoes. … Chinese visitors to Australian caves find them too boring and educational, sometimes leaving after a few minutes." (BLOK 2002: 13). Neuseeländer beklagen das mangelnde Interesse der chinesischen Touristen, sich auf tiefe – und körperlich anstrengende – persönliche Naturerlebnisse einzulassen (BECKEN 2003).

Hauptattraktion für chinesische Besucher Neuseelands ist neben Auckland vor allem Rotorua. Während die Begegnung mit der westlichen Form von Modernität jenseits der Fassaden chinesischer Themenparks zu kognitiven Dissonanzen führen kann, ist die touristische Erfahrung des Besuches der Maori problemlos mit den mitgebrachten Mustern im Verhalten gegenüber den inländischen chinesischen „Naturvölkern" in Übereinstimmung zu bringen.

Schließlich Europa. Das chinesische Generalimage Europas als pittoresker Kontinent mit diversen Kulturen, Kunstobjekten, alten Städten und Einwohnern mit merkwürdigen aber interessanten Gebräuchen, als Stätte voller Geschichte und Einkaufsmöglichkeiten, wird von Vorstellungen zu den einzelnen Ländern begleitet wie Deutschland als ordentliches Land der Ingenieure, Österreich als Wohnort der Kaiserin Sissy und bekannter Komponisten usw. Den jeweiligen Städten sind entsprechende Images zugeordnet: Paris als „romantischer" Ort dient dem Besuch des Eiffelturms und der Crazy Horse shows, Nizza und Monaco unterstützt das *Millionär-für-einen-Tag* Erlebnis, der Besuch Roms dokumentiert das Interesse für Kultur, München ist dem

Thema Bier untergeordnet wie Berlin dem Thema Mauer. Solche Gebrauchsanweisungen stellen nicht zuletzt den Versuch dar, die kulturellen Markierungen zu duplizieren, die mit den *scenic spots* in China mit ihren spezifischen und kodifizierten Geschichten und entsprechenden ‚korrekten' Emotionen verbunden sind.

Europa bietet jedoch sehr viel weniger an sichtbarer Modernität, wie sie sich in Hochhäusern und Verkehrsstaus dokumentiert, als angenommen. Chinesische Touristen stellen enttäuscht fest, dass „sogar Hangzhou moderner ist als Berlin" (NYIRI 2006). Begleitet wird diese Enttäuschung mit dem Zusammentreffen mit einer ausgeprägten Auffassung von *höherwertigem* touristischen Programm in Form von Museums- und Kathedralenbesuchen und *niedrigwertigem* Programm wie z.B. Einkaufen sowie mit der Erwartung der europäischen Gastgeber, dass sich chinesische Touristen ähnlich wie andere internationale Gäste überaus beeindruckt von den Zeugnissen europäischer Kultur zeigen. In der Konsequenz schwankte das touristische Verhalten zwischen den beiden erlernten Modellen der – relativ erfolglosen – Suche nach Modernität und der „Minderheiten"-Wahrnehmung lokaler Bräuche und Kuriositäten. Für die Mehrzahl der heutigen chinesischen Europa-Besucher hat sich dieses Schwanken, etwas zugespitzt formuliert, zugunsten der Erwartung eines großen Freilicht-Völkerkundemuseums inklusive Shops entschieden.

Nur Nordamerika verbleibt noch als letzte Hoffnung auf eine Destination, die auf der Jagd nach Modernität und Vorbildern die Erwartungen erfüllen kann. Doch auch die USA werden diese Erwartungen voraussichtlich enttäuschen. „They don't want to see spectacular scenery (in the USA), they've got plenty of that at home. What they do want is to see how America measures up to the American Dream. They're familiar with the stereotypes of the United States as the richest and most advanced nation in the world, its lifestyle as the holy grail of development. And they want to see it in all its brilliant modernity, to understand how far China has to go to catch up, and whether the struggle will be worth it. … Given their high expectations, it's not surprising they are disappointed. Even lovely San Francisco doesn't fit the bill. 'If that's going to be the end result of China's development', says one, ‚then I'm really in despair'" (DUNLOP 2004).

3.3 Verhaltensmuster chinesischer Touristen in Deutschland

Grundlage der meisten interkulturellen Vergleiche sind die Kulturdimensionen von Hofstede (HOFSTEDE 1980; HOFSTEDE 2001; HOFSTEDE/HOFSTEDE 2005). In vier der fünf Dimensionen finden sich dabei die Chinesen und die Deutschen an entgegengesetzten Enden der Skala:

- einem ausgeprägtem Bedürfnis nach Unsicherheitsvermeidung und Planbarkeit auf deutscher Seite steht ein deutliche Vorliebe für kurzfristige Entscheidungen und Flexibilität auf chinesischer Seite entgegen;

- einer niedrigen Erwartung an und Akzeptanz von Machtausübung in Deutschland steht eine hohe Machtdistanz in China gegenüber;

- die relativ ausgeprägte Individualität der deutschen Kultur trifft auf einen der weltweit niedrigsten Individualitätswerte und

- eine Betonung kurzfristiger und gegenwartsbezogener Werte in Deutschland kontrastiert deutlich mit der ausgeprägten chinesischen Langfrist-Perspektive auf zukünftige Zeiten und Generationen.

- Lediglich in der Auffassung der Ausgeprägtheit männlicher und weiblicher Geschlechterrollen gibt es keine Unterschiede zwischen der deutschen und der chinesischen Kultur.

Für das Verhalten chinesischer Touristen und die potentiellen Konfliktbereiche im Zusammentreffen mit der deutschen Kultur ergeben sich daraus unmittelbare Konsequenzen (vgl. ARLT 2005):

Ein gering ausgeprägter Wunsch nach Unsicherheitsvermeidung resultiert in einer großen Flexibilität bei der Planung und Durchführung von Reisearrangements, die ebenso von den Partnern erwartet wird. Änderungen und Abweichungen vom ursprünglichen Programm sind nicht per se bedauerlich, Diskussionen darüber bis zur letzten Minute möglich. Gleichzeitig werden fremde, unbekannte Situationen oder Personen nicht in erster Linie als Bedrohung oder Angriff auf die eigene Identität betrachtet, sondern eher als Grund für Neugier und Unterhaltung. Toleranz gegenüber Veränderungen und Unsicherheit übersetzen sich auch in niedrige Akzeptanz-Barrieren für neue Technologien und Moden.

Ein scheinbarer Widerspruch zu dieser Flexibilität und Toleranz bildet das Essensverhalten der chinesischen Touristen im Ausland. Während es für deutsche Touristen ein Zeichen mangelnder Bildung darstellt, im Ausland auf deutsche Küche zu bestehen und im Gegenteil das Auffinden eines kleinen, ansonsten nur von Einheimischen frequentierten Restaurant eine unverzichtbare Trouvaille jeden gelungenen Urlaubs darstellt, bestehen chinesische Touristen in aller Welt ohne Gewissensbisse auf ihrer heimischen Küche.

Essen spielt in der chinesischen Kultur eine besonders große Rolle. Für Gruppen bietet ein chinesisches Mahl mit vielen verschiedenen Gängen reiche Gelegenheiten zur sozialen Interaktion und eine Vielfalt von Geschmacksvarianten. Zwar gehört das Probieren in China bekannter lokaler Spezialitäten wie z.B. eines Nürnberger Rostbratwürstchens und natürlich eines deutschen Bieres zum Besuchsprogramm, als Essen ist jedoch zwingend chinesisches Frühstück, Mittag- und Abendessen gewünscht.

Dieses Insistieren auf die einheimische Küche interpretieren Touristiker oftmals als mangelnde Reife oder als Risiko-Aversion der chinesischen Touristen. Da für chinesische Outbound Touristen jedoch mit dem Verlassen der ‚chinesischen Welt' der Verlust des gewohnten Kontext wesentlich gravierende Konsequenzen hat als für westliche individualistische Reisende, bietet sich für diese Insistenz, die selbst durch die in Deutschland übliche schlechte Qualität chinesischen Essens nicht abgemildert wird, auch eine andere Interpretation an: Mit dem Besuch eines China-Restaurants wird ein Außenposten der *Chineseness* auch in einer fremden Umgebung erreicht, in dem die vertraute chinesische Kultur konsumiert werden kann.

Die ausgeprägte Machtdistanz führt zur Erwartung einer klaren Hierarchie und Führung innerhalb der Gruppe und weiterhin zu einem Interesse, die berühmtesten bzw. mit Superlativen verbundenen Sehenswürdigkeiten und Orte zu besichtigen.

Eine große Bedeutung kommt auch dem Tourismusverhalten wichtiger oder berühmter chinesischer Personen zu, das dann oftmals imitiert wird.

Hier lässt sich auch erkennen, warum für chinesische Reisegruppen der Reiseleiter von so großer Bedeutung ist, an dessen Kenntnisse und Problemlösungsfähigkeiten hohe Anforderungen gestellt werden. Während sich westliche Reisende über Gesehenes ein eigenes Urteil auf der Grundlage von Büchern und Broschüren bilden wollen, erwarten chinesische Reisende für jede Situation und jede Sehenswürdigkeit eine klare und autorisierte Erklärung durch den Reiseleiter.

Ein weiteres Ergebnis der hohen Machtdistanz ist die deutliche Erwartung, nach dem jeweiligen sozialen Status behandelt und bedient zu werden und die Notwendigkeit der Statusversicherung durch ritualisierte Handlungen. Die meisten Deutschlandreisenden aus China bekleiden in ihrer Heimat wichtige Positionen und sind ein hohes Maß an Höflichkeit bis hin zur Servilität gewohnt.

Die deutlich kollektivistische Verfassung der chinesischen Gesellschaft resultiert in einem vor allen Dingen gruppenorientierten Verhalten, das für die Mitglieder der eigenen Gruppe ein hohes Maß an Verpflichtung und Aufrechterhaltung der Harmonie fordert, aber deutlich weniger Verantwortung für das Schicksal von nicht zur Gruppe gehörigen Personen übernimmt (PANG/ROBERTS/SUTTON 1998). Die angesprochene Gruppe kann dabei eine Familie, eine Reisegruppe oder vor allem im Ausland auch die ganze Nation sein. Die Wichtigkeit interpersonaler Beziehungen (*guanxi*), persönlichen Status (*mianzi*, Gesicht) und mitmenschlicher Verantwortung (*ren*) in der chinesischen Kultur gründen in dieser Wichtigkeit von Innergruppen-Beziehungen in großen kollektivistischen Gesellschaften (GILBERT/TSAO 2000; LI/WRIGHT 2000).

Kollektivismus unterstützt im touristischen Verhalten den Wunsch, dorthin zu reisen, wohin die anderen auch reisen, die *typischen* Dinge an einem Ort zu tun, die *typischen* Souvenirs zu kaufen und die *typischen* lokalen Spezialitäten zu kosten (ECONOMIST 2006). Wenn diese typischen Dinge nicht bekannt sind, wird erwartet, dass diese klar benannt werden. Verkäufer oder Kellner, die beispielsweise stattdessen eine Vielzahl von Angeboten als gleichwertig anbieten, werden als nicht am Wohl der Gäste interessiert wahrgenommen (REISINGER/WARYCZAK 1994). Erinnerungs-Gruppenfotos vor wichtigen Sehenswürdigkeiten verstärken die kollektive Erfahrung.

Die Langfrist-Orientierung unterstützt die Bedeutung des Lernens auch innerhalb von Freizeitaktivitäten. Im Zweifelsfall wird Zeit eher für das Einkaufen von Geschenken für wichtige Personen daheim aufgewandt, von denen langfristig ein Vorteil zu erwarten ist, als für zusätzliches Sightseeing. Bei mitreisenden Kindern sind Reiserouten und -aktivitäten oft darauf ausgerichtet, dem Nachwuchs bildungsorientierte Kenntnisse und Erlebnisse zu ermöglichen.

Im Vergleich zu diesen gravierenden Unterschieden zwischen den kulturellen Verhaltensgrundlagen der chinesischen Gäste und ihrer deutschen Gastgeber ist bei den Geschlechterrollen geringes Konfliktpotential vorhanden. Auch in der chinesischen Kultur werden Geschlechterrollen weniger zwingend durchgesetzt als beispielsweise in der japanischen.

3.4   Ausblick: Chinesen sind keine Japaner

Vor den chinesischen haben die japanischen Besucher in Deutschland das Bild vom Verhalten asiatischer Gäste geprägt. Ein Blick auf die HOFSTEDE-Kulturdifferenzwerte zeigt jedoch bereits, dass mit Ausnahme der Langzeit-Orientierung die Unterschiede im kulturellen Hintergrund bedeutend sind. Die Machtdistanz-Werte sind deutlich niedriger, da in der japanischen Gesellschaft soziale Kontrolle eher von der jeweiligen Referenzgruppe auf gleicher Ebene ausgeübt wird als von höhergestellten Autoritäten wie in China, wodurch sich auch die relativ höheren Individualitätswerte für Japan erklären lassen.

Sehr groß sind aber vor allem die Unterschiede beim Unsicherheitsvermeidungs-wunsch, bei dem beide Kulturen sich an den entgegengesetzten Enden der Skala finden und bei der Durchsetzung von Geschlechterrollen, deren Rigidität in Japan die größte von allen Kulturen der Erde ist.

Die Auswirkungen auf das touristische Verhalten wie größere Gruppenkohärenz des Handelns bei weniger klar sichtbaren hierarchischen Strukturen, eine eher vorhan-dene Bereitschaft - als Gruppe - etwas Ungewöhnliches zu tun, das Bestehen auf präziser Planung und Einhaltung des Programm mit peinlich genauer Pünktlichkeit sowie die allgegenwärtige Dominanz männlicher Verhaltensweisen lassen erkennen, dass eine Gleichsetzung der Bedürfnisse und Verhaltensweisen japanischer und chine-sischer Touristen nicht zu zufriedenen Kunden führen wird.

Chinesische Touristen kommen in ihrer überwiegenden Zahl nicht „zum Spaß" nach Europa. Um Urlaub zu machen und Entspannung zu finden, sind Reisen inner-halb der „chinesischen Welt", d.h. vor allem im eigenen Lande oder nach Südostasien, attraktiver und zeitlich und finanziell weniger aufwändig.

Der Wunsch nach Statuserhöhung, nationaler Selbstversicherung und dem Auf-nehmen neuer Ideen und Einsichten persönlicher wie geschäftlicher Art auf der Grundlage der eigenen Reisetraditionen und der kulturellen und gesellschaftlichen Strukturen in China führt zu Verhaltensweisen bei Reisen in die „nicht-chinesische Welt", zu der Deutschland sicherlich gehört, die deutlich von den uns vertrauten eige-nen Motivations- und Verhaltensstrukturen abweichen.

Diese Strukturen jenseits von oberflächlichen, wenn auch sicher richtigen Hinweisen wie „Der Chinese will eine Thermoskanne mit heißem Wasser auf seinem Zimmer" zu kennen, zu akzeptieren und das touristische Angebot in allen seinen Facetten darauf einzustellen, ist die wesentliche Voraussetzung, um zukünftig chinesische Gäste in größerer Anzahl in Deutschland begrüßen und zufriedener wieder verabschieden zu können.

4 Das Kaufverhalten chinesischer Touristen in Deutschland

Marcel Kelemen BBA Hons., Stralsund

4.1 Einleitung

Shopping Tourismus ist für die Einzelhandelsindustrie ein wichtiges Geschäftssegment, besonders in Destinationen, die von vielen internationalen Touristen besucht werden.

Der internationale Shopping Tourismus der Chinesen wurde noch nicht ausgiebig untersucht und hat erst kürzlich die Aufmerksamkeit des Einzelhandels erfahren. Grundlage des Textes ist eine Bachelor Thesis, die 2005 vom Autor verfasst wurde.

Um aktuelle und praktisch orientierte Daten über die Erfahrungen des Einzelhandels mit dessen Kunden aus China zu sammeln, wurden für die Studie im Sommer 2005 mehr als 50 Geschäfte in unterschiedlichen Städten Deutschlands besucht. Die Einzelhändler wurden gemäß ihrem Umsatz mit chinesischen Kunden ausgewählt, wie er in den Verkaufsstatistiken von Global Refund dokumentiert ist. Diese Einzelhändler repräsentieren die Stichprobe der Studie.

Die Angaben über den Umsatz basieren auf dem Datenmaterial von Global Refund. Demzufolge repräsentieren sie nur die steuerfreien Einkäufe und beziehen sich nicht auf Einkäufe ohne Tax Free Service. In der Mehrwertsteuerrückerstattung ist Global Refund der weltweite Marktführer.

4.2 Das Kaufverhalten chinesischer Touristen in Deutschland

Die stetig steigende Anzahl von chinesischen Touristen in Deutschland, steigert das Interesse der Tourismusindustrie und dem Einzelhandel. Mit der schnellen wirtschaftlichen Entwicklung in China, können sich mehr und mehr Chinesen eine Reise in das Ausland leisten. Die Abbildung zeigt, dass mit der steigenden Zahl der Touristen, sich die Tax Free Umätze zwischen 1999 und 2004 verdreifachten.

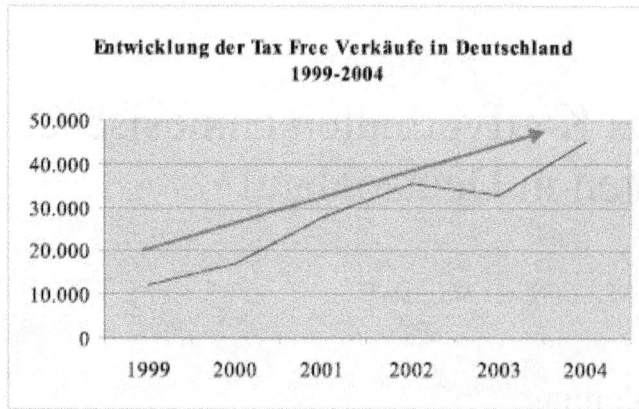

Abb. C.4-1   Entwicklung der Tax Free Verkäufe in Deutschland 1999–2004 (in 1.000 €)
(Quelle: GLOBAL REFUND)

Betrachtet man die monatlichen Umsätze, kann man ebenfalls eine kontinuierliche Steigerung feststellen.

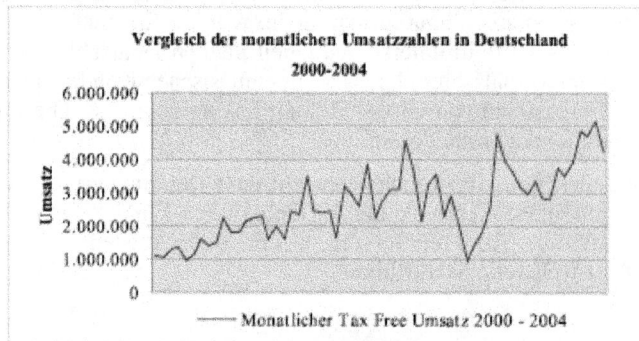

Abb. C.4-2   Vergleich der monatlichen Umsatzzahlen 2000–2004 (in €)
(Quelle: GLOBAL REFUND)

Seit 2000 verfünffachten sich die monatlichen Verkaufszahlen an chinesische Kunden. Selbst die Einflüsse durch SARS im Jahre 2003 wirkten sich nur für kurze Zeit auf die Umsätze im Einzelhandel aus.

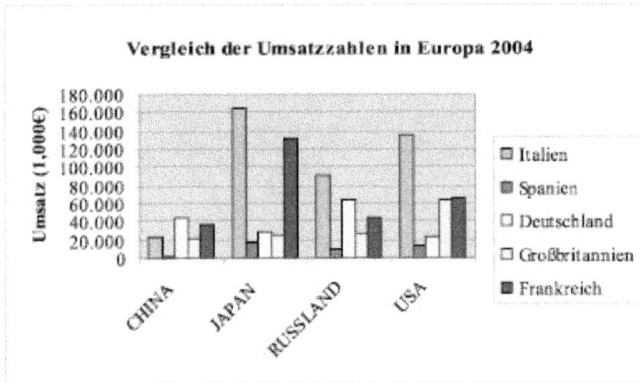

Abb. C.4-3 Vergleich der Umsatzzahlen verschiedener europäischer Länder 2004
(Quelle: GLOBAL REFUND)

Die obige Abbildung stellt ganz klar Deutschland als Shopping Destination für Chinesen heraus. Die Touristen aus dem Reich der Mitte geben mehr in Deutschland für Konsumzwecke aus, als in Italien, Spanien, Großbritannien und Frankreich.

Die Chinesen sind jedoch nur ein Beispiel von vielen. Der internationale Tourismus ist ein Wirtschaftsfaktor für den Einzelhandel. Jedoch müssen die Unternehmen ihre Dienstleistungen den Kundenbedürfnissen anpassen. Der Kunde in gesättigten Märkten schätzt in der heutigen Zeit kein Mittelmaß. Genaue Kunden-Marktsegmentierung und zielgruppenspezifische Dienstleistungen werden von den verschiedenen Kundengruppen gefordert.

Die Kombination aus der Summe $\sum$MAIQ = Marktauftritt + Aufmachung + Image + Qualität gewinnt in der globalisierten Welt zunehmend an Wichtigkeit und bestimmt auch den Erfolg im Einzelhandel.

Wie gestaltet sich der Konsum der Touristen aus China, welche Ursachen und Effekte haben die hohen Umsätze und wie können bestimmte Verhaltensweisen begründet werden, damit sich die Marktteilnehmer den Bedürfnissen anpassen können?

4.3 Die Bedeutung des chinesischen Konsums

Shopping und Konsum sind wichtige Bestandteile, wenn Chinesen durch Deutschland reisen. Darauf haben sich bereits viele chinesische Reiseveranstalter und zahlreiche Einzelhändler eingestellt.

Eine Umfrage der TNS Infratest und des Frankfurter Flughafens in 2005 ergab, dass Chinesen mehr in Deutschland konsumieren, als japanische, russische oder US-amerikanische Touristen. Aus dieser resultierte, dass die durchschnittliche Höhe des Kaufvolumens pro Reise jedes chinesischen Touristen 576 Euro beträgt.

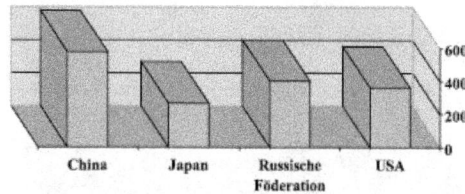

Abb. C.4-4: Durchschnittlicher Umsatz (in Euro)
(Quelle: GLOBAL REFUND – TNS Infratest, Untersuchung am Frankfurter Flughafen 2005)

Laut GLOBAL REFUND, dem weltgrößten Dienstleister für Mehrwertsteuerrücker-stattung, lag der durchschnittliche Tax Free Erwerb chinesischer Verbraucher in Deutschland bei 196 Euro. Touristen aus China kaufen überwiegend in Läden ein, die Modeartikel, Schmuck, Souvenirs und Geschenke verkaufen. Kaufhäuser nehmen ebenfalls eine starke Position in der Verkaufsstatistik ein (siehe Abbildung C.4-5).

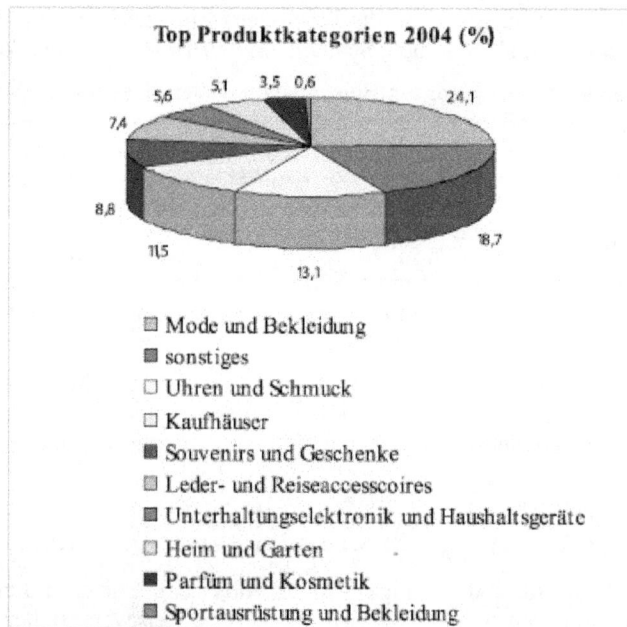

Abb. C.4-5: Top Produktkategorien 2004
(Quelle: GLOBAL REFUND 2004)

Insgesamt lässt sich feststellen, dass im Jahr 2004 laut der Einzelhandelsstatisti-ken des Hauptverbandes des Deutschen Einzelhandels (HDE) viele Branchen durch den Tourismus profitieren können, deren Umsätze in Zeiten der steigenden Arbeits-losigkeit, durch die Konsequenzen der neuen Kredit-Ratingrichtlinie BASEL II für den Einzelhandel stagnieren (HDE 2005: 11ff.; PAUL/STEIN 2002: 30ff.; RIECKHOFF 2004: 53).

4.4 Gründe für den Konsum chinesischer Touristen in Deutschland

Die Gründe des Konsums der Touristen aus dem Reich der Mitte gestalten sich sehr vielfältig. Grundsätzlich spielen immer ökonomische und kulturelle Aspekte eine wichtige Rolle und lassen sich insgesamt wie folgt unterteilen:

- Image-bezogene Gründe
- Nicht-kulturelle Gründe
- Kulturell bezogene Gründe des Kaufens.

4.4.1 Image-bezogene Gründe des Konsums

Chinesische Reisende verbinden ihre Entscheidung für eine Reise in eine bestimmte Destination mit einem Image. (www.atimes.com) Währen Frankreich mit Parfüm und Romantik in Verbindung gebracht wird, steht Deutschland für Business und Messen, aber auch für Markenvielfalt und Qualität.

Der käufliche Erwerb bestimmter Produkte im Herkunftsland genießt einen hohen Stellenwert für die chinesischen Touristen. Einen Hugo Boss Anzug in Deutschland zu kaufen ist damit besser, als diesen in einem Pekinger Shoppingcenter zu erwerben.

4.4.2 Nicht-kulturelle Gründe des Konsums

Die überwiegende Zahl der Chinesen reist zum ersten Mal in ein exotisches Land wie Deutschland. (www.atimes.com) Das bedeutet, dass sie begierig sind, so viel zu sehen und einzukaufen, wie in der kurzen verfügbaren Zeit möglich ist.

Ein weiterer Grund, der nicht-kulturell bedingt ist, dass chinesische Staatsbürger nur bis zu einem gesetzlich festgelegten Betrag umtauschen dürfen. Dieser ist auf 6000 US$ begrenzt. Mit dem traditionellen Konzept „economize at home, but take enough money on route" (www.atimes.com) nutzen die Chinesen überwiegend diese Regelung in vollem Umfang aus. Da in China kaum internationale Kreditkarten existieren, die auch international genutzt werden können, tragen die Touristen sehr hohe Geldbeträge mit sich herum. Diese Geldbeträge werden während der Reise für Konsumzwecke ausgegeben.

Viele Chinesen kennen bereits den Hintergrund, dass ein Großteil der Markenhersteller nicht die gesamte europäische Produktpalette in China anbieten. Deshalb nutzen viele Touristen die Gelegenheit, während Ihrer Reise durch Europa, Produkte käuflich zu erwerben, die in ihrer Heimat nicht erhältlich sind. Auch auf Grund von Luxussteuern, die vom chinesischen Staat auf bestimmte Luxusprodukte erhoben werden, sind eine Vielzahl von Waren vergleichsweise bis zu 35% teurer als in Deutschland (www.atimes.com).

4.4.3   Kulturell-bezogene Gründe des Konsums

Westliche Güter aus internationalen Destinationen haben einen sehr hohen Stellenwert. Da schenken und beschenkt werden in asiatischen Ländern als ein wichtiger sozialer Bestandteil der dortigen Kultur ist, ist der Kauf von Geschenken bedeutender, als der Einkauf für die eigene Person. Präsente und Mitbringsel für Familienmitglieder, Bekannte, Freunde und Kollegen zu kaufen wird als soziale Investition gesehen, einen Gefallen zu begleichen, oder zu erhalten. (www.atimes.com)

Zusätzlich bedeutet Konsum für viele Reisende auch Kontakt mit einer anderen Kultur. Oftmals ist Shopping während den sehr programmintensiven Reisen die einzige Möglichkeit, mit der Gastkultur in Kontakt zu treten. Nicht viele Chinesen standen vor ihrer Reisen in engem Kontakt mit der westlichen Kultur. (HSIEH/CHANG 2004: 3)

Chinesische Reisende suchen nach Statussymbolen, (www.time.com) um Anerkennung innerhalb ihrer sozialen Gruppe zu erlangen. Das bezieht ebenfalls das Geschenke geben mit ein. Westliche Güter in China zu erwerben ist normal für diejenigen, die es sich leisten können. Wegen der großen Unterschiede innerhalb des Landes heißt es, einen höheren sozialen Status zu haben, wenn jemand dazu in der Lage ist, westliche Produkte zu kaufen. Dennoch bedeutet es mehr Prestige, wenn diese Produkte im Herstellerland oder im Land, das dieses Image besitzt, gekauft werden.

4.5   Shopping Alltag der Chinesen

Insgesamt lässt sich feststellen, dass der deutsche Einzelhandel das Potenzial des internationalen Tourismus stark unterschätzt.

Das Argument, dass Chinesen mehr für den Konsum während ihrer Reise ausgeben, als für die Reiseorganisation, zählt für viele deutsche Einzelhändler nicht. Es fehlt allgemein an der Ausrichtung des Services am Kunden.

Doch wie kann der deutsche Einzelhandel sich auf die Bedürfnisse der Chinesen einstellen, wenn nicht erkannt wurde, dass der internationale Tourismus allgemein ein hohes Wachstumspotenzial hat?

Um diese Daten zu ermitteln, wurden im Rahmen einer wissenschaftlichen Untersuchung, das Verkaufspersonal in vier verschiedenen Städten persönlich interviewt. Während der Recherche konnte sehr oft beobachtet werden, dass es an der nötigen Akzeptanz fehlt, dass andere Kulturen andere Verhaltensrichtlinien aufweisen. Nur eine kleine Minderheit der Händler führt Verbraucheranalysen durch, die jedoch weitestgehend neutral gehalten werden und den Ursprung der Umsätze nicht aufzeigen. Sehr oft wurde vom Verkaufspersonal berichtet, dass man keine chinesischen Kunden bedient. Beim Verlassen des Geschäftes konnten häufig bis zu zehn Kunden gezählt werden.

4.5.1   Wissens- und Informationsquellen

Die Chinesen projizieren ihre alltägliche Erfahrung des Shoppings in China auf Deutschland. Das erzeugt eine große Diskrepanz für die westliche Einzelhandelsindustrie. Im Allgemeinen haben die Menschen keine Informationen darüber, wie man in anderen Ländern einkauft. Nur ein geringer Prozentsatz an Reisenden ist über regionale Unterschiede und Verhältnisse informiert. Chinesen haben beispielsweise meist die Vorstellung, dass eine Preisdifferenzierung zwischen heimischen und ausländischen Gästen in Deutschland existiert. Häufig müssen in China Ausländer höhere Preise für Produkte zahlen, abhängig von der Kleidung und dem Eindruck, den westliche Reisende hinterlassen. Das heißt, dass Leute, die teure Kleidung tragen auch mehr bezahlen müssen. Außerdem denken Chinesen, dass die Preise in Deutschland mit der Tageszeit schwanken. Läden in China verlangen oftmals höhere Preise am Morgen als kurz vor Ladenschluss. (Guo 2005)

Daher nutzen Reisende den Reiseleiter als zentrale Person der Gruppe. Er kennt die Gegebenheiten der Reisedestination am besten. Den geringen Prozentsatz derjenigen, die über die Einkaufsbedingungen in Deutschland informiert sind, können als Wiederholungsbesucher ihre Reiseerfahrungen in internationale Destinationen nutzen. Sie gebrauchen auch Informationsquellen wie das Internet und Produktkataloge bestimmter Hersteller für die Produktauswahl. Die Struktur der Informationsquellen deutscher Einzelhändler ist weitestgehend schlecht entwickelt, da internationale Kundensegmente nicht analysiert werden.

Diese Situation hebt das Machtpotenzial der chinesischen Tourismusindustrie als Informationsquelle. Die Reiseveranstalter kennen das Potenzial ihrer Reisenden, wissen welche Produkte gekauft werden und kennen die Unwissenheit Ihrer Kunden und nutzen diese drei Punkte für ihren wirtschaftlichen Erfolg.

Weitere Informationsquellen sind hauptsächlich Produktinformationen aus dem Internet oder bestehende Erfahrungen, die durch Mundpropaganda übermittelt werden, und positiv durch die Steigerung der Servicestandards ausgeweitet werden könnten.

4.5.2 Kundensegmente innerhalb der chinesischen Käufer

Die Kunden unterscheiden sich hauptsächlich in ihrer sozialen Herkunft, was das Verhalten in den Geschäften stark beeinflusst. Grundsätzlich lassen sich die Schichten in Ihrer Kleidung, dem Kommunikationsgebaren und in der Produktwahl unterscheiden.

Während untere und mittlere Gesellschaftsschichten einen geringen Bildungsstand aufweisen und damit keine Englischkenntnisse haben, zeigen diese Kundengruppen bestimmte typische chinesische Verhaltensweisen, wie z. B. spucken, schnaufen. Die Kommunikationsbarriere durch fehlende Sprachkenntnisse ist sehr hoch. Die Kunden ohne englische Sprachkenntnisse und internationale Erfahrung lösen diese Barriere, in dem sie durch Klopfen auf die Theke auf sich aufmerksam machen. Auch wird das Verkaufspersonal beim Betreten und Verlassen des Geschäftes nicht gegrüßt. Dies wurde durch das Personal im Einzelhandel als störend berichtet. Jedoch sind deutsche Kunden besser?

Höhere Gesellschaftsschichten sind entsprechend ihres Status international erfahrene Kunden und wissen über die Gegebenheiten des Gastlandes bescheid. Im Vergleich zu den anderen Schichten sind diese immer sehr gut gekleidet und ziehen keine besondere Aufmerksamkeit auf ihre Person. Diese Kunden werden aufgrund der guten

Kleidung mit japanischen Kunden verwechselt, welches nicht im Sinne der chinesischen Kunden ist.

4.6   Parameter des Konsums chinesischer Touristen

Neben der Differenzierung der Kundengruppen, wird der Konsum durch weitere Parameter beeinflusst. Diese geben auch nähere Informationen über die Abhängigkeit der Umsätze von den Reiseveranstaltern und Incoming-Agenturen.

4.6.1   Geografische Verteilung des Konsums

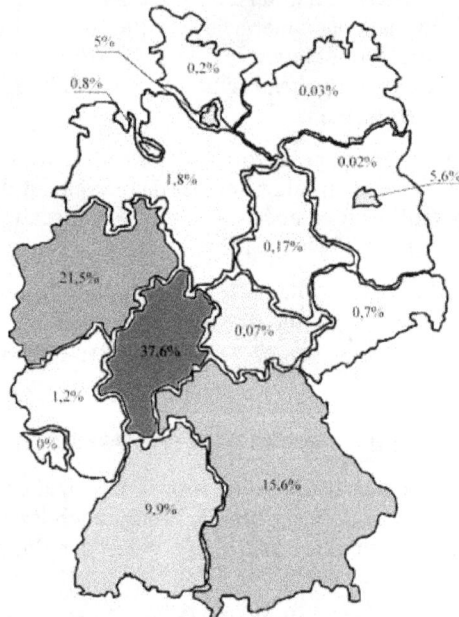

Abb. C.4-6   Geografische Verteilung der Marktanteile der Tax Free Verkäufe in Deutschland (Quelle: GLOBAL REFUND)

Betrachtet man die geografische Verteilung des Konsums chinesischer Touristen in Deutschland, lässt sich feststellen, dass die Umsätze in den für Chinesen Haupttourismusregionen im Süden und Westen generiert werden.

Die Umsätze in Hessen werden hauptsächlich durch Frankfurt als internationalen Gateway von und nach China beeinflusst. Die Verkäufe in Nordrhein-Westfalen durch die auf Chinesen spezialisierten Fachgeschäfte rund um den Kölner Dom und München als Destination für Messereisende und Stop-Over Shoppingmöglichkeit in Richtung Österreich.

Baden-Württemberg wird mit den Tax Free Verkäufen der Factory Outlet Center (FOC) der Stadt Metzingen gefördert. Nur 21.800 Einwohner zählt die Stadt, aber liegt mit den Tax Free Umsätzen der 40 Outlet Center (www.metzingen.de) noch vor Berlin, Hamburg, Düsseldorf und Stuttgart. Insgesamt wurden dort im Jahr 2004 2,4 Millionen Euro (GLOBAL REFUND 2005) mit Touristen aus China umgesetzt.

In den östlichen und nördlichen Regionen sind die Umsätze weitaus geringer. Hier fehlt es an internationalen Marketingmaßnahmen und der Bekanntheit. Nur Berlin und Dresden als Destination genießen internationale Bekanntheit.

4.6.2 Übernachtung versus Konsum

Die Mehrzahl der Chinesen sind Tagesbesucher und werden überwiegend in den touristischen Statistiken nicht erfasst. Daher ist es nur sinnvoll, die Verkäufe in den Städten zu untersuchen.

Laut CAISSA Touristik, der größten Incoming Agentur für chinesische Touristen in Deutschland, zwingt der immense Kostendruck auf Tourismusprodukte die Veranstalter, günstigere Hotels zu nehmen, die außerhalb der Stadtzentren liegen. Entsprechend hat die Wahl des Übernachtungsortes wenig Einfluss auf den Konsum.

Aus dieser Sichtweise existiert eine hohe Abhängigkeit der Nachfrage chinesischer Verbraucher vom Tourenprogramm der Reiseveranstalter. Dies bezieht die folgenden Punkte mit ein, die einen Effekt auf den Konsum haben können.

- Zeit – Wie viel Freizeit haben die chinesischen Touristen?
- Ort – Welche Orte werden von den Touristen besucht?

Wenn man die Bewegungen chinesischer Touristen in den Stadtzentren wie Köln oder München vergleicht, lässt sich feststellen, dass die Verkäufe mit der wachsenden Distanz von den Haupteinkaufsstraßen oder von berühmten Sehenswürdigkeiten, die von den Reisegruppen besucht werden, sinken.

Abseits vom Touristenrummel gibt es nur vereinzelte Geschäfte, die Verkäufe generieren. Dieses Verhalten hängt stark von zwei Faktoren ab:

1. Die **Gruppendynamik**, wenn eine Person etwas Interessantes sieht, wird oft von der Gruppe entschieden, ob eine Straße verlassen wird.

2. Der **Gruppenführer,** der Provisionen von Einzelhändlern in den häufig aufgesuchten Einkaufsstraßen erhält.

Beide Punkte haben Einfluss auf die Entscheidung des Reisenden, bestimmte Geschäfte zu besuchen. Die Touristen werden überwiegend von dem Gruppenführer geleitet und erhalten von diesem alle notwendigen Reiseinformationen. Das resultiert aus dem vorher erwähnten Informationsdefizit der Reisenden.

Maßstäbe müssen gefunden werden, um ein Informationssystem zu schaffen, dass chinesische Touristen mit kompetenten Informationen über Sehenswürdigkeiten in Verbindung mit dem Einkaufen versorgt, um die Unsicherheit der Reisenden zu reduzieren.

4.6.3   Angebotsstruktur versus Konsum

Vergleicht man die Verkaufszahlen verschiedener Produktkategorien in den Hauptein-
kaufsstädten, können eindeutige Unterschiede in der Struktur der Nachfrage identifiziert werden. Die Umsätze der Stadt Metzingen müssen dabei vernachlässigt werden,
da diese hauptsächlich der Kategorie „Mode und Kleidung" zugerechnet werden können.

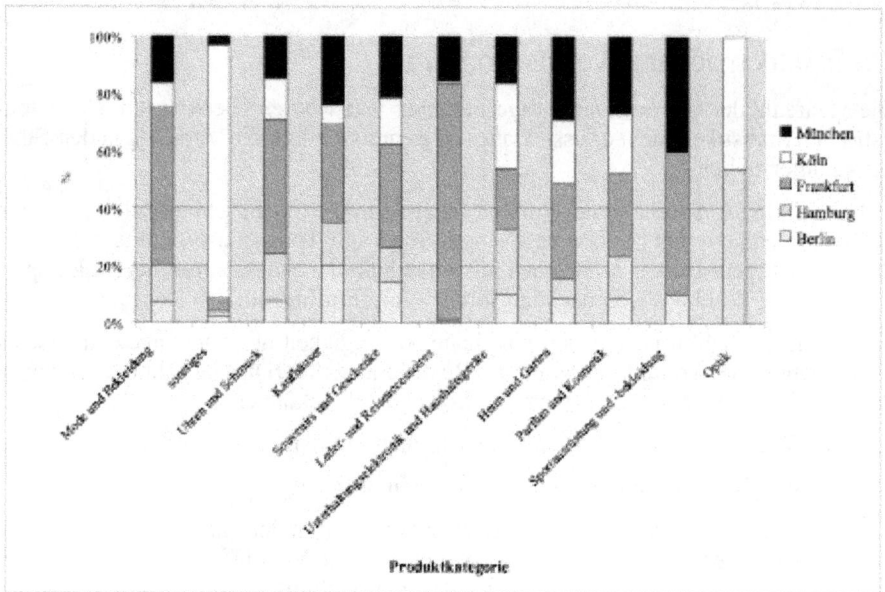

Abb. C.4-7   Verkaufszahlen der verschiedenen Produktkategorien (in %)
               (Quelle: GLOBAL REFUND Statistiken)

Die Abbildung zeigt, dass sich z.B. die Nachfrage nach Souvenirs stark unterscheidet und in Frankfurt als Gateway höher ist, als in München, obwohl die touristische
Vermarktung der Bayern-Metropole sich wesentlich traditioneller gestaltet..

Dies kann durch eine fehlende Identifizierung der Kundensegmente durch die Einzelhändler verursacht sein. Zum Beispiel können in der Straße, in der sich das Hofbräuhaus und viele andere Souvenirgeschäfte befinden, mehr Verkäufe durch die gezielte Vermittlung ihrer Angebote an die Chinesen erzielt werden. Zurzeit haben die
Geschäfte ihre Marketingaktivitäten nicht ihren Kunden angepasst. Die gezielte Platzierung von Tax Free Angeboten können in den Geschäften die Nachfrage nach spezifischen Produkten erhöhen. Das hängt auch wiederum von der Produktvielfalt in den
Stadtzentren ab.

4.7 Spezifisches Verhalten der Kundschaft und mögliche Maßnahmen des Einzelhandels

Nach Betrachtung der gesamten Untersuchung, lässt sich ein bestimmtes Verhaltensmuster festlegen.

Verhalten	Mögliche Maßnahme
Markenbewusstsein	Grundlage für jede interne und externe Marketingmaßnahme, z. B. Präsentation von Marken im Schaufenster
Tax Free ist Kundenbedürfnis	Grundlage für jede interne und externe Marketingmaßnahme, Nutzen der Popularität des Instrumentes „Tax Free Shopping" und Kennzeichnung der zusätzlichen Serviceleistung nach innen und außen
Hohe Aufenthaltsdauer	Chinesischsprechendes Personal soll Fragen klären
Hohe Nachfrage nach bestimmten Produkten	Lagerhaltung muss der Nachfrage angepasst werden
Gruppenauftreten	Verringerung der Aufenthaltsdauer in den Geschäften
Misstrauen der chinesischen Kunden	Vertrauensbildende Maßnahmen finden
Preisbewusstsein und Feilschen	Maßnahmen finden, die ein „NEIN" vermeiden
Hohe Banknoten	Akzeptanz statt Diskrepanz

Abb. C.4-8   Verhalten der Touristen aus China und mögliche Maßnahmen der Einzelhändler
(Quelle: eigene Darstellung)

Die Tabelle C.4.8 zeigt bereits eine Vielzahl von Möglichkeiten, die leicht in der Praxis umgesetzt werden können. Bedeutender ist jedoch, Verständnis für gewisse Verhaltensweisen zu schaffen, die auch Erklärungen über den Ursprung liefern. Wenn dem Verkaufspersonal nicht bewusst ist, dass das Gruppenauftreten fest in der chinesischen Kultur verankert ist, dann können die Personen auch damit nicht umgehen. Fehlende Kommunikation wird durch fehlende Sprachkenntnisse der Kunden ausgelöst und würde kleinere Barrieren in der Verkäufer-Kunden Beziehung verursachen, wenn sich das Personal darauf einstellen kann.

Die größten interkulturellen Barrieren werden durch Unwissenheit und Ignoranz ausgelöst.

4.8   Fazit

Viele Einzelhändler sind sich ihrer Verantwortung nicht bewusst, dass sie das Bild einer Destination prägen und in bestimmten Ländern die Kommunikationsform Mund-zu-Mund-Propaganda den Einfluss der Medien noch nicht abgelöst wurde. Im Alltag der Einzelhändler gibt es viele Situationen, in denen interkulturelle Aspekte beachtet werden müssen. Der deutsche Einzelhandel ist jedoch nur unzureichend auf internationale Kundschaft vorbereitet.

Die Welttourismusorganisation erwartet einen Anstieg des Auslandstourismus der Chinesen auf über 100 Millionen Reisen bis 2020 (APTA Conference Nagasaki 2004). Auf der APTA Conference in 2004 wurde der durchschnittliche jährliche Anstieg der Reisenden auf 12.3% geschätzt. Die Art des Reisens für Chinesen wird sich mit zunehmender Reiseerfahrung stark verändern. Jedoch stellt sich die Frage, wie sich China in Hinblick auf die Tourismuspolitisch verändert. Beide Reisen und Konsum sind stark von politischen und wirtschaftlichen Gesichtspunkten abhängig.

5 Chinesische Reisende in deutschen Hotels

Marita Belz/Anja Mrkwicka,[1] Bonn

5.1 Einleitung

Die steigende Zahl chinesischer Reisender stellt eine besondere Herausforderung dar. Immerhin schätzt die Welttourismusorganisation (World Tourism Organization, WTO) das Volumen im Jahr 2020 auf rund 100 Millionen. Um im Markt auch unter erhöhtem Wettbewerbsdruck zu bestehen, ist die Kenntnis von industriespezifischen Strukturen sowie die frühzeitige Identifizierung von Trends durch die Anbieter touristischer Dienstleistungen notwendig. Deutschland ist im Reich der Mitte traditionell als Meeting-, Kongress- und Geschäftsreise-Destination bekannt (BHG 2004: 37). Erst in den letzten Jahren etabliert sich die Heimat der Dichter und Denker mit seinen historischen Sehenswürdigkeiten und attraktiver landschaftlicher Szenerie auch zum Urlaubsziel beziehungsweise vielmehr Städtereiseziel der Chinesen. Ein chinesischer Tourist fasst die Vorzüge wie folgt zusammen: „blauer Himmel, weiße Wolken, frische Luft, Stille" (SUßEBACH 2004). Jedoch haben auch die deutschen Gastgeber zum Teil nur ein recht oberflächliches Bild von ihren Kunden aus dem Fernen Osten.

„Finally, as China is a new generating country of international tourists, its destination countries and regions have only preliminary knowledge of its tourists. As a result, the completeness of service facilities, the creation of service items, the adaptive renovation of relevant environments and the convenience of language and signage of the destinations are far from the extent that Chinese tourists would feel comfortable at. Therefore, those countries and regions targeting China's outbound tourists as their major market should make an effort to improve their environment in order to better attract Chinese tourists and increase their satisfaction." (DU 2003 in: ARLT 2006: 200)

Gefordert sind in dieser Lage insbesondere die Hotels. Im Rahmen einer Studie an der Internationalen Fachhochschule Bad Honnef Bonn führten wir in der Zeit von April bis Juni 2005 am Beispiel der deutschen Kempinski Hotels eine Marktanalyse durch. Diese beinhaltete Nachforschungen auf drei Ebenen und zwar auf globalem (makroökonomischem) und industriebezogenem (mikroökonomischem) Umfeld, sowie zuletzt die Situation in den Hotels selbst, das heißt auf der Unternehmensebene. Die externe und interne Analyse gaben uns einen Eindruck von den Chancen und Risiken im Markt, als auch Stärken und Schwächen des Unternehmens und der einzelnen Standorte. Diese so genannte *SWOT-Analyse* (Strengths, Weaknesses, Opportu-

---

[1] Die beiden Autorinnen haben zu gleichen Teilen zu der vorliegenden Arbeit beigetragen.

nities, Threats) führte zu interessanten Erkenntnissen über die Vorgehensweise der Kempinski Hotels und deren Mitbewerber in Anbetracht der aktuellen Entwicklungen in Chinas Outbound Tourismus und der in diesem Fall speziellen chinesischen Zielgruppe. Sie erlaubte uns zudem, individuelle Empfehlungen für die einzelnen Hotels zu formulieren.

Im Folgenden stellen wir einen Ausschnitt dieser Studie vor und konzentrieren uns dabei besonders auf das Verhalten chinesischer Reisender in deutschen Kempinski Hotels und den daraus resultierenden Implikationen betreffend der angebotenen Leistungen.

Selbstverständlich sind die Ergebnisse dieser Marktanalyse auch für andere Hotels, die sich um die Beherbergung chinesischer Reisender bemühen, von Interesse und so gesehen durchaus allgemeingültig. Genauso gilt wohl auch die chinesische Weisheit für alle gleichermaßen: *Fürchte Dich nicht vor dem langsamen Vorwärtsgehen, fürchte Dich nur vor dem Stehenbleiben.*

5.2   Hintergrund der Studie

Zu Beginn unserer Studie im April 2005 nahmen wir Kontakt mit der chinesischen In- und Outbound Agentur China International Travel Service (CITS) auf. Eine Mitarbeiterin dieses Reiseveranstalters mit Sitz in Beijing gab auf unsere Nachfrage an, dass für die Kunden auf ihren Deutschlandreisen hauptsächlich Hotels der Luxus- und Mittelklasse gebucht werden. Hierbei wird zwischen Urlaubs- und Geschäftsreisegruppen unterschieden: Erstere werden oft in drei oder vier Sterne Hotels untergebracht, während Reisende im Auftrag eines Unternehmens durchaus auch in Häusern der fünf Sterne Kategorie nächtigen. Bisher haben sich jedoch nur wenige deutsche Hotels überhaupt auf die wachsende Zahl chinesischer Gäste eingestellt. CITS bevorzugt daher momentan hauptsächlich Hotels der Ketten Mercure und Novotel. Beide gehören zu der französischen Accor Gruppe, die durchaus als Marktführer auf dem Gebiet der Beherbergung chinesischer Gäste angesehen werden kann. Schon früh wurden mit den „Chinese Optimum Service Standards" sieben spezielle Servicekomponenten eingeführt, um den Erwartungen der chinesischen Gäste gerecht zu werden. Belohnt wurde Accors Engagement mit dem Gewinn des „European Chinese Tourist Welcoming Award" in den Kategorien „Companies" (2004) und „Overall Performance" (2005).

Aktivitäten anderer Hotelketten in dieser Richtung sind weit weniger ausgeprägt und bekannt. Unter dem Motto „Chinesische Touristen in deutschen Kempinski Hotels" beschäftigten wir uns im Folgenden genauer mit den Häusern dieser Hotelkette – oder vielmehr „Kǎibīnsījī fàndiàn", wie die Chinesen sie nennen.

5.2.1 Die Kempinski Hotels

„Unter dem Namen ‚Kempinski Hotels' finden sich weltweit erlesene Luxushotels, die sich stets durch beste Qualität, vorzüglichen Service und perfekten Komfort hervorheben. In der über hundertjährigen Tradition steht der uneingeschränkte Dienst am Gast als höchste Leitformel der ‚Kempinski Hotels' auch heute noch an allererster Stelle." So beschreibt sich die 1897 in Deutschland gegründete und weltweit älteste Luxus-Hotelkette auf der firmeneigenen Internetseite (www.kempinski.de). Seither zählen zu den Zielen des Unternehmens die geografische Ausdehnung einerseits und die Beherbergung von Gästen aus aller Herren Länder in Deutschland andererseits – beides selbstverständlich im Einklang mit und als Reaktion auf globale Entwicklungen im Tourismus.

Zwei der insgesamt zwölf deutschen Kempinski Hotels, das Kempinski Hotel Bel Air Binz/Rügen und das Kempinski Grand Hotel Heiligendamm, wurden in der vorliegenden Studie nicht berücksichtigt. Beide liegen außerhalb der touristischen Ballungsgebiete und sind von chinesischen Reisenden bisher noch nicht ‚entdeckt' worden. Vielmehr bevorzugen diese während ihres zumeist kurzen Aufenthalts in Deutschland Großstädte wie beispielsweise Frankfurt, München, Berlin und Hamburg. Deshalb konzentrierten sich die Nachforschungen auf die folgenden zehn Hotels (mit Angabe der Ansprechpartner):

Kempinski Hotel Bristol Berlin
Igor Ruwinsky (Director of Sales), Nina Schulenburg

Hotel Adlon Kempinski Berlin
Gabriele Maessen (Director Business Development)

Kempinski Hotel Atlantic Hamburg
Timo Knoefel (Director of Sales & Marketing)

Kempinski Hotel Gravenbruch Frankfurt
Christoph Haustein (Director of Sales & Marketing)

Schloss Reinhartshausen Kempinski Eltville/Wiesbaden
Sebastian Herzog (Sales Manager)

Kempinski Hotel Falkenstein Königstein/Frankfurt
Natalie Heydarian (Director of Sales & Marketing)

Kempinski Hotel Airport München
Thorsten Kahl (Director of Sales)

Kempinski Hotel Vier Jahreszeiten München
Philipp Spriestersbach (Sales Manager)

Kempinski Hotel Taschenbergpalais Dresden
Kai Kohl (Director of Sales)

Kempinski Hotel Rotes Ross Halle
Stephan Becker (Sales Manager)

5.2.2 Methodik

In Form einer kleinzahlig, explorativen Studie und mit Hilfe eines Online-Fragebogens wurde versucht herauszufinden, was in diesen Hotels zum Zeitpunkt der Umfrage schon getan wurde, um den speziellen Bedürfnissen chinesischer Reisender gerecht zu werden. Von den zehn befragten Hotels beteiligten sich insgesamt sieben, was einer Beantwortungsquote von 70 % entspricht. Allgemein ist festzustellen, dass die angebotenen Dienstleistungen und infolgedessen die Antworten stark von der Menge der chinesischen Gäste in den einzelnen Hotels und den gesammelten Erfahrungen abhängen. Nach Auswertung der im Internet ausgefüllten Fragebögen konnten wir den einzelnen Häusern persönliche Empfehlungen zukommen lassen. Den Hotels, die entweder anonym (drei Hotels) oder gar nicht (ebenfalls drei Hotels) geantwortet hatten, stellten wir unsere Ergebnisse online zur Verfügung.

Im Folgenden werden die einzelnen Elemente eines Hotelaufenthalts genauer analysiert und wichtige Details insbesondere im Umgang mit chinesischen Gästen erläutert. Gleichzeitig werden diese mit dem dem aktuellen Stand in den befragten deutschen Kempinski Hotels verglichen.

5.3   Ergebnisse der Befragung und Analyse

5.3.1 Begrüßung der Gäste

Für Chinesen und selbstverständlich auch für Gäste aller anderen Nationalitäten ist der erste Kontakt mit dem Hotel beziehungsweise dessen Personal – der erste ‚moment of truth' – besonders wichtig. Die Begrüßung sollte deshalb sehr herzlich und wenn möglich auch individuell sein. Ein freundlicher Willkommensgruß auf Englisch (alternativ Deutsch), aber am besten sogar auf Chinesisch, verbunden mit der Nennung des Namens in der richtigen Reihenfolge – erst Nachname dann Vorname – und einem Lächeln werden sehr geschätzt. So kann der anfängliche Eindruck auch zugleich zu einem positiven Erlebnis werden. Ein negativer *Halo-Effekt* mit Auswirkungen auf die Empfindung aller sonstigen in Anspruch genommenen Leistungen während des gesamten Aufenthalts wird vermieden.

Auch wenn die chinesischen Gäste zumeist in Gruppen ankommen, sollten die Reisenden dennoch persönlich begrüßt werden. Hierbei sind allerdings bestimmte Hierarchieregeln zu beachten. Überhaupt sollte sich der Hotelier mit der Kultur und Geschichte seiner chinesischen Gäste beschäftigt haben und sein Wissen bei Gelegenheit in Gesprächen mit ihnen einfließen lassen. Dies signalisiert Interesse für ihr Herkunftsland und zollt zudem Respekt und Anerkennung für die Entwicklung und den Erfolg dieser aufstrebenden Nation während der letzten Jahre. Da Chinesen traditionell sehr patriotisch sind, ist deren Heimat ein gutes Thema für eine Konversation zwischen Gast und Gastgeber. Hingegen sollten Themen wie Politik, Partei, Einhaltung der Grundrechte und Ähnliches vermieden werden.

Die gute Beziehung kann durch Willkommensgeschenke noch verbessert werden, da insbesondere Chinesen solche Aufmerksamkeiten sehr schätzen. Besonders beliebt sind zum Beispiel landestypische Produkte oder auch eine CD mit klassischer Musik deutscher Komponisten. Das Ganze sollte auf jeden Fall möglichst liebevoll verpackt werden, aber selbstverständlich nur unter Beachtung des Symbolgehalts der einzelnen

Farben; ansonsten könnte die ursprünglich positive Absicht schnell eine negative Wirkung auslösen. Die Geschenke sollten gemäß chinesischem Brauch mit beiden Händen überreicht werden. Dies ist auch die übliche Etikette bei der Übergabe von Visitenkarten, Hotelrechnungen und ähnlichen Dokumenten.

Unsere Umfrage ergab, dass diese besondere Form des Willkommensgrußes nur in drei der sieben Hotels eingesetzt wird. Das Kempinski Hotel Vier Jahreszeiten München schenkt seinen Gästen bei der Ankunft frisches Obst und Blumen, wobei gerade bei letzterem natürlich wiederum die Bedeutung der Farben und auch Pflanzensorten beachtet werden sollte.

5.3.2   Check-In

Der eigentliche Grund des Kommens darf dabei jedoch nicht vergessen werden; nämlich der, dass die chinesischen Gäste im Hotel übernachten wollen. Hierzu erforderliche Kernelemente wie das Check-In und Check-Out sollten schnell verlaufen. Eine gewisse – für deutsche Verhältnisse recht hohe – Geschwindigkeit wird von Chinesen erwartet, da sie im eigenen Land eine Selbstverständlichkeit ist. Zuverlässiger Service in allen Lebensbereichen gehört in China zum Alltag und mit ähnlichen Ansprüchen kommen die Reisenden auch nach Deutschland. Das Warten in Schlangen wird nicht gerne gesehen; gerade in Anbetracht des zumeist kurzen Aufenthaltes der Chinesen in Deutschland.

Um den gesamten Prozess zu verkürzen, sollte die Zimmerverteilung mit den zuständigen Reiseleiter(n) schon im Vorfeld abgestimmt worden sein und stattfinden, während die Reisegruppe mit dem Aussteigen und Ausladen des Busses beschäftigt ist. Die Schlüssel sollten bereit liegen, sobald die ersten Gäste die Hotellobby erreichen (BHG 2004: 44). Eine andere Möglichkeit zur Optimierung von Wartezeiten ist die Errichtung eines separaten Check-In Schalters für die chinesischen Reisenden.

5.3.3   Hotelzimmer und Ausstattung

Besonderheiten gibt es zudem bei der Verteilung der Zimmer im Hinblick auf die Zimmernummern, da auch Zahlen einen hohen Symbolgehalt haben. Die Vergabe von Hotelzimmern, deren Nummer eine „4" enthält, sollte weitestgehend vermieden werden. Die Zahl „4" (= [sì]) klingt in der Aussprache so ähnlich wie das Wort „Tod" (= [sǐ]) und wird daher als Unglück bringend angesehen. Somit wäre die Vergabe des Zimmers „444" vermutlich eines der größten Fettnäpfchen, in das der deutsche Gastgeber treten könnte. Ganz im Gegensatz dazu sind besonders die Ziffern „6", „8" und „9" empfehlenswert, da sie in China als Glückszahlen gelten. Ähnliche pseudomathematische Gesetzmäßigkeiten sollten auch bei der Rechnung berücksichtigt und Preise gegebenenfalls etwas angeglichen werden. Diese Tatsachen waren nur für die Verantwortlichen in drei der befragten Hotels keine Neuigkeiten: Herrn Spriestersbach (Kempinski Hotel Vier Jahreszeiten München), Frau Heydarian (Kempinski Hotel Falkenstein Königstein/Frankfurt) und Herrn Kohl (Kempinski Hotel Taschenbergpalais Dresden). Derartiges Wissen sollte beispielsweise Inhalt spezieller Mitarbeiterschulungen sein. Im Münchner Hotel wird eine zweitägige Fortbildung mit dem Titel „Interkulturelles Benehmen" angeboten. Hier werden unter anderem auch Verhaltensregeln für die Vergabe der Zimmer thematisiert. Übereinstimmend mit dem chinesischen Hierarchiedenken sollte die Zimmergröße und Ausstattung für die einzelnen Mitglieder der Urlaubsreisegruppen gleich sein. Bei Geschäftsreisenden muss die Position der Partner im Unternehmen bedacht werden und die Verteilung der Räume dementsprechend erfolgen (BHG 2004: 45). Dies erspart sowohl dem Hotelpersonal, aber auch den Reisenden selbst Unannehmlichkeiten und bewahrt die Chinesen vor möglichem Gesichtsverlust.

Grundsätzlich sollten die Hotelzimmer mindestens Standardgröße und -ausstattung haben. Insbesondere Doppelzimmer werden oft verlangt und – mit der wachsenden Zahl reisender Familien – auch ein Zustellbett. Dieses sollte auf Wunsch und ohne Komplikationen erhältlich sein.

Für Geschäftsreisegruppen ist in diesem Zusammenhang die Lage selbstverständlich etwas anders: Oft teilen sich Kollegen zwar ein Doppelzimmer, jedoch müssen dann zwei Einzelbetten (mit genügend Abstand) vorhanden sein oder zumindest die Möglichkeit bestehen, das Doppelbett auseinander zu schieben. Herr Spriestersbach bestätigte, dass dies im Kempinski Hotel Vier Jahreszeiten durchaus umsetzbar sei.

Unsere Recherche zeigte auch, dass Chinesen gerne unter Daunendecken schlafen. Wir fragten daraufhin in den einzelnen Kempinski Hotels nach, ob Federbetten vorhanden seien, was immerhin von vier Häuser bejaht werden konnte.

Da chinesische Touristen von Hotels im eigenen Land die kostenlose Bereitstellung von Bademantel, Zahnbürsten, Seife, Kamm, und anderen Hygieneartikeln gewohnt sind, erwarten sie dies auch in Deutschland. Sie verlassen sich sogar oft darauf und nehmen solche Gegenstände von zu Hause gar nicht erst mit. Daher ist es unerlässlich für deutsche Hotels, besagte Produkte auch tatsächlich bereitzustellen oder zumindest auf Anfrage und möglichst ohne Aufpreis zu besorgen. Zusätzlich sollten auch Adapter für elektronische Geräte chinesischen Standards auf den Zimmern vorhanden sein.

Eine weitere Notwendigkeit bei der Zimmerausstattung nach chinesischen Wünschen ist ein Wasserkocher. Viele, gerade ältere, Chinesen trinken hauptsächlich Tee oder heißes Wasser und benutzen letzeres auch gerne für Tütensuppen und Fertiggerichte. Die Bereitstellung eines Wasserkochers als Teil des Inventars erleichtert daher den Gästen den Aufenthalt und erspart insbesondere dem Personal zusätzliche Arbeit. Letztendlich gehörte aber zum Zeitpunkt der Studie nur in einem der befragten deutschen Kempinski Hotels ein Wasserkocher zur Grundausstattung der Zimmer. Manche Hotels drückten in diesem Zusammenhang jedoch ihre Sorge aus, dass diese Art der ‚Selbstversorgung' zum einen dem Absatz der hauseigenen Gastronomiebetriebe schade und zusätzlich andere Gäste durch entstehende Gerüche ‚belästigt' werden könnten. Deshalb könnte alternativ ein separater Raum zur Verfügung gestellt werden, in dem die Chinesen heißes Wasser erhalten. Hier sollte auf jeden Fall eine kleine Auswahl verschiedener Teesorten (zum Beispiel grüner Tee und Wulong Tee) bereitgestellt werden. Außerdem muss zusätzlich auch ausreichend stilles Mineralwasser auf den Zimmern vorhanden sein. Chinesen trinken nämlich gewöhnlich kein Leitungswasser, da es in China keine Trinkwasserqualität hat.

5.3.4 Informationsmedien

In ihrer (meist recht knappen) Freizeit auf Reisen und zwecks Informationsbeschaffung schauen Chinesen gerne Fernsehen. Aus diesem Grund und in Anbetracht der Sprachbarriere sollten chinesische TV-Sender im Programm der Hotels verfügbar sein. Das Kempinski Hotel Taschenbergpalais Dresden bietet seinen chinesischen Gästen daher CNN China an. Alternativ können CCTV 4 (www.cctv4.com) und Phoenix CNE (www.phoenixtv.com) in Deutschland über Satellit empfangen werden. Weitere Informationen zu Kanälen gibt es auf der Internetseite des Anbieters Eutelsat (www.eutelsat.com; unter „Country Pages" „Deutschland" auswählen).

Auch bei der Bereitstellung von Printmedien ist auf die besonderen Bedürfnisse der chinesischen Gäste zu achten. Beispiele für chinesische Zeitungen sind „People's Daily" und „Sing Tao" oder auch das monatlich erscheinende chinesisch-deutsche Magazin „Europe Business & Lifestyle". Weitere in Deutschland erhältliche Titel werden im Internet beschrieben und zwar unter www.internationale-presse.com (siehe „Aboshop" und chinesische Flagge). Neben Fernsehsendern sollten aber auch die Ausschilderung im Hotel und Informationen (zum Beispiel Hotel- und Zimmer-Informationsbroschüre) in der Landessprache der chinesischen Gäste sein. Insbesondere die Wegweiser zu den Toiletten, Restaurants (Frühstücksraum), aber natürlich auch zu Aufzügen und Gästezimmern sind hilfreich; essentiell ist die verständliche Beschilderung und Erläuterung der Rettungswege, wenn möglich mit chinesischen Schriftzeichen. Jegliche Bemühungen, dem chinesischen Gast den Aufenthalt im Hotel auf diesem Wege angenehmer zu gestalten, bewirken aufgrund der besseren Orientierung größere Zufriedenheit und Sicherheit beim Kunden, verbunden mit dem Gefühl, herzlich willkommen zu sein.

Im Kempinski Hotel Taschenbergpalais Dresden gibt es sogar eine chinesische Ausgabe der Speisekarte. Übersetzungen dieser Art werden von mehreren Firmen angeboten und sind im Internet unter www.uebersetzer-link.de in Form einer Datenbank aufgelistet.

Neben den genannten und im besten Falle auf Chinesisch erhältlichen Informationen sollten Stadtpläne, Reiseführer und Ähnliches zur Mitnahme bereit gelegt werden. Es ist empfehlenswert, die Lage der Unterkunft darin zu markieren und die Gäste zusätzlich mit Visitenkarten des Hotels auszustatten. Nur so kann garantiert werden, dass die chinesischen Touristen auch tatsächlich den Weg zurück finden. Dies ist insbesondere wichtig, wenn die Gäste alleine reisen und nicht von einem erfahrenen Tourguide geführt werden. Obwohl dies derzeit noch recht selten vorkommt, bieten die Kempinski Hotels für solche Zwecke im Rahmen des Concierge Programms folgende Dienste an: den Leisure-, Business-, Meetings- und Private-Concierge. Ziel ist jeweils, auch besondere Bedürfnisse der Kunden nach deren Vorstellungen zu befriedigen – am besten noch bevor der Wunsch überhaupt ausgesprochen wird. Zu ihren Aufgaben gehört neben der Erfüllung außergewöhnlicher Wünsche auch die Beschaffung von seltenen (zum Beispiel fremdsprachigen) Zeitungen und die Beantwortung aller sonstigen auftretenden Fragen.

Zusätzliche Informationen, wie etwa zu lokalen Veranstaltungen, sind in den meisten Fällen nicht notwendig. Das Programm der Gruppe steht oft schon vor der Abreise nach Deutschland fest und die straffe Planung lässt ohnehin so gut wie keine Freizeit zu. Jedoch kann es in manchen Situationen zu spontanen Änderungen seitens der

Reiseleitung kommen. Hier ist die vollste Flexibilität des Hoteliers und seines Personals gefragt. Die Anpassung an Kundenwünsche in jeder Situation muss gewährleistet sein, um die Verträge mit den einzelnen deutschen Inbound Agenturen und den chinesischen Reiseveranstaltern erfolgreich fortzuführen. Meist handelt es sich hierbei um längerfristige Geschäftsvereinbarungen, die wiederholte Buchungen von Gruppen beinhalten. Deshalb ist auch die Beziehung zum Reiseleiter besonders zu ‚pflegen': Er stellt das „Bindeglied" (BHG 2004: 40) zwischen Reiseveranstalter (beziehungsweise Inbound Agentur) und Hotel dar und ist zudem Anlaufstelle für die Reisenden selbst und daher eine wertvolle Quelle für Rückmeldungen über die Zufriedenheit (oder Unzufriedenheit) mit dem dargebotenen Service.

5.3.5 Essen und Esskultur

Gerade beim Essen kann es schnell, und im wahrsten Sinne des Wortes, zu ‚Verstimmungen' kommen. Aus diesem Grund bieten zwei Hotels ihren chinesischen Gästen ein spezielles Frühstück an. In einem der beiden Häuser gibt es zudem chinesisches Mittag- und Abendessen. Das Kempinski Hotel Atlantic Hamburg eröffnete im Juni 2003 das exquisite Restaurant „Tsao Yang" im Feng Shui Stil, in dem sieben chinesische Köche authentische ‚Haute Cuisine' zubereiten.

Um das spezielle Wissen über die Feinheiten der chinesische Küche an ihre Köche zu vermitteln, veranstaltet die Accor Gruppe – Konkurrent im ‚Kampf' um die Reisenden aus dem Land der Mitte – diverse Kochkurse. Hier wird der professionelle Umgang mit chinesischen Lebensmitteln und die Zubereitung von Reissuppen, Frühlingsrollen, typischen Nudelgerichten und vielem mehr geübt. Für Hotels ist es jedoch schon rein marketing-technisch empfehlenswert, einen chinesischen Koch anzustellen, der sich mit den besonderen Wünschen seiner Landsleute auskennt. Falls die Ausrichtung auf die chinesische Küche nicht möglich ist, sollten die Gäste zumindest über gute China-Restaurants im Umkreis des Hotels informiert werden. Das Essen spielt in deren Heimat eine zentrale Rolle und sein Stellenwert wurde auch bei Befragungen chinesischer Gäste durch CITS als sehr hoch eingestuft. Die drei Hauptmahlzeiten sind für Chinesen gleich bedeutsam, genauso wie die Einhaltung der Essenszeiten. Anhand sich nur wenig unterscheidender Ergebnisse verschiedener Umfragen halten wir folgende Zeitrahmen für realistisch:

Frühstück	6.00 bis 8.00 Uhr
Mittagessen	11.30 bis 12.30 Uhr
Abendessen	18.00 bis 19.30 Uhr

Die durchschnittliche Dauer einer Mahlzeit beträgt ungefähr 30 Minuten. Mehr wird aufgrund des sehr kompakten Besichtigungsprogramms auch gar nicht einkalkuliert.

Zum Frühstück bevorzugen Chinesen den landestypischen Haferbrei (Porridge), gebratenen Reis, Fisch, Gemüse, und andere pikante Speisen – Essgewohnheiten, die sich deutlich von denen der Deutschen unterscheiden. Wenn die Zubereitung nicht möglich ist, kann alternativ ein kontinentales Frühstück angeboten werden. Es sollte jedoch einige warme Speisen und Getränke, wie Suppen, Eier, Tee und warme Milch geben.

Nicht nur die Vorliebe für bestimmte Gerichte (insbesondere zum Frühstück) unterscheidet sich von dem, was wir gewohnt sind, sondern auch die Tischmanieren. Der vom Bayerischen Hotel- und Gaststättenverband e.V. (BHG) herausgegebene „Ratgeber Andere Länder, Andere Sitten – Interkulturelle Kommunikation für Hoteliers, Gastronomen und Touristiker" (2004) beschreibt diese sehr bildlich:

> „Es gilt in China nicht als unhöflich, beim Essen zu schmatzen, zu schlürfen, aufzustoßen, sich laut zu unterhalten, zu rauchen oder sich am Tisch die Zähne zu säubern. Es darf auch mit vollem Mund geredet, große Bissen mit Tee hinuntergespült oder gegurgelt werden. Auch ist es durchaus üblich, den Tisch als Ablage für unverdauliche Speisereste zu nutzen. Geflügel beispielsweise wird zusammen mit den Knochen zerkleinert, die dann beim Essen ausgespuckt werden. Zudem entsteht aufgrund der Beschaffenheit chinesischer Speisen bei Tisch mehr Abfall." (BHG 2004: 47)

Obwohl chinesische Reiseveranstalter ihre Kunden mittlerweile auf diverse kulturelle Unterschiede aufmerksam machen, sollte man als deutscher Hotelier extrem tolerant sein, was das chinesische Essverhalten betrifft. Es wird außerdem sehr geschätzt, wenn, zusätzlich zu Messer und Gabel, Stäbchen gereicht werden. Dann sollten die angebotenen Speisen jedoch auch mundgerecht zubereitet sein (BHG 2004: 48). Oft teilen sich Gruppenmitglieder verschiedene Gerichte und in diesem Zusammenhang empfiehlt es sich, alle an einem runden Tisch (beziehungsweise einigen runden Tischen) Platz nehmen zu lassen. Üppige Portionen sind eher ungewöhnlich in Asien und es ist ratsam, die Speisen auf mehreren großen Platten anzurichten. Auch lieben es Chinesen, verschiedene Geschmacksrichtungen und sogar einzelne Gänge wie Vorspeise, Hauptspeise und Dessert zu kombinieren.

Aufgrund der begrenzten Zeit, die den chinesischen Reisenden zum Essen eingeräumt wird, erwarten sie schnellen Service (vgl. Abschnitt 5.3.2). Lange Wartezeiten sind genauso unüblich, wie nach Beenden des Essens länger sitzen zu bleiben. Es kommt durchaus vor, dass chinesische Gäste sofort zahlen und anschließend den Tisch verlassen, auch wenn andere noch nicht fertig sein sollten.

5.3.6 Service allgemein

Die Hotelangestellten sollten in Schulungen Wissen über die kulturellen Eigenheiten der Reisenden aus China erlangen. Gerade weil der deutsche Service in gewissen Bereichen so grundverschieden vom chinesischen Standard ist, beschweren sich Kunden bei ihrem Anbieter CITS oft über zu wenige Angestellte in deutschen Hotels der drei und vier Sterne Kategorie. In China werden sie grundsätzlich mehr umsorgt als dies hierzulande der Fall ist. Das Verhältnis von Personal zu Gästen ist besser, weshalb die Chinesen die deutsche Bedienung nicht selten als gestresst und unfreundlich empfinden. Wollen deutsche Hoteliers trotz allem chinesische Gäste für sich gewinnen und auch behalten, ist äußerste Zuvorkommenheit und Einfühlungsvermögen von Nöten. Ihre Unzufriedenheit drücken chinesische Gäste übrigens oft nur aus, indem sie einfach nicht wieder kommen. Damit zeigen sie indirekt, aber respektvoll ihre Unzufriedenheit. Auch gerade hier ist es empfehlenswert, mit dem Reiseleiter in engem Kontakt zu stehen, um immer über das Befinden der Gäste in Kenntnis zu sein (BHG 2004: 43). Häufiges Nachfragen hilft und ist zudem erforderlich, wenn Diskrepanzen zwischen erwartetem und dargebotenem Service früh erkannt werden sollen. Nur so können die chinesischen Vorstellungen zufriedenstellend erfüllt werden.

Zwei Kempinski Hotels haben aus diesem Grund einen Asienbeauftragten ange-stellt, der Land, Kultur und Leute kennt. Im Kempinski Hotel Vier Jahreszeiten München kann Herr Spriestersbach, der gleichzeitig auch Sales Manager ist, aufgrund seines Vorwissens und seiner Sprachkenntnisse die chinesischen Kunden, deren Wün-sche und Vorstellungen im wahrsten Sinne des Wortes besser verstehen. Definitiv kann dies als Möglichkeit genutzt werden, um kulturelle Differenzen zu überwinden. Für die Kommunikation mit Chinesen ist es von Vorteil, wenn gerade diese Person, aber auch weitere Angestellte, die chinesische Sprache beherrschen. Es ist zu beden-ken, dass nur sehr wenige der reisenden Chinesen ausreichend Englisch sprechen – von Deutsch ganz zu schweigen. Dem gegenwärtigen Trend nach wird diese Position in Zukunft noch mehr an Bedeutung gewinnen. Zunehmend werden chinesische Tou-risten individuell und ohne professionelle Begleitung eines Englisch oder sogar Deutsch sprechenden Reiseleiters Deutschland erkunden. Sie sind deshalb ausschließ-lich auf das Hotelpersonal und deren Fremdsprachenkompetenz angewiesen.

5.4   Handlungsempfehlungen

Allgemein empfiehlt sich für die Kempinski Hotels, mehr Servicekräfte mit Chine-sischkenntnissen einzustellen, um den Gegebenheiten im asiatischen Dienstleistungs-sektor näher zu kommen. Dies gilt selbstverständlich auch für alle anderen Hotels, die chinesische Touristen beherbergen wollen. Nur so können die anspruchsvollen Gäste aus China zufrieden gestellt und all ihre Wünsche erfüllt werden. Zusätzlich sollten die deutschen Kempinski Hotels verstärkt kooperieren, da unsere Studie zeigte, dass die einzelnen Häuser recht unterschiedlich auf die wachsende Zahl chinesischer Gäste reagieren. Natürlich ist eine solche Umstellung ein längerfristiger Prozess, der ein spe-zielles Training der Mitarbeiter sowie deren Motivation und vollstes Engagement voraussetzt. In firmeninternen Meetings könnten die Repräsentanten der verschiede-nen Häuser Erfahrungen austauschen und Vorgehensweisen erörtern. Gemeinsam soll-ten Synergieeffekte genutzt, Ideen für die Zukunft generiert und auf diese Weise ein klarer Standortvorteil gegenüber anderen Hotels (und Hotelketten) realisiert werden. Zu überlegen wäre zudem ein gemeinsames deutschlandweites Angebot der einzelnen Kempinski Hotels, um die Kunden während ihrer gesamten Reise durch Deutschland an die Hotelgruppe zu binden.

Genauso nachhaltig ist der enge Kontakt zu den Inbound Agenturen (z.B. CITS, Caissa), den betreffenden Ministerien im In- und Ausland, als auch insbesondere den chinesischen Journalisten (TV und Presse). Gerade Vertreter der Medien sollten in die Hotels eingeladen werden, um die Angebote zu testen, bewerten und im besten Falle positiv darüber zu berichten. Dies ist eine kostengünstige Art der Werbung und gleichzeitig eine wertvolle Rückmeldung bei der Verbesserung bestehender und Um-setzung neuer Produkte. Neben Öffentlichkeitsarbeit müssen aber auch andere Wer-bemittel eingesetzt werden, um die chinesischen Reiseveranstalter und letztendlich die Reisenden selbst auf die Kempinski Hotels aufmerksam zu machen. Sinnvoll ist eine Teilnahme an Marketingaktivitäten wie der Roadshow der Deutschen Zentrale für Tourismus (DZT) und Messen wie Asian Travel Mart, China International Travel Mart, China Outbound Travel and Tourism Mart oder Travel Distribution China, um nur eine Auswahl zu nennen. Natürlich wird auch hier die Kenntnis der chinesischen Kultur und deren besonderen Business-Etikette vorausgesetzt, um aus Geschäftskontakten auch Vertragspartner zu machen. Gerade in diesem Punkt könnte der Rat der deutschen Mitarbeiter der sechs in China befindlichen Kempinski Hotels in Beijing, Chengdu, Shenyang, Dalian und Wuxi hilfreich sein – sie kennen die Mentalität beider Kulturen.

Außerhalb Asiens ist die Kempinski Gruppe (oder zumindest die Global Hotel Alliance, eine mitunter von Kempinski ins Leben gerufene Kooperative verschiedener Luxus-Hotelketten) schon auf mehreren Messen vertreten. Anzuführen sind als Beispiele die ATM Dubai, EITBM Barcelona, IMEX Frankfurt, ITB Berlin, MITT Moscow und viele andere. Gerade dort, wo auch die Anzahl chinesischer Besucher groß ist, sollten die speziellen Angebote und Bemühungen der Kempinski Häuser hervorgehoben werden.

Letztendlich muss aber jedes Hotel selbst Marketing betreiben. Hierzu eignet sich insbesondere die Internetpräsenz. Sie ist aus aller Welt jederzeit erreichbar und die Zahl der chinesischen Internetnutzer – und somit auch die Zahl der potentiellen Reisenden – wird immer größer. Das Kempinski Hotel Vier Jahreszeiten München übersetzt momentan seine Homepage auf Chinesisch. Geplant ist zudem eine chinesische Version der Hotelbroschüre. Bis zu deren Fertigstellung wird provisorisch der deutschen und englischen Fassung ein chinesischer Flyer beigelegt, in dem die wichtigsten Informationen zusammengefasst dargestellt werden.

Kundenorientiert sollten nicht nur die Werbemaßnahmen, sondern auch die Preise sein. Daher sollte die Kempinski Gruppe spezielle Angebote während der drei ‚goldenen Wochen' – zum chinesischen Neujahrsfest, Tag der Arbeit (Anfang Mai) und Nationalfeiertag im Oktober – anbieten, in denen die chinesische Reiseintensität alljährlich ihren Höchststand erreicht. Dann gilt es, die Tugenden, für die die Deutschen auch in China bekannt sind, in die Praxis umzusetzen: Zuverlässigkeit, Tüchtigkeit und Sauberkeit ergänzt durch exzellenten Service führen zu zufriedenen chinesischen Gästen. Die übertroffenen Erwartungen und daraus folgenden, hoffentlich positiven Erfahrungsberichte in der Heimat resultieren schließlich in einem gesteigertem Reiseaufkommen und einer verstärkten Nachfrage touristischer Dienstleistungen in Deutschland. Gerade die Mundpropaganda als indirekte Form der Werbung ist sehr effektiv und selbstverständlich für jedes Hotel erstrebenswert, sofern sie nicht negativ ist.

5.5 Fazit

Abschließend bestätigt sich, was der chinesische Philosoph Laozi schon im sechsten Jahrhundert vor Christus feststellte: *Auch die längste Reise beginnt mit dem ersten Schritt.* Dies gilt auch in Anbetracht der momentanen Entwicklung im chinesischen Outbound Tourimus und den damit verbundenen Folgen für die Hotelindustrie. Im Rahmen unserer Marktanalyse am Beispiel der deutschen Kempinski Hotels stellten wir fest, dass durchaus Schritte in die richtige Richtung unternommen wurden, werden und für die Zukunft geplant sind. Trotzdem erfordern die gegenwärtigen Entwicklungen noch viele Veränderungen. Das Potenzial ist dementsprechend groß und neuen Ideen sind (fast) keine Grenzen gesetzt. Gefragt sind innovative Produkte, intensive Werbung und selbstverständlich zufriedenstellender Service. Nur so werden sich die einzelnen Hotels im Angesicht eines immer stärker werdenden Wettbewerbs auf dem Markt behaupten können. Insbesondere für die Kempinski Gruppe schlagen wir daher eine Kooperation auf deutscher oder sogar europäischer Ebene vor, gerade weil die chinesischen Touristen meist nicht nur ein Land oder eine Stadt besuchen, sondern Deutschland oftmals Station einer mehrtägigen Europa-Rundreise ist. Für viele Chinesen ist es immer noch ein Traum, wenigstens einmal im Leben die Welt kennenzulernen – wobei hier ‚Welt' häufig schlicht mit dem Westen gleichgesetzt wird. Die im Jahre 2020 von der WTO auf 100 Millionen geschätzten chinesischen Touristen werden eine Reaktion auf gelockerte Ausreise-Restriktionen sein und gleichzeitig den derzeitigen Wertewandel im Reich der Mitte widerspiegeln. Während früher noch Gesundheit, Wohlbefinden und Familie im Vordergrund standen, ist mit dem Anstieg des Lebensstandards mittlerweile auch der Wunsch nach Konsum, Freizeitbetätigung und letztendlich Selbstverwirklichung gewachsen.

Diese Entwicklung stimmt mit den Beobachtungen des US-amerikanischen Psychologen Abraham MASLOW überein: Er stellte bereits 1943 fest, dass bei der ausreichenden Befriedigung der körperlichen Bedürfnisse, des Verlangens nach Sicherheit und Kontakten zu Mitmenschen, schließlich die soziale Anerkennung und Entfaltung des Individuums in den Vordergrund treten. In der Bedürfnispyramide sind daher Aktivitäten wie das Reisen zu Erweiterung des eigenen Horizonts an der Spitze angesiedelt. Eine zunehmende Reiselust der Chinesen kann demnach als positive ‚Nebenwirkung' des wachsenden Wohlstands in der chinesischen Bevölkerung angesehen werden. Die zu erwartenden Veränderungen im dortigen Outbound Markt werden die weltweite Tourismusbranche stark beeinflussen, stellen zwar einerseits Herausforderungen dar, bieten aber auch gleichzeitig Chancen für die deutsche Hotellerie.

Teil D

Ausblick

Der chinesisch-deutsche Reisemarkt der Zukunft (*Freyer/Arlt*)

Der chinesisch-deutsche Reisemarkt der Zukunft

Prof. Dr. Walter Freyer, Dresden/Prof. Dr. Wolfgang Georg Arlt, Heide

1 Der chinesisch-deutsche Reisemarkt im Blickwinkel beider Kulturen

1.1 Fazit und Ausblick

Zahlreiche Experten haben die aktuelle und künftige Situation des chinesisch-deutschen Tourismus im vorliegenden Sammelband beleuchtet. Dabei kam stets der Blickwinkel beider Länder zur Sprache, so dass eine umfassende Darstellung von Deutschland als Reiseziel chinesischer Touristen gegeben werden konnte. Folglich bleibt den Herausgebern nur noch ein kurzes Fazit und vor allem ein Ausblick.

1.2 China als Hoffnungsmarkt für Deutschland

Es hat sich gezeigt, dass die chinesischen Touristen eine attraktive Gästegruppe für den Deutschland-Tourismus sind. Vor allem imponiert China als „Land der großen Zahlen" (und Potenziale) sowie die Dynamik der Entwicklung mit hohen Wachstumsraten. So gesehen stellt China einen Hoffnungsmarkt für die stagnierenden Gästezahlen in vielen deutschen (und europäischen) touristischen Orten und Regionen dar.

Auf der anderen Seite sind Chinesen für die deutschen Tourismusanbieter „neue" Gäste mit neuen, zum Teil (noch) unbekannten Wünschen. Der Gast aus China ist anspruchsvoll, er gehört zumeist der chinesischen Oberschicht an und hat ganz spezielle Erwartungen an seine Deutschlandreise. Auch das Reiseverhalten unterscheidet sich zum Teil deutlich von anderen Gästegruppen – auch von denen aus Asien: „Chinesen sind keine Japaner" – so hat ARLT die interkulturelle Grundproblematik für den chinesisch-deutschen Tourismus in seinem Beitrag auf den Punkt gebracht. Auf viele dieser kulturellen Besonderheiten wurde in den vorliegenden Untersuchungen detailliert eingegangen.

2   Chinesische Touristen: zwischen Quantitäten und Qualitäten

2.1   Die Macht der großen Zahl ...

„Everyone chasing the Chinese tourist". Diese Aussage der Welt-Tourismus-Organisation (UNWTO) in ihrer Prognosestudie im Jahr 2000 zu den touristischen Megatrends bis zum Jahr 2020 hat sich wie ein roter Faden durch die verschiedenen Beiträge gezogen. Die Zahlen klingen ebenso mächtig wie überzeugend: 1,3 Mrd. Chinesen werden bald als viertgrößtes Outboundland über 100 Mio. Auslandsreisen durchführen – und auch das entspricht lediglich einer (Auslands-)Reiseintensität von 8% (zum Vergleich: in Europa sind es zur Zeit zwischen 30–40%). Dies lässt in vielen Tourismus-Destinationen große Hoffnungen aufkommen. Deutschland rechnet bis zum Jahr 2015 mit ca. 2,5 Mio. Übernachtungen aus China (von ca. 600.000 in 2000).

	2000	2020 (Prognose)
Outbound Reisen total	10,5 Mio.	137 Mio.
Outbound Reisen nach Deutschland aus China incl. Hong Kong	214.000	2,5 Mio.
Übernachtungen aus China incl. Hong Kong in Deutschland	468.000	5 Mio.
Platzierung Chinas in der Rangliste des internationalen Tourismus	5	1 (ab 2014)
Bruttosozialprodukt	1.100 Mrd. US$	4.700 Mrd. US$
Bruttosozialprodukt pro Kopf	908 US$	3.200 US$

Abb. D-1   Wachstumsprognosen Volksrepublik China 2000 – 2020

China als touristischer Wachstums- und Megamarkt ist von daher unbestritten. Doch die Ausführungen in den verschiedenen Beiträgen verdeutlichen, dass nicht alle Länder und Regionen gleichermaßen vom boomenden chinesischen Outbound-Tourismus profitieren. – Der Großteil der chinesischen Reisenden wird auch in Zukunft „domestic" reisen und der chinesische Outbound-Tourimus konzentriert sich auf die asiatisch-pazifischen Regionen.

2.2   ... doch die Konkurrenz ist groß

Die Konkurrenz der Tourismusdestinationen um die chinesischen Gäste ist groß. Zudem hat die Entwicklung der ADS-Abkommen verdeutlicht, wie schnell sich die Reisenden (aus China) auch anderen Ländern zuwenden (können): 2002 gab es das ADS-Abkommen mit Deutschland als erstem europäischen Land, 2004 mit der EU (Schengen-Gemeinschaft) und Anfang 2007 gibt es bereits über 130 ADS-Länder.

Neben die Quantitäten treten immer mehr Erkenntnisse der qualitativen sowie differenzierten Angebotsgestaltung – als Folge der spezifischen Wünsche und Bedürfnisse der chinesischen Gäste.

So ist auch in Deutschland die anfängliche Euphorie inzwischen einer Phase der Stagnation und Ernüchterung gewichen. Aus deutscher Sicht ruft vor allem die Abwärtsspirale bei Preis und Leistung Irritationen hervor. Aus chinesischer Sicht stellen die seit 2006 wieder restriktiver gehandhabten Bedingungen der Visavergabe eine zusätzliche Hürde für eine Deutschlandreise dar. Im Ergebnis sind sogar rückläufige Übernachtungszahlen chinesischer Gäste in Deutschland zu befürchten.

3 Der China-Gast in Deutschland – eine inter-kulturelle Betrachtung

Der chinesische Gast in Deutschland war anfangs noch ein unbekanntes Wesen. Doch schnell haben sich Wissenschaftler und Praktiker mit dem „neuen" Gast in seiner „neuen" Reiseumgebung beschäftigt. Wichtige Ergebnisse dieser Untersuchungen sind in den Teilen B und C des vorliegenden Sammelbandes zusammengestellt worden und es ist etwa Licht in das Dunkel der chinesisch-deutschen Tourismusbeziehungen gekommen. Auch in Zukunft werden diese Erkenntnisse die inter-kulturellen Begegnungen von Chinesen und Deutschen prägen.

(1)   Positives Image vom Reiseland Deutschland

Deutschland hat ein positives Image in China, was die verschiedenen Studien belegen. Es liegt jenseits von „Bier, Mauer und Fußball" (so SCHWANDNER/GU). Deutschland gilt als modernes Land mit High-Tech-Produkten „made in Germany", aber auch als kulturell-historisch attraktiv und – für viele Chinesen während ihres Deutschlandbesuchs überraschend – als „grünes" Land mit einer gastfreundlichen Bevölkerung.

Diese Chancen gilt es zu nutzen, sie zeigen aber zugleich auch den – engen – Korridor auf, in dem sich ein künftiges Tourismus-Marketing für den chinesischen Quellmarkt bewegt. Auf Möglichkeiten der aktiven Medienberichterstattung in China wurde im Beitrag von ECHTERMEYER hingewiesen.

(2)   Spezifische Bedürfnisse der Chinesen

Mehrere Untersuchungen haben im hier vorliegenden Sammelband versucht, die Besonderheiten der chinesischen Reiseerwartungen und ihres Reiseverhaltens aufzuzeigen. Einige der wichtigsten Ergebnisse werden im Folgenden nochmals kurz benannt, insbesondere soweit sie die Gegenwart und Zukunft des chinesisch-deutschen Tourismus prägen.

Die meisten chinesischen Gäste sind zum ersten Mal in Deutschland („Reise-Pioniere"). Sie wollen während ihres Aufenthaltes zumeist weitere Orte in Europa sehen. Die Wahrscheinlichkeit einer Wiederholungsreise ist eher gering – außer bei Geschäftsreisenden und VFR-Gästen. Es überwiegen die organisierten Gruppenreisen. Auch in Zukunft wird sich diesbezüglich wenig ändern.

Die chinesischen Gäste (und deren Reiseveranstalter) konzentrieren sich auf nur wenige „hot spots" in Deutschland, insbesondere die Großstädte und die „must-see"-Highlights, wie das Geburtshaus von Karl Marx, Schloss Neuschwanstein oder Heidelberg. Neue Angebote werden es auch in Zukunft schwer haben, in das Angebotsportfolio der chinesischen Tour Operator aufgenommen zu werden.

Auf folgende spezielle Reiseerwartungen und -verhaltensweisen wurde als „typisch" und für das inter-kulturelle Verständnis besonders wichtig hingewiesen:

- Hohe Bedeutung von Gemeinschaft und Gruppe: „Gruppenreisen mit Rund-um-die-Uhr-Betreuung",
- Zentrale Stellung des Reiseleiters (zweisprachiger Begleiter),
- Unterbringung in modernen Hotels mit „großer, repräsentativer Lobby",
- Authentisches chinesisches Essen (gemeinschaftlich eingenommen).

Dies ist den meisten Tourismusanbietern in Deutschland inzwischen zwar bekannt, aber nach wie vor haben sich nur wenige Tourismusbetriebe darauf wirklich eingestellt. Viele der Erkenntnisse aus den Beiträgen in den Kapiteln B und C sind für Newcomber im Chinageschäft sicherlich sehr bedeutsam.

Ferner ist Shopping ein wichtiger Bestandteil einer erfolgreichen Deutschlandreise. der Besucher nimmt gerne viel und Teures (aber Typisches) mit nach China. Deutsche Marken („brands") sind wichtig und beliebt. Sie sind wiederum die besten Werber für die Tourismus-Destination Deutschland.

4   Inbound-Tourismus aus China – die deutsche Sicht: the road ahead

Wie wird es weiter gehen? Soll Deutschland verstärkt auf den Quellmarkt China setzen? Welche strategischen Optionen zeichnen sich ab?

Das Gesamtaufkommen der chinesischen Gäste wird auch in Zukunft viele internationale Märkte prägen. Auch Deutschland wird vom internationalen Reiseboom der Chinesen profitieren, aber für den deutschen Inbound- und Incoming-Tourismus wird er nur ein Randsegment darstellen.

Der Tourismus in Deutschland ist zu über 80% ein vom Binnen-Tourismus (domestic) geprägter Markt. Die internationalen Gäste stellen nur einen Teilbereich dar, im Umfang von ca. 15% (gemessen an den Übernachtungen). Und diese Auslandsgäste kommen aus einer Vielzahl von Quellmärkten, 75% davon wiederum aus Europa.

So wird China **quantitativ** immer nur ein kleines Marktsegment für den Inbound-Tourismus Deutschlands bleiben. Auch wenn sich der derzeitige Marktanteil vervielfachen sollten (die DZT geht von einer Verdopplung bis Verdreifachung bis 2015 aus), bewegt sich China vom derzeitigen Platz 15 (mit 1–2% Marktanteil) zwar unter die Top 10, aber der Marktanteil wird kaum über 3–5% der gesamten Auslandübernachtungen liegen. China wird somit im Vergleich zu anderen asiatischen Quellmärkten (wie Japan und Südkorea) die Spitzenposition einnehmen, aber die relative Bedeutung sollte nicht über das Gesamtvolumen (von ca. 2,5 Mio Übernachtungen) hinwegtäuschen.

Allerdings wurde bereits darauf hingewiesen, dass der Chinatourismus nach Deutschland deutliche Schwerpunkte aufweist, insbesondere in den Großstädten (vgl. dazu den Beitrag von KUBITZA/GRETSCHEL) und den – wenigen – sonstigen „hot spots". Auch werden verstärkt Geschäftsreisende (und weniger Urlaubsreisende) aus China erwartet. Deutschland ist und wird auch zukünftig einer der weltweit führenden Messeplätze sein. Als weiteres interessantes Segment war auf die VFR-Reisenden sowie die Studierenden hingewiesen worden (vgl. SCHWANDNER/GU).

Qualitativ bieten die Gäste aus China zudem eine gute Gelegenheit für die deutsche Tourismuswirtschaft, interkulturelle Erfahrungen zu sammeln und „neue" Gäste zu verstehen und zufrieden zu stellen, deren Gepflogenheiten und Bedürfnisse deutlich vom eigenen Kulturkreis abweicht.

In Deutschland ist die Anfangseuphorie nach dem ADS-Abkommen 2002 vorbei. Deutschland tritt nun in eine neue Phase des chinesisch-deutschen Tourismus ein. Hierfür sind klare Strategien notwendig, wie sie von den verschiedenen Autoren aufgezeigt worden sind. Auch wenn bei den einzelnen Beiträgen nicht in allen Punkten Einigkeit bestand, so lassen sich abschließend vier strategische (Grund-)Optionen aufzeigen:

(1)   Deutschland als Urlaubsland für China?

Deutschland kann nur begrenzt als Urlaubsland für China entwickelt werden. Die Entfernung und der (Gesamt-)Reisepreis werden nur relativ wenige chinesische Urlaubsgäste nach Deutschland führen. Es überwiegen die eher prestige- als erholungsorientierten Rundreisen mit nur wenigen Tagen Aufenthalt, eher kombiniert mit anderen europäischen Ländern als dass „nur" deutsche Attraktionen nachgefragt werden.

Für diese „Tour d'Europe" werden sich auch in Zukunft immer wieder „neue" chinesische Gäste interessieren. Sie gilt als Traum, den sich Chinesen gerne einmal im Leben („once in a lifetime") verwirklichen, den sie aber nicht mehrfach wiederholen wollen (und können). Deutschland hat als ein Teil einer solchen Reise eine hohe Attraktivität bei den Chinesen, doch zukünftig wird die Konkurrenz anderer europäischer Länder immer größer. Bereits heute beklagen LOMMATZSCH/LIU seitens der DZT diese Rundreisen mit geringer Aufenthaltsdauer und niedrigen Preisen als wenig lukrativ für deutsche Anbieter. Ob und inwieweit Angebote im höherpreisigen Segment im Gruppenbereich sich mittelfristig durchsetzen werden, ist eher kritisch zu sehen.

(2)   Deutschland als Destination für Individualreisende aus China

Neben dem ADS-Gruppentourismus entwickelt sich in China das Segment des Individualtourismus. Hierbei handelt es sich um bereits international reiseerfahrene, oft mit Fremdsprachenkenntnissen ausgestattete Familien- oder Freundes-Kleingruppen, die jenseits des „Busfenster-Tourismus" nach höherwertigen, oft thematisch orientierten Reiseangeboten suchen und auch bereit und in der Lage sind, dafür höhere Preise zu bezahlen. Deutschland in seiner Vielfalt hat hier die Möglichkeit, viele Angebote zu unterbreiten. Gerade in diesem Segment kommt es aber darauf an, durch Marktforschung, Mitarbeiterschulung und Qualitätssicherung zu gewährleisten, dass die Kundenbedürfnisse zutreffend erkannt und befriedigt werden können.

(3)   „Business Tourism made in Germany"

Gute Chancen bieten sich zudem für das Segment der Geschäftsreisenden (Messen, Tagungen, Konferenzen, evtl. auch Incentives – also der gesamte MICE-Bereich). Deutschland ist als Geschäftsreiseland gefestigt und wird auch in Zukunft einer der weltweit führenden Messe- und Tagungsplätze sein. Auf diese Entwicklung wurde in einigen der Beiträge hingewiesen, doch stellte sie bisher keinen Schwerpunkt dar. Folglich handelt es sich damit um ein typisches Zukunftsfeld für weitere Forschungen.

(4)   VFR-Tourismus: Deutschland als Studienort

Ein viertes strategisches Feld stellen die VFR-Reisen dar. Hier war im Beitrag von SCHWANDNER/GU die hohe Attraktivität Deutschlands als Studien- und Fortbildungsort für Chinesen hingewiesen worden. Wenn dieses Feld der internationalen Bildung strategisch ausgebaut wird, werden in Zukunft neben den Geschäfts- und Bildungsreisenden auch zunehmen Verwandten- und Bekanntenbesuche den deutschen Tourismusmarkt beleben.

5.   Und umgekehrt: China als Reiseland für deutsche Touristen

Bisher standen China als Quellmarkt für das deutsche Incoming-Tourismus im Vordergrund der Betrachtung. Doch jeder touristische Kontakt kann auch zu Reisen in die andere Richtung führen: Deutsche sind potenzielle Gäste für China – auch hierbei in den verschiedenen Bereichen des Freizeit-, Geschäfts- und VFR-Tourismus.

Die Zahl deutscher Chinareisender ist bereits in den vergangenen Jahren deutlich angewachsen. Von 253.354 im Jahre 2001 stieg die Zahl bis zum Jahre 2006 auf 500.567. Hauptursache hierfür ist der intensive ökonomische Austausch zwischen beiden Ländern, aber auch die wachsende Zahl von deutschen Studierenden, die in den chinesischen Großstädten einen Teil ihrer Ausbildung absolvieren.

Im Freizeitreise-Bereich erhofft sich China vor allem durch die Ausrichtung der Olympischen Sommerspiele im Jahre 2008 in Beijing, Qingdao und Hong Kong Impulse für ein verstärktes Interesse an China als Urlaubsland auch für Deutsche.

So ist zu erhoffen, dass an beiden Enden des eurasischen Kontinents Gastgeber und Gäste in wechselnden Rollen im chinesisch-deutschen Tourismus voneinander ökonomisch wie sozio-kulturell profitieren können. Schließlich ist man sich in beiden Ländern über die positiven Wirkungen des Tourismus einig:

> „Reisen bildet"

stellt das deutsche Sprichwort kurz und knapp fest, und in China heißt es analog:

> „Von einer Reise kann man mehr lernen
> als durch das Studium von 10.000 Büchern."

Autorenverzeichnis

Arlt, Wolfgang Georg, Prof. Dr. rer. pol., Sinologe M.A., Jahrgang 1957. Studium der Sinologie, Soziologie und Politologie an der FU Berlin und an der Fu-Ren Universität (Taiwan) und der Chinese University of Hong Kong. Seit 1977 regelmäßige Aufenthalte in Ostasien, vor allem in der Volksrepublik China. 1986-2001 Inbound- und Outbound-Reiseveranstalter für Reisen von und nach China sowie Berater für europäisch-chinesische Projekte. Seit 2002 Professor für Tourismuswirtschaft und Tourismusmanagement, seit 2007 Studiengangsleiter für die Bachelor- und Masterstudiengänge International Tourism Management an der FH Westküste in Heide/Holstein. Gastprofessor an mehreren chinesischen und europäischen Universitäten, Research Fellow der JSPS Japanese Society for the Promotion of Science. Direktor des COTRI China Outbound Tourism Research Institute.

Belz, Marita, Jahrgang 1983. Studium der Volkswirtschaft an der Friedrich-Wilhelm Universität in Bonn, bis März 2005, anschließend Studium von Tourismus Management an der Internationalen Fachhochschule Bad Honnef.Bonn.

Echtermeyer, Monika, Prof. Dr. phil., Jahrgang 1962. Studium der Fremdenverkehrsgeographie an der Universität Trier, Abschluss 1992. Von 1993 bis 1997 Promotion zum Thema „Globale Computer Reservierungssysteme und neue Informationstechnologien im Luftverkehr und Tourismus – unter besonderer Berücksichtigung des Reisemarktes Lateinamerika/Karibik. Von 1997 bis 1999 freiberufliche Unternehmensberaterin für Lufthansa Consulting GmbH und Steigenberger Consulting GmbH. Seit 2000 Professorin an der FHDW in Bergisch Gladbach, Fachbereich Tourismusmanagement. Seit 2003 unterrichtet sie an der Internationalen Fachhochschule Bad Honnef.Bonn im Fachbereich Tourismusmanagement. Ihr Forschungsschwerpunkt ist der wachsende Outgoing-Tourismus aus Asien nach Europa.

Freyer, Walter, Prof. Dr. rer. pol., Diplom-Volkswirt, Jahrgang 1950. Studium der Volkswirtschaftslehre, anschließend Promotion an der Universität Regensburg (1978). Von 1980 bis 1985 Geschäftsführer der Team Reisen GmbH Berlin und Hamburg, danach Dozent für Tourismus- und Sport-Marketing. 1991 Berufung zum Professor für Fremdenverkehrswirtschaft und Volkswirtschaftslehre an der Fachhochschule Heilbronn, Fachbereich Tourismusbetriebswirtschaft, 1993 Berufung zum Universitätsprofessor auf den Lehrstuhl für Tourismuswirtschaft der Technischen Universität Dresden. 1996 Gründungsmitglied und Präsident der Deutschen Gesellschaft für Tourismuswissenschaft. Seit 1995 Vorsitzender des Prüfungsausschusses für Touristikfachwirte bei der IHK Dresden, ab 1996 Mitglied des Education Council der Welttourismusorganisation (UNWTO).

Gretschel, Steffi, M.A., Jahrgang 1980. Studium der Anglistik, Kommunikationswissenschaft und Deutsch als Fremdsprache in Dresden und Swansea (Großbritannien), Abschluss 2005. 2005 bis 2006 Trainee bei der PR-Agentur Pleon Kohtes Klewes – u. a. Betreuung der lokalen Presse- und Öffentlichkeitsarbeit der Dresden-Werbung und Tourismus GmbH (DWT) mit dem Schwerpunkt auf der touristischen Vermarktung der Frauenkirchen-Weihe sowie des 800-jährigen Stadtjubiläums Dresdens. Seit April 2006 Assistentin der Geschäftsführung der Dresden-Werbung und Tourismus GmbH.

Gu, Huimin, Prof. Dr. phil. Studium der Volkswirtschaft an der Universität Zhejiang, China, Abschluss Bachelor. Anschließend Studium der 'Tourism & Hospitality Administration' an der Victoria Universität, Australien. Professorin und Leiterin des Bereichs Hotelmanagement an der Beijing International Studies University (BISU), Direktorin der ‚Dean School of Tourism' an der BISU. Forschungsschwerpunkte Tourismus-/Beherbergungsmarketing sowie Krisenmanagement in der Tourismus- und Beherbergungsindustrie. Generalsekretärin des Experten-Komitees der Chinesischen Hotelindustrie, beratende Herausgeberin von Journal of Travel Research (USA), Hotel Modernization (China), China Tourist Hotels (China). Nationale Vertreterin für China bei der Asia Pacific Travel Association, Mitglied im International Council of Hotel, Restaurant and Institutional Education (I-CHRIE).

Guangrui, Zhang, Prof. Dr. Direktor des Tourism Research Centre of Chinese Academy of Social Sciences (TRC CASS). Seit 1981 Mitglied von Chinese Academy of Social Sciences (CASS), Schwerpunkt Tourismus. Von 1984 bis 1986 mehrere Aufenthalte an der Surrey Universität, Großbritannien, Bereich Management in der Hotel-, Catering- und Tourismusindustrie. Von 1999 bis 2000 wissenschaftlicher Mitarbeiter an der Polytechnischen Universität, Hong Kong, Bereich Hotel- und Tourismusmanagement. Seit 2000 Herausgeber der Jahrbuchs: ‚Green Book of China's Tourism: China's Tourism Development: Analysis & Forecast. U. a. Vizepräsident der Beijing Tourismusgesellschaft und Mitglied des „China National Tourism Standardization Technological Committee".

Kubitza, Yvonne, M.A., Jahrgang 1962. Studium der Germanistik, Politischen Wissenschaften, Kunstgeschichte, Anglistik und Romanistik, Abschluss 1991. Leitung des Marketing- und Akquisitionsbereichs der Heidelberg Incoming Touristik – 1992 bis 1995 Geschäftsführerin. Von 1995 bis Ende 1997 Geschäftsführerin der Kurverwaltung Kongresse-Touristik-Kur Freudenstadt. Ab 1998 Geschäftsführerin der Dresden-Werbung und Tourismus GmbH. Seit 2002 Sprecherin der touristischen Werbegemeinschaft „Magic Cities Germany e.V.", Mitglied des Verwaltungsrats der Deutschen Zentrale für Tourismus (DZT) und seit 2006 Spartensprecherin der Städte-Sparte des German Convention Bureau (GCB).

Liu, Yina, Dipl.-Betriebswirtin, Jahrgang 1979. Bachelorstudium der Verwaltungsbetriebswirtschaft an der Pädagogischen Universität Shanghai (1997–2001). Studium „Internationales Management" an der Technischen Universität Dresden mit Diplomarbeit zum Thema „Outgoing Tourismus chinesischer Touristen nach Deutschland" (2002–2006). Verschiedene Tätigkeiten als Dolmetscherin und Projekt-Assistentin im interkulturellen Management in China und Deutschland (2000–2006). Seit 2006 angestellt bei der Robert Bosch GmbH Beijing im Personalmanagement.

Liu-Lommatzsch, Chao. Studium der Betriebswirtschaft an der Universität Yunnan, und Economic Magister an der Universität Xian, Aufbaustudium der Regionalwissenschaften an der Universität Karlsruhe. Seit 2003 Ass. Professorin an der Universität Kunming. Von 2005 bis 2006 Mitarbeitern der wirtschaftswissenschaftlichen Fakultät der Universität Heidelberg, seit 2004 Promotion an der Universität.

Lommatzsch, Horst, Destinationsmanager Asien. Seit 1978 in der DZT in verschiedenen Positionen tätig. Seit 1996 verantwortlich für Asien.

Meng, Zhou, M.A., Jahrgang 1963. Studium englischer Sprachwissenschaften an der pädagogischen Hochschule Beijing und Magisterstudium mit dem Schwerpunkt

„English Linguistics and Language Teaching" an der Beijing Universität. Tätigkeiten u.a. von 1987 bis 1989 Dozentin für englische Sprache an der Beijing Universität für Technologie, von 2002 bis 2005 stellvertretende Geschäftsführerin bei der Firma A-E Link GmbH, Bereich Zeitung „Travel & Trade in Europe", seit Mai 2005 als selbständige Beraterin für Join Universe China Consulting tätig.

Mrkwicka, Anja, Jahrgang 1986, Studium von Tourismus Management an der Internationalen Fachhochschule Bad Honnef.Bonn. Innerhalb des Studiums Praxissemester bei TUI China in Peking. Geplant Auslandssemester in Australien. Abschluß Frühjahr 2009 als Diplom-Betriebswirtin, inklusive Bachelor.

Schuler, Alexander, M.A., Jahrgang 1975. Studium der Wirtschafts- und Sozialgeografie, Soziologie und Umweltwissenschaften an der Universität Potsdam. Magisterarbeit zum Thema „Tourismus und Modernisierung: Transformationsprozesse in der chinesischen Gesellschaft und deren Auswirkungen auf den Reiseverkehr". Im Anschluss freier Mitarbeiter bei der *dwif*-Consulting GmbH in Berlin. 2005 bis 2007 wissenschaftlicher Mitarbeiter am Lehrstuhl für Tourismuswirtschaft der Technischen Universität Dresden mit Forschungsschwerpunkten u.a. auf Tourismusentwicklung in China und Interkulturelles Tourismusmarketing. 2007 Gründungsmitglied und Partner der Unternehmensberatung Cultelligence.

Schwandner, Gerd, Prof. Dr. Seit 2000 Professor für Internationale Management- & Marketing Strategien an der Hochschule Karlsruhe – Technik und Wirtschaft, Fakultät für Wirtschaftswissenschaften. Seit 2003 zusätzliche Lehrtätigkeit im D.U. Management d'Evènements am IECS (Business School) der Université Robert Schuman Strasbourg, Frankreich. Gastprofessor an der Shanghai Normal University im September 2005, im Sommersemester 2006 an der Beijing International Studies Universität. Forschungsschwerpunkte Lifestylefragen, Freizeit- und Tourismusindustrie, Entrepreneurship und Interkulturelle Kommunikation mit dem geographischen Focus auf Europa, North America, Ost-(China) und Südost-Asien. Seit 1.11.2006 Oberbürgermeister von Oldenburg.

Weyhreter, Björn. Studium der Tourismusbetriebswirtschaft an der FH-Heilbronn, Abschluß 2005. In Zusammenarbeit mit Yang, K. Diplomarbeit zum Thema „Die Chinesen kommen! Chinas Outbound-Tourismus/Incoming-Service Europa". Tätigkeiten u. a. für eine Incoming Agency in Malaysia (ca. 6 Monate) und in einem renommierten Business-Hotel in China (ca. 1 Jahr).

Yang, Kezhu. Studium der Tourismusbetriebswirtschaft an der FH-Heilbronn, Abschluß 2005. In Zusammenarbeit mit Weyhreter, B. Diplomarbeit zum Thema „Die Chinesen kommen! Chinas Outbound-Tourismus/Incoming-Service Europa". Arbeitsfeld u. a. in der gehobenen Hotellerie, bei international tätigen Reiseveranstaltern, z. Z. Organisation von Europarundreisen für Chinesen.

Yiu, Rosita, Jahrgang 1954. U. a. Studium der French Civilizations an der Sorbonne Universität in Paris und Hotel Management an dem Humbert Technical College in Toronto. Seit 1979 Mitarbeiterin in der Accor Group, Tätigkeiten u. a. in den Abteilungen Food und Beverage, Front Office und Sales Department, von 1998 bis 2004 Sales Manager Asia. Seit 2004 Vizepräsident des Sales Development EMEA Incoming China und Korea der Accor Gruppe.

Abkürzungsverzeichnis

ADS	=	Approved Destination Status
APTA	=	Asia Pacific Tourism Association
BCG	=	Boston Consulting Group
BIP	=	Brutto-Inlands-Produkt (Gross Domestic Product)
BITM	=	International Travel Market (Tourism Fair)
CAS	=	China Air Service
CCT	=	China Comfort Travel;
CCTV	=	Chinese Central Television
CEBIT	=	Centrum der Büro- und Informationstechnick, Computerfachmesse Hannover (Computer Fair)
CEO	=	Chief Executive Officer (Geschäftsführer, Vorstandsvorsitzender, Präsident)
CEPA	=	Closer Economic Partnership Arrangement
CETV	=	China Entertainment Television
CITM	=	Chinese International Travel Market
CITS	=	China International Travel Service
CNTA	=	China National Tourism Administration
CTS	=	China Travel Service
CYTS	=	China Youth Travel Service
CWTS	=	China Women Travel Service und China Merchants Int'l Travel
CTW	=	Chinese Tourists Welcoming Award
DeHoGa	=	Deutscher Hotel- und Gaststättenverband (German Hotel and Restaurant Association)
d.h.	=	das heißt
DIHK	=	Deutscher Industrie- und Handelskammertag (German Chamber of Commerce)
DMO	=	Destination Marketing Organisation
DZT	=	Deutsche Zentrale für Tourismus (German National Tourist Board, GNTB)
ECTW	=	European Chinese Touristst Welcoming Award
EUCCC	=	European Union Chamber of Commerce in China
e.V.	=	eingetragener Verein
FOC	=	Factory Outlet Center
GITF	=	Guangzhou International Travel Fair

GNTB	=	German National Tourist Board (Deutsche Zentrale für Tourismus, DZT)
GTM	=	Germany Travel Mart
HDE	=	Hauptverband des Deutschen Einzelhandels
ITB	=	Internationale Tourismusbörse Berlin, Reisemesse (Tourism Fair)
JAL	=	Japan Airlines
MICE	=	Meetings, Incentives, Conferences, Events
Mio.	=	Million(en)
Mrd.	=	Milliarde(n)
RMB	=	Renminbi
SARFT	=	State Administration of Radio, Film and Television
SARS	=	Severe Acute Respiratory Syndrome
SCSB	=	Shanghai Commercial & Savings Bank
TUI	=	Touristik Union International, Reiseveranstalter, Deutschland
TVS	=	Southern Television Guangdong
UNWTO	=	Welttourismusorganisation der UN (bis 2004: WTO)
u.a.	=	unter anderem
USD	=	US Dollar
USP	=	Unique Selling Proposition (Alleinstellungsmerkmal, Wettbewerbsvorteil)
usw.	=	und so weiter
UTS	=	Unlimited Travel Service
VFR	=	Visit(ing) Friends and Relatives
VR	=	Volksrepublik
WTM	=	World Tourism/Travel Market, Reisemesse London (Tourism Fair)
WTO	=	Welttourismusorganisation der UN, siehe auch UNWTO (ab 2004)
z.B.	=	zum Beispiel

Abbildungsverzeichnis

Literaturverzeichnis

ALDENRATH, P. 2006: Deutschland, wie es im Buche steht, in: Welt am Sonntag, 5. März 2006:100

ALLPORT, G. 1954: The Nature of Prejudice, Cambridge (Mass.)

APTA CONFERENCE NAGASAKI JAPAN July 4th–7th 2004: Globalization and Tourism Research: East meets West, Internet-Download vom 31.Oktober 2005: www.china-outbound.com

ARLT, W. G.

- 2004: The China Outbound Market, in: Proceedings of ATLAS Annual Conference 2004, Neapel

- 2005a: A Virtual Huanying, Selamat Datang and Herzlich Willkommen! – The Internet as a cross-cultural promotion tool for tourism, in: HAVEN-TANG, C./JONES, E. (Hg.): Tourism SMEs, Service Quality and Destination Competitiveness: International Perspectives, Wallingford

- 2005b: Cross-cultural tourism behaviour: Travel motivation in Germany and in China, Berlin

- 2005c: Tourists' Motivation in Comparison: Chinese vs. German – Why Do Germans Travel to China and Chinese Travel to Germany?, in: ZHANG, G. R./WIE, X. A./LIU, D. Q. (Hg.):Green Book of China's Tourism 2003–2005 - China's Tourism Development: Analysis and Forecast (2003–2005), H. 4 (2005): 427–436 (in chinesischer Sprache)

- 2006a: China's Outbound Tourism, Oxford (Routledge)

- 2006b: 2nd International Forum on Chinese Outbound Tourism (IFCOT), Beijing, 20–21 November 2005: in: China Outbound Project Newsletter, Internet-Download vom Januar 2006: www.china-outbound.com

ARLT, W. G./KELEMEN, M. 2006: Chinese Travellers Shopping Behaviour, Berlin

ARLT, W. G., ET AL. 2006: How to Enter China's Tourism Market, Berlin

ARMSTRONG, R./MOK, C. 1995: Leisure Travel Destination Choice Criteria of Hong Kong Residents, in: Journal of Travel & Tourism Marketing, H. 1 (1995): 99–104

ARNOLD, W. 2005: Chinese Tourists Getting a Bad Image, in: New York Times vom 23. Oktober 2005

ASIA TIMES ONLINE 2005 (Hg.): The gift of Chinese tourists, Internet Download vom 20. Juli 2005: http://www.atimes.com

BALOGLU, S./MCCLEARY, K. 1999: A model of destination image formation, in: Annals of Tourism Research, H. 26 (4) (1999): 868–897

BAYERISCHER HOTEL- UND GASTSTÄTTENVERBAND E.V. 2004 (BHG) (Hg.): Der chinesische Gästekreis, in: Ratgeber Andere Länder, Andere Sitten – Interkulturelle Kommunikation für Hoteliers, Gastronomen und Touristiker (2004): 37–61

BCG GERMANY 2004: Deutschland - Ein Perspektivenwechsel September 2004, Internet-Download vom 19. November 2004:
http://www.bcg.com/publications/files/Deutschland.%20Ein%20Perspektiven wechsel%205Okt04.pdf

BECKEN, S. 2003: Chinese Tourism to New Zealand (unveröffentlichtes Manuskript)

BEIJING REVIEW 2004: Sky War: European airlines fight for Chinese market, in: Beijing Review vom 25. März 2004, Internet-Download vom 28. März 2006: http://www.bjreview.com.cn/200412/Business-200412(B).html

BHG 2004, siehe BAYERISCHER HOTEL- UND GASTSTÄTTENVERBAND 2004

BLOK, A. 2002: China Social Anthropology Study, in: Scandinavia Tourism Research Report, November 2002, Tokyo (Scandinavian Tourist Board)

BONN, M./JOSEPH. S./DAI, M. 2005: International versus Domestic Visitors: An Examination of Destination Image Perceptions, in: Journal of Travel Research, H. 3 (2005): 294–301

BOURDIEU, P. 1979: La distinction: Critique sociale du jugement, Paris

BOWDEN, J. 2003: A Cross-cultural Anlysis of International Tourist Flows within China's Three International Gateway Cities – Beijing, Shanghai and Guangzhou. Paper presented at the Tourism Modelling and Competitiveness Congress, Paphos/Cyprus

BÜSE, M 2005: Bueses langer Marsch, in: FVW International, Nr. 2 (2005): 21f.

CAI, J. C. 2002: Expandierung, Veränderung und Standardisierung der chinesischen Reiseveranstalter-Branche, in: ZHANG, G. R./WEI, X. A.,/LIU, D. Q. 2002 (Hg.): Entwicklung des chinesischen Tourismus 2001-2003: Analyse und Prognose, Beijing (in chinesischer Sprache)

CHEN, JIAN 1994: China's Road to the Korean War. The Making of the Sino-American Confrontation, New York

CHINA NATIONAL TOURISM ASSOCIATION (CNTA)

- 2001: Management Regulations on Chinese Outbound Tourism, Internet-Download vom 30. September 2005:
http://www.cnta.com/news_detail/newsshow.asp?id=A20066271535205612027

- 2005: Incoming Operator Liste Deutschlands, Internet-Download vom 28. Dezember 2005: http://www.cnta.com/ziliao/other/deguo.xls

- 2006: Rede von GU, Z. X., Vize-Amtsleiter der CNTA auf der jährlichen Tourismuskonferenz, Internet-Download vom 10.August 2006: http://www.cnta. gov.cn/news_detail/newsshow.asp?id=A2006623153475604745

CNTA, siehe CHINA NATIONAL TOURISM ASSOCIATION

COP 2006: China Outbound Tourism Research Project, Internet-Download o. D.: http://www.china-outbound.com/

CRAIK, J. 1997: The Culture of Tourism, London (Routledge), in: ROJEK, C./URRY, J. 1997 (Hg.): Touring Cultures: Transformations of Travel and Theory: 113–136

DAI, X. 2005: Preliminary Study on China's Outbound Tourism Policy, in: ZHANG, G. R./WIE, X. A./LIU, D. Q. 2005 (Hg.): Green Book of China's Tourism 2003–2005 - China's Tourism Development: Analysis and Forecast (2003–2005), H. 4 (2005): 231–244 (in chinesischer Sprache)

DANN, G. M. S. 2005: Nostalgia in the Noughties, in: THEOBALD, W. F. 2005 (Hg.): Global Tourism, 3. Aufl., London: 32–51

DAVIDSON, R./HERTRICH, S./SCHWANDNER, G. 2004: How Can Europe Capture China Mice, in: CHON, K./HSU, C./OKAMOTO, N. 2004 (Hg.): Globalization and Tourism Research. East Meets West, CD-Rom von Conference Proceedings. Asia Pacific Tourism Association, Nagasaki, Japan

DEUTSCHE ZENTRALE FÜR TOURISMUS (Hg.)

- 2002: Marktinformation China/Hongkong 2002, Frankfurt/Main

- 2003: Reiseverkehr aus der VR China und Hongkong nach Deutschland: Zahlen, Daten, Fakten; Kurzinformation zur ITB 2003, Frankfurt/Main

- 2004: Marktinformation China/Hongkong 2004, Frankfurt/Main

- 2005: German National Tourist Board press release, 15. Dezember 2005, Internet-Download vom 15.Januar 2006: http://www.deutschland-tourismus.de/d/dzt _presse_news.html

- 2005a: Marktinformation China/Hongkong 2005, Frankfurt/Main

- 2006a: Marktinformation China/Hongkong 2006, Frankfurt/Main

- 2006b: Incoming-Tourismus Deutschland: Zahlen – Fakten – Daten 2005, Frankfurt/Main

DIHK (DEUTSCHER INDUSTRIE- UND HANDELSKAMMERTAG) 2007 (Hg.): Was Sie schon immer über chinesische Touristen wissen wollten – Ein Ratgeber für Gastgeber und Geschäftsleute in Deutschland, Berlin

DROZ, P. 2004: Erwartungen und Potentiale für den Schweizer Tourismus, aufgezeigt am neuen Markt China, Internet-Download vom 17.August 2005: www.esis.ch/clubest/td/TD-volee-2004/drozpier.pdf (Diplomarbeit)

DU CROS, H. 2005: The concept of Western Exoticism and its Utility in the Development of Cultural Tourism Products for Asian Tourists, in: Asian Destinations, Paper presented to the Conference on Destination Branding and Marketing Regional Tourism Development, Macao 8.–10. December

Du, J. 2003: An Analysis of the Features and Evaluation of Consumption of Chinese Outbound Tourists, in: Ergebnisse des 1st International Forum on Chinese Outbound Tourism and Marketing (17. November 2003): 124–125

Du, J./DAI, B. 2005: Annual Report of China Outbound Tourism Development, Beijing

DUNLOP, F. 2004: California Dreaming through Chinese Eyes, 11. Dezember 2004, Radio 4, Internet-Download vom 30. Juni 2006, http://www.bbc.co.uk

DZT PEKING 2002 (Hg.): Marktinformation China 2002, o. O.: 33, Internet-Download vom 10. Januar 2005: http://www.germany-extranet.de

ECHTERMEYER, M. 2006: Incoming market China: Opportunities, problems and challenges when dealing with Chinese tourists, Berlin (unveröffentlichtes Präsentationshandout auf der ITB 2006)

EDENSOR, T. 2002: National Identity: Popular Culture and Everyday Life, New York

EUCCC 2001 (Hg.): European Union Chamber of Commerce in China Tourism Industry Working Group Position Paper 2001–2002, Internet-Download vom 30.Juni 2006: www.travelwirenews.com

FINCK, R. 2004: Chinas Outgoing Tourismus am Beispiel der Destination Deutschland, Diplomarbeit, Hochschule Bremen

FREYER, W.

- 2006: Tourismus: Einführung in die Fremdenverkehrsökonomie, 8. Aufl., München/Wien

- 2007: Tourismus-Marketing – Marktorientiertes Management im Mikro- und Makrobereich der Tourismuswirtschaft, 5. Aufl., München/Wien

FREYER, W./POMPEL, W. 1999: Reisebüro-Management, München/Wien

FU, YUNXIN 2004 (Hg.): An Introduction to Tourism, Beijing (in chinesischer Sprache)

GERSTLACHER, A./KRIEG, R./STERNFELD, E. 1991(Hg.): Tourism in the People's Republic of China: A Case Study, Bangkok

GILBERT, D./TSAO, J. 2000: Exploring Chinese Cultural Influences and Hospitality Marketing Relationships, in: International Journal of Contemporary Hospitality Management, H. 1 (2000): 45–53

GILBRICH, M. 2003: Kurzeinschätzung chinesischer Markt für die Dresden-Werbung und Tourismus GmbH, Dresden

GLOBAL REFUND 2006 (Hg.): How to enter China's Tourism Market COP vom 19.Januar 2006: 19, Internet Download vom 25.Januar 2006: http://www.chinbound.com/Downloads/How_to_enter%20Chinas_Tourism_Market.pdf

GRABURN, N. H. H. 2001: Tourism and Anthropology, in: East Asia Today: Some Comparisons, in TAN, C.-B./CHEUNG, S. C. H./YANG, H. 2001 (Hg.) Tourism, Anthropology and China (Studies in Asian Tourism No. 1), Bangkok: 71–92

GRANSOW, B./LI, H. 1995: Chinas neue Werte: Einstellungen zu Modernisierung und Reformpolitik; München

GROßMANN, N. 2005: Die Entwicklung von marktgerechten Angeboten für den chinesischen Markt am Beispiel der Destination Dresden, Diplomarbeit, Hochschule Harz

GUO, W. 2002: Strategies for Entering the Chinese Outbound Travel Market; Dissertation an der School of Applied Economics, Faculty of Business and Law; Victoria University, Australien.

GUO, Y. Z./ ZHANG, H./SONG, S. L. 2004: Zhong Guo Chu Jing Lv You Mu Di Di De Shi Chang Di Wei Yan Jiu (Analyse der Destinationspositionierung für chinesische Outgoing Reisende), in: Tourism Tribune, Nr. 4 (2004): 28ff. Beijing (in chinesischer Sprache)

HANDAYANI, C. 2005: The Influence of China and Asian Countries as Target Markets in the Development of Tourism Industry in Central Java Province, in SONG, H./BAO, J. 2005 (Hg.): Proceedings of the Second PolyU China Tourism Forum and Third China Tourism Academy Annual Conference: 92

HANSEN, V. 2000: The Open Empire. A History of China to 1600, New York

HAUPTVERBAND DES DEUTSCHEN EINZELHANDELS 2005 (Hg.): Zahlenspiegel 2005 – Daten zum Einzelhandel in Deutschland: 11

HENRICH, G./HERRSCHBACH, P. 1995: Fragen zur Lebenszufriedenheit, in: SCHWARZ, R. ET AL. 1995: Lebensqualität in der Onkologie, München: 77ff.

HERDIN, T./LUGER, K. 2001: Der eroberte Horizont - Tourismus und interkulturelle Kommunikation, in: Aus Politik und Zeitgeschichte, H. 47 (2001)

HOFSTEDE, G.

- 1980: Culture's Consequences, Thousand Oaks (Sage)

- 2001: Culture's Consequences : Comparing Values, Behaviors, Institutions, and Organizations across Nations, 2. Aufl., Thousand Oaks (Sage)

HOFSTEDE, G./HOFSTEDE, G. J. 2005: Cultures and Organizations – Software of the Mind, 2. Aufl., New York (McGraw Hill)

HSIEH A.-T./CHANG J. 2004: Shopping and Tourist Night Markets in Taiwan, in: Tourism Management, H. 1 (2006): 3

HUANG, S./HSU, C. 2005: Mainland Chinese Resident's Perceptions and Motivations of Visiting Hong Kong: Evidence from Focus Group Interviews, in: Asia Pacific Journal of Tourism Research , H. 2 (2005): 191–206

HUANG, Y./FANG, Q. 2003: Travel in the Heart of Europe: Design of a Tourism Program for a German Tourism Company, Semesterarbeit FHW Berlin, Euroasia MBA Program

Interview mit PROF. DR. GUO (Assistant Professor im Tourism Department, Fudan University Shanghai) am 16.08.2005

JAMESON, F. 1993: Cultural Studies, in: Social Studies: 34

JANG, S./YU, L./PEARSON, T. E. 2003: Chinese Travellers to the United States: a Comparison of Business Travel and Visiting Friends and Relatives, in Tourism Geographies, H. (1) (2003): 87–108

JIA ,Y. Q./HE J. M./CUI F. J. 2006: An analysis of interactions between zero inclu-
     sive-fee and China's outbound Tourism, in: Tourism Tribune, H. 21 (2006):
     70–73 (in chinesischer Sprache)

KIM, S./YOON, Y. 2003: The Hierarchical Effects of Affective and Cognitive Com-
     ponents on Tourism Destination Image, in: Journal of Travel & Tourism Man-
     agement, H. 2 (2003): 1–22

KUHN, P./NING, A./SHI, H. 2001: Markt China – Grundwissen zur Erfolgreichen
     Markteröffnung, München/Wien

LAM, T./HSU, C. H. C. 2004: Theory of Planned Behaviour: Potential Travellers from
     China, in: Journal of Hospitality & Tourism Research, H. 4 (2004): 463–482

LEUNG, M. W. H. 2002: From Four-course Peking Duck to Take-away Singapore
     Rice: An Inquiry into the Dynamics of the Ethnic Chinese Catering Business in
     Germany, in: International Journal of Entrepreneurial Behaviour & Research,
     H. 12 (2002): 134–147

LI, J./WRIGHT, P. C. 2000: Guanxi and the Realities of Career Development: a Chi-
     nese Perspective, in: Career Development International, H. 7 (2000): 369–378

LI, L./BAI, B./MC CLEARY, K.1996: The giant awakens: Chinese outbound travel, in:
     Australian Journal of Hospitality Management, H. 2 (1996): 59–68

LI, Y. 2004: Exploring Community Tourism in China: the Case of Nanshan Cultural
     Tourism Zone, in: Journal of Sustainable Tourism, H. 3 (2004): 175–193

LI, Z. 2006: Magic Cities Germany – Halbjährliche Marktinformation China, Peking

LITVIN, S. W./CROTTS, J. C./HEFNER, F. L. (2004): Cross-cultural Tourist Behaviour:
     a Replication and Extension Involving Hofstede's Uncertainty Avoidance Di-
     mension, in: International Journal of Tourism Research, H. 1 (2004): 29–37

LIU, Y. N. 2006: Outgoing Tourismus chinesischer Touristen nach Deutschland, un-
     veröffentlichte Diplomarbeit an der Technischen Universität Dresden, Lehr-
     stuhl für Tourismuswirtschaft

LUO, Z. Y. 2003: Chinas Tourismusindustrie beschleunigt die Öffnung, in: Beijng-
     Rundschau, H. 07 (2003), Internet-Download vom 23. Juli 2005:
     http://www.bjrundschau.com/China/2003-07-inlandsfokus-2.htm

MCEWEN, W./FANG, X./ZHANG, C./BURKHOLDER, R. 2006: Inside the Mind of the
     Chinese Consumer, in: Harvard Business Review, March 2006: 68–76

MCGIFFERT, C. 2005: Chinese Images of the United States. Washington, DC: Center
     for Strategic and International Studies

MILLER, T. 2005: Great leap outward, in: South China Morning Post vom 7. Novem-
     ber 2005: A16

MOK, C./DE FRANCO, A. L. 1999: Chinese Cultural Values: Their Implications for Travel and Tourism Marketing; in: Journal of Travel & Tourism Marketing, H. 2 (1999): 99–114

NATIONAL BUREAU OF STATISTICS OF CHINA (Hg.)

- 2001: The Yearbook of China Tourism Statistics 2001
- 2003: China Statistical Yearbook 2003, Beijing
- 2005: The Yearbook of China Tourism Statistics 2005

NYIRI, P.

- 2005: Scenic Spot Europe, Internet-Download vom 30. Juni 2006: www.EspacesTemps.net
- 2006: Scenic Spots Chinese Tourism, the State, and Cultural Authority, Washington, D.C

O. V. 2004: China Outbound Travel Snapshot: 3, Internet-Download vom 10. Januar 2005: http://www.tourism.australia.com

O. V.: Jie Mi lin Tuan Fei Ou Zhou You Nei Mu (Entdeckung der Geheimnisse des "Null Gewinns"), in: TOM GROUP LIMITED 2005 (Hg.): Internet-Download vom 18. Juli 2005: http://finance.news.tom.com/1015/1016/2005718-265174.html

OAKES, T. 1998: Tourism and Modernity in China, London

PALMER, C. 1998: Tourism and the Symbols of Identity, in: Tourism Management, H. 20 (1998): 313–321

PANG, C. K./ROBERTS, D./SUTTON, J. 1998: Doing Business in China – the Art of War?, in: International Journal of Contemporary Hospitality Management, H. 7 (1998): 272–282

PAUL S./STEIN S./BANK VERLAG KÖLN 2002 (Hg.): Rating, Basel II und die Unternehmensfinanzierung, Köln

PEOPLE'S DAILY (Hg.)

- 2003: Misbehaviour of Chinese Outbound Tourists Offends Local Citizens in Vietnam, in People's Daily online, 22. September 2003, Internet-Download vom 30.Juni 2006: english.people.com.cn.
- 2006: Trend zum "Hinterlandreisen", Internet-Download vom 18. Juli 2006: http://finance.people.com.cn/GB/1046/4021354.html

PIZAM, A./SUSSMAN, S. 1995: Does Nationality Affect Tourist Behaviour?, in: Annals of Tourism Research, H. 4 (1995): 901–917

RAMPINI, F. 2005: Il secolo cinese, Milano

REISINGER, Y./WARYSZAK, R. Z. 1994: Tourists' Perceptions of Service in Shops, in: International Journal of Retail and Distribution Management, H. 5 (1994): 20–28

RIECKHOF H.-C./GABLER VERLAG 2004 (Hg.): Retail Business in Deutschland, Wiesbaden

ROBINSON, M.

- 1998: Cultural Conflicts in Tourism: Inevitability and Inequality, in: ROBINSON, M./BONIFACE, P. (Hgs.): Tourism and Culture Conflicts, Wallingford, CT

- 2001: Tourism Encounters: Inter- and Intra-Cultural Conflicts and the World's Largest Industry, in: ALSAYYAD, N. (Hg.): Consuming Tradition, Manufacturing Heritage Global Norms and Urban Forms in the Age of Tourism, London: 34–67

SAKAKIDA, Y./COLE, S./CARD, J. 2004: A Cross-Cultural Study of College Students' Travel Preferences:A Value-Oriented Perspective, in: Journal of Travel & Tourism Management, H. (1) (2004): 35–41

SCHULER, A. 2005: Modernisierung und Tourismus: Transformationsprozesse in der chinesischen Gesellschaft und deren Bedeutung für den Reiseverkehr, unveröff. Magisterarbeit an der Universität Potsdam

SCHWANDNER, G./ARLT, W./GU, H. 2006: Images of European countries as Travel Destinations: Stereotypes and Associations of Chinese Tourism students, in: CHON. K./IM, H-J H. 2006 (HG.): The 7th Biennial Conference on Tourism in Asia Tourism, Hospitality & Foodservice Industry in Asia: Development, Marketing & Sustainability, Conference Proceedings, Jeonju Korea: 449–460

SCHWANDNER, G./GU, H. 2005: Beer, Romance, and Chinese Airlines. Mindsets and Travel Expectations of Chinese Tourism Students, in SUH, S-J/HWANG,Y-H 2005 (HG.): New Tourism for Asia-Pacific, Conference Proceedings. Asia Pacific Tourism Association, Seoul Korea: 110–118

SOFIELD, T. H. B./LI, F. M. S. 1998: Tourism Development and Cultural Policicies in China, in: Annals of Tourism Research, H. 2 (1998): 362–392

SONG, Z. Q. 2005: An Analysis of the Product Homogeneity Problem of China's Travel Service and its Cause of Formation, in: Tourism Tribute 2005. H. 20 (2005): 61–65 (in chinesischer Sprache)

SPIEGEL ONLINE 2004: Deutsche gelten als ernst, fleißig und reich, 6. November 2004, Internet Download vom 26. Januar 2006:
http://www.spiegel.de/spiegel/vorab/0,1518,326648,00.html

STADT METZINGEN 2006 (HG.): Zahlen und Fakten, Internet-Download vom 20. Juni 2006: http://www.metzingen.de

STATISTISCHES BUNDESAMT 2004 (Hg.): Tourismus: Ergebnisse der monatlichen Beherbergungsstatistik, Fachserie 6, Reihe 7.1, Wiesbaden

SU, X./HUANG, C. 2005: The Impacts of Heritage Tourism on Public Space in Historic Towns: A Case Study of Lijiang Ancient Town, in: China Tourism Research, H. 4 (2005): 401–442

SUN, Y. Q./DONG, S. H. 2003: Zhong Guo Chu Jing Lv You Fa Zhan Wen Ti Fen Xi (Analyse der Entwicklung des chinesischen Outgoing Tourismus), in: Journal of Jiangxi University of finance and economics, H. 4 (2003): 58–59 (in chinesischer Sprache)

SUSSEBACH, H. 2004: Im Reich der Stille, in: Die Zeit, Nr. 31 (2004) vom 22.Juli 2004: 45

TEO, P./LI, L. H. 2003: Global and Local Interactions in Tourism, in: Annals of Tourism Research, H. 30 (2003): 287–306

THE ECONOMIST GROUP (Hg.)

- 2006a: Pride and prejudice. A survey of China, in: The Economist vom 25. März 2006:18

- 2006b: Outward Bound, in: The Economist vom 24. Juni 2006

THIEM, W. M. 2000: Interkulturelle Kommunikation und internationales Marketing – theoretische Grundlagen als Anknüpfungspunkt für ein Management kultureller Unterschiede; Frankfurt/Main

TIME 2005 (Hg.): How Nike Figured out China, Internet Download vom 20.Juli 2005: http://www.time.com

UNIVERSITY OF HAWAII 2003: Identifying and Analyzing the Chinese Outbound Market for Hawaii, University of Hawaii at Manoa, School of Travel Industry Management, Internet-Download vom 9. März 2005: http://www.hawaii.gov /tourism/files/uh_china_project.pdf

UNWTO: siehe WTO

URRY, J. 2002: The Tourist Gaze, 2. Aufl., London (Sage)

VISIT BRITAIN 2003 (Hg.): Market Profile China, Internet-Download vom 9. März 2005: http://www.tourismtrade.org.uk/uktrade/Docs/pdf/42_14134.pdf

WANG, X.J. 2003: A Study on the Development of China's Outbound Tourism Market, in: International Forum on Chinese Outbound Tourism, Shenzhen, Internet-Download vom 23. Oktober 2005: http://www.outbound-tourism.cn/English/rizhi.htm

WANG, Y./SHELDON, P. 1995: The Sleeping Dragon Awakes: The Outbound Chinese Travel Market, in: Journal of Travel & Tourism Marketing, H. 4 (1995): 41–54

WILLIAMS, S. 1998: Tourism Geography, London (Routledge)

WILLIAMSON, H. 2003: Chinese Tourists Touch Down in Germany, in: Financial Times vom 6. April 2003

WTO-WORLD TOURISM ORGANIZATION (ab 11/2005 UNWTO) (Hg.)
- 2000: Tourism 2020 Vision, Madrid
- 2003a: Chinese Outbound Tourism, Madrid
- 2003b: Marketing on Chinese Outbound tourism, Madrid
- 2006: Facts and Figures, Internet-Download vom 30.Juni 2006: www.unwto.org

XIE, P. F. 2003: The Bamboo-beating Dance in Hainan, China: Authenticity and commodification, in: Journal of Sustainable Tourism, H. 1 (2003): 5–16

XIE, P. F./WALL, G. 2002: Visitor's Perceptions of Authenticity at Cultural Attractions in Hainan, China, in: International Journal of Tourism Research, H. 4/5 (2002): 353–366

XINHUA 2006: "Golden Week" witnesses $2.5b tourism revenue vom 8. Mai 2006, Internet-Download vom 30.6.2006: www.xinhua.org/english

XU, F. 2005: Marketing on China Outbound Tourism, in: Proceedings of the Second International Forum on Chinese Outbound Tourism (IFCOT), 20./21. November 2005, Beijing: 83–90

XU, Y.-L. 1997: Der Chinesische Weg zur Modernisierung: Probleme und Perspektiven, Dissertation an der Fakultät für Gesellschaftswissenschaften der Universität Gesamthochschule Kassel

YU, X./WEILER, B. 2001: Mainland Chinese Pleasure Travelers to Australia: A Leisure Behavior Analysis, in: Tourism Culture & Communication, H. 2 (2001): 81–91

ZHANG, G. 1985: China Ready for New Prospect for Tourism Development, in: Tourism Management, H. 2 (1985): 141–143

ZHANG, H. Q./CHONG, K./AP, J. 1999: An analysis of tourism policy development in modern China, in: Tourism Management, H. 20 (1999): 471–485

ZHANG, H. Q./LAM, T. 1999: An Analysis of Mainland Chinese Visitors' Motivations to Hong Kong, in: Tourism Management, H. 5 (1999): 587–594

ZHANG, H. Q./CHOW, I. 2004: Application of Importance-Performance Model in Tour Guides' Performance: Evidence from Mainland Chinese Outbound Visitors in Hong Kong, in: Tourism Management, H. 25 (2004): 81–91

ZHANG, H. Q./HEUNG, V. C. S. 2001: The Emergence of the Mainland Chinese Outbound Travel Market and its Implications for Tourism Marketing, in: Journal of Vacation Marketing, H. 1 (2001): 7–12

ZHAO, X. 1994: Barter Tourism Along the China-Russia Border, in: Annals of Tourism Research, H. 2 (1994): 401–403

ZONAEUROPA 2005: The Chinese Hordes take over Disneyland, Internet-Download vom 30. Juni 2006: http://www.zonaeuropa.com/20050914_2.htm